高等学校公共管理类专业实践教学系列教材

后小仙　总主编

公共危机管理实训教程

主　编　杨　钰

副主编　仲素梅　马海韵

西安电子科技大学出版社

内 容 简 介

本书以公共危机管理的生命周期为主线,从危机预防、危机准备、危机应对、危机善后与恢复四个阶段对公共危机管理的基础理论及相关方法进行了全面深入的介绍。

本书理论基础充实,实验方法与技巧介绍具体,案例选用经典深刻,实现了经典案例回放、理论与技术基础、实验实训三者的有效结合,具有很强的实用性,同时也做到了公共危机管理理论与实务兼具、案例与现实反思相得益彰。

本书可供公共管理类专业的本科生、研究生及教师学习和参考。

图书在版编目(CIP)数据

公共危机管理实训教程/杨钰主编. —西安:西安电子科技大学出版社,2017.5(2022.2重印)
ISBN 978 - 7 - 5606 - 4482 - 0

Ⅰ. ① 公… Ⅱ. ① 杨… Ⅲ. ① 国家行政机关—突发事件—公共管理 Ⅳ. ① D035.1

中国版本图书馆 CIP 数据核字(2017)第 077603 号

策 划 高樱
责任编辑 王妍 阎彬
出版发行 西安电子科技大学出版社(西安市太白南路 2 号)
电 话 (029)88202421 88201467   邮 编 710071
网 址 www.xduph.com   电子邮箱 xdupfxb001@163.com
经 销 新华书店
印刷单位 广东虎彩云印刷有限公司
版 次 2017 年 5 月第 1 版 2022 年 2 月第 2 次印刷
开 本 787 毫米×1092 毫米 1/16 印张 11.25
字 数 259 千字
印 数 3001~3600 册
定 价 29.00 元
ISBN 978 - 7 - 5606 - 4482 - 0/D

XDUP 4774001 - 2

总　　序

　　我国高等教育已进入大众化发展阶段,普通高等学校要更加强调复合型和应用型人才的培养,在秉承"厚基础、宽专业、重应用"的原则下,应充分体现新常态下经济社会发展对人才的需求,更加注重培养学生的实践能力与创新能力。实践教学是高等教育实现上述人才培养目标的重要环节,它不仅有利于培养学生的动手能力、分析和解决问题的能力,更有利于培养他们的独立思考意识、创新思维和创新能力。《国家中长期教育改革和发展规划纲要》明确提出,高等教育要强化实践教学环节,更新人才培养观念,创新人才培养模式。教材建设是高校教学基础建设的重要组成部分,是深化高等教育教学改革、提高教学质量、培养创新人才的重要保证。

　　根据教育部最新本科专业目录(2015),公共管理类专业主要涵盖了公共事业管理、行政管理、劳动与社会保障、土地资源管理、城市管理等本科专业,这些专业具有很强的时代性、应用性与实践性。社会经济发展对公共管理人才需求的不断增加,要求我们在强调基础理论知识传授的同时,更要注重加强学生实践能力的培养。然而,受教育观念、教学资源等多方面条件的制约,目前,在国内高校公共管理类专业教学中,普遍存在着重知识性与理论性,轻操作性和实践性的问题,公共管理人才培养的实践教学短板依然存在。如何将实践教学创新地落实到人才培养之中,是当前我国高校公共管理类专业教学迫切需要解决的关键问题。建构主义的学习理论指出学习是与一定的情境相联系的。在传统的课堂理论教学中,由于不能提供实际情境所具有的生动性和丰富性,难以提取长时记忆中的有关内容,因而不利于学生对知识的建构。实践教学则有利于构建情境体验,并促进知识、技能和经验的连接。国外知名高校在公共管理人才培养方面非常注重实践教学的开展,英国、美国、法国、加拿大等国家高校在公共管理类专业实践教学方面有着丰富的课程设置与多样的实训项目,哈佛大学等知名高校更是因重视实践教学并取得良好的教学效果而闻名于世,这些成功经验值得我们借鉴。结合国外公共管理类专业人才培养的经验,国内学者呼吁加强国内公共管理类专业实践教学的必要性和紧迫性,指出在公共管理类专业实践教学中应该树立实训化与创新化的理念,强调公共管理类专业教育中理论教学与实践情境的关联,强化实践教学环节,培养实践创新能力。

　　教材建设是课程建设的重要内容,教材是课程目标和教育内容的具体体现,是教师和学生开展教学活动的主要媒体,也是学生成长发展的基本知识来源。实践教材是实践教学运行的载体,是师生进行实践教学的根本依据。实践教学教材建设是保证实践教学质量,提高学生基本技能的有效基本途径,其质量关系到高校学生实践能力和创新精神的培养质量。构建公共管理类专业实践教学教材必须打破传统的教材建设模式,注重加强纵向与横向联系,吸引各方力量共同编写实践教材。教育部《关于全面提高高等教育质量的若干意见》(教高[2012]4号)文件要求,高校必须加强实践教学管理,优化和改革现行的实践教学标准,增加实践教学比重,加强实践教学的教材建设,组织编写一批优秀的实践教材,提

— 1 —

高实践教学的质量。在教材建设中，普通专业基础课和专业课教材建设走在了前面，相比较而言，实践教学教材建设相对滞后，无法满足当代多元社会和市场经济的人才需求。只有强化实践教学，通过专门的实践教学课程设置和教材建设，改变教学模式，才能培养出社会所需要的应用型人才。

由南京审计大学公共经济学院院长后小仙教授任总主编的高等学校"十三五"规划教材公共管理类专业实践教学系列教材，汇集了国内多所高校和实践部门学者与专家的智慧。本套教材具有以下几方面特色：

第一，强调理论知识与实践训练的高度融合。美国课程理论家施瓦布(J. J. Schwab)提出实践课程范式理念，主张专业课程的教学从追求理论转向实践兴趣的探索，认为专业教学的内容要面向学生的整个生活与现实世界，而不是把学科知识、学科结构强化为核心内容。施瓦布的实践课程范式理论为公共管理专业实践教学提供了理论基础，公共管理类专业的学科特点及专业技能的应用环境，决定了其实践实训环境的特殊性。高校无法让学生有足够的时间在真正的公共部门全过程实习，真实的实验环境也非常难以构建，而学生在学习过程中又必须有一个与实际工作环境相仿的实验实训环境，这一矛盾是目前公共管理类专业实践教学面临的最大困境。本套实践教材中实验项目的规划与设计将理论知识与实际技术进行适当的综合，理论与实践进行合理的关联，仿真与现实进行有机的融合，从项目的选题、实施的难易度、实施计划的制定、验收评价、成果展示等方面进行综合遴选，注重基础理论和实践应用的辩证关系，活化基础理论知识，强化其在实践中的应用，把解决实际问题的过程上升到理性思维的高度。教材中的典型范例和训练将有助于学生全过程、多视角、全面理解和建立创造性的概念，深化基础理论的掌握。

第二，重视高等学校与实践部门的共同参与。实践教学课程的仿真性一直是实践教学追求的目标。公共管理类专业的实践教学要始终体现公共管理活动的真实性特点，实践教材的知识体系要全面反映本学科专业课程要求的主要知识点和方法论，适合学生自主学习，符合学生认知规律，引导学生分析问题、发现问题和解决问题，通过多种实践课程交织体现公共管理的综合性、广泛性和价值管理特点，实现仿真性优化。本套公共管理类专业实践实训教材不是仅仅局限于某一门课程，而是打破传统的专业界限，将相近学科、相近专业、相近课程的内容统筹考虑，相互融合，互相贯通，组织相关任课教师与实践部门共同参与，系统化、多元化地开发系列教材。

第三，体现实践教学教材建设的系统性与创新性。实践教学教材为实践教学提供了标准和依据，是教学改革成果的体现，能够保证实践教学的基本水平。公共管理类专业具有多学科和多专业交叉的特点，使得公共管理教育既要强调实践教学，又同时面临实践教学所处的环境和要求各不相同的复杂性。公共管理类专业实践教学教材建设以提高学生的实践能力、职业能力以及综合能力为目标，需要对实践教学的内容进行整合与重构。公共管理实践教学的特点决定了实践教材应具有系统性与创新性等特点。本套教材突出理论对实践的指导作用，在实践中检验学科理论的有用性和有效性，启发学生理性思维，培养学生实践创新能力，充分体现实践教材的实用性、系统性、创新性和动态性。

本套高等学校"十三五"规划教材公共管理类专业实践教学系列教材以最新修订的高等

学校公共管理类专业核心课程目录为基础，覆盖公共管理相关课程，主要包括《公共预算管理实训教程》《公共危机管理实训教程》《电子政务实务实训教程》《公共管理研究方法教程》《社会保险实务实训教程》《公文写作实务实训教程》《公共人力资源管理实训教程》《公共部门绩效管理实训教程》等。期望本套教材能在促进我国公共管理类专业人才培养的同时，也为我国公共管理学科发展起到补充作用。真诚希望社会各界能为本套教材多提宝贵意见，以便我们及时做好教材的修订与改版工作，更好地为我国的公共管理类专业教育做出更大的贡献。

后小仙

2017 年 2 月

前　言

在漫长的历史岁月中，危机与人类的发展紧密相随，人类社会演变与发展的历史同时也是一部危机应对史。伴随现代化程度的提升，社会结构的高度精密性与复杂性导致了现代化社会的高脆弱性，这使得公共危机突然爆发的可能性增大。因此，公共危机已成为当今人类社会面临的重大挑战，加强对公共危机的研究和应对已成为世界各国政府、各级组织和公民的理性选择。

本书将公共危机管理基础理论知识贯穿全书，结合公共危机管理的实务操作，设置相关案例、实训等项目，以培养学生公共危机管理的综合能力。通过公共危机管理实验实训课教学，使学生能够切身体验当代公共危机管理的运作方式，帮助学生加深对公共危机管理相关基础理论、知识点的理解，仿真体验公共危机管理的全过程，以使学生掌握风险识别、脆弱性评估、危机规划、危机预警、危机预控、危机决策、公共危机应对和处置、公共危机管理绩效评估的相关方法，并在实验过程中体验团队合作之重要，让学生在学习基础理论的同时，高度参与教学，从而达到理论联系实际，提高学生应急管理、综合管理能力的目的。

本书内容充实新颖，实用性强，实现了经典案例回放、理论与技术基础、实验实训三者的有效结合，同时也做到了公共危机管理理论与实务兼具、案例与现实反思相得益彰。每一部分的内容都按照经典案例、实验理论与技术准备、实验设计、实验材料、实验报告的体例进行组织，便于教学的组织与读者的学习和运用，可供公共危机管理专业的本科生、研究生及教师学习和参考。

本书吸收和借鉴了国内外有关的专著、教材、案例和文献资料，在此，向各位作者表示衷心的感谢！

本书得以完成，倾注了各位编者大量的时间和精力，特别感谢南京工业大学法学院马海韵、南京审计大学公共经济学院郑敏惠、南京审计大学公共经济学院仲素梅的辛勤付出。本书由南京审计大学公共经济学院杨钰负责第一章、第三章、第四章、第五章的撰写，马海韵负责第二章的撰写，郑敏惠负责第六章、第七章、第八章的撰写，仲素梅负责第九章、第十章、第十一章的撰写。同时，还要感谢南京审计大学公共经济学院后小仙教授在本书编写过程中给予的宝贵指导。

本书内容是教学与研究过程的初步积累，因而难免存在不足。作为编者，我们会继续努力，跟踪使用效果，也恳请各位同仁和读者给予批评指正，以便我们不断修订与完善。

编　者

2016 年 12 月

目　录

第一章　风险社会与公共危机

在我们的社会里，风险无处不在，危机时有发生。因此，了解风险社会与公共危机的关系，对于公共管理者将常规管理与风险管理有机结合以便更好地应对可能发生的危机，具有十分重要的意义。

第一节　经典案例

伦敦皇家十字勋章地铁站火灾

火灾防范与安全保卫是伦敦铁路和地铁管理中经常提及的问题。1985年在牛津地铁环线发生的一起火灾致使一人死亡，大大加重了公众对铁路系统安全问题的忧虑。对事故原因进行调查后，有关方面建议在地下设施中严禁吸烟，并对工作期间值班员人手不够的情况提出警告。

伦敦皇家十字勋章地铁站所在地被认为是当初包迪西亚打败罗马军团的地方，这个地铁站每天的客流量大约为250 000人。

1987年11月18日，星期三，夜晚的交通高峰期刚刚结束（大约是晚上7点半），该地铁站从站台到售票处和地铁出口的电梯着火。到了晚7时53分，火势已经开始蔓延，地铁站售票处的天花板也开始燃烧了。

晚6时30分，一位常乘地铁的名叫约翰·希克森的乘客首先闻到橡胶燃烧的味道，还看到轻烟冒起。于是，他把这一情况告知了当时在地铁站售票亭工作的售票员。

晚7时35分，火势开始在地铁站上行电梯的四周蔓延。

晚7时36分以及7时42分，地铁站向伦敦消防控制中心发出了皇家十字勋章地铁站有可能发生火灾的报告。

在事故发生地，地铁站工作人员的最初反应是不相信会有火灾发生，而且敷衍了事，只有一位经理级的雇员察看了一下火源，但未启动灭火系统。

人们的初期反应（甚至包括地铁乘客）似乎都很冷静。一位目击者称："当时每个人都很冷静，没有任何火灾的迹象，没有警铃，没有人大喊'着火'，更没有人奔跑逃命。"

晚7时42分，地铁工作人员尝试疏散乘客。一般的做法是用地铁进行疏散，但这种尝试以失败告终，因为当时没有足够的官员全力支持实施这一计划。人们都想跑到地面上去（不仅是为了逃离火灾，而且还担心被埋在下面），而交通警察也认为地铁不应在该站停留。

晚7时43分，第一组灭火队到达现场。

晚7时45分，火势蔓延到售票亭周围，造成了更大面积的伤亡。

晚 7 时 46 分，第一辆救护车到达火灾现场。在之后的一分钟内，又有 13 辆救护车相继赶到。晚 7 时 50 分，地铁驾驶员接到命令，不许在皇家十字勋章站停车。同时，附近医院的工作人员被告知发生了一起重大事故。

晚 7 时 53 分，这起火灾被认定为重大事故，要求更多的火灾抢救组赶到现场。

大约晚 8 点，消防中心命令加增 12 个火灾抢救组。

晚 8 时 09 分，救护工作的负责人宣布这起火灾为"重大事故"，要求给予援助，并建议附近的医院进入警备状态。

晚 8 时 20 分，在皇家十字勋章地铁站已有 20 个火灾抢救组，外科医生也开始在医院治疗那些烧伤病人。

晚 8 时 22 分，负责救护车调度的管理员通知消防控制中心，所有的烧伤病人均已被安置妥当。

晚 8 时 42 分，第一个到达现场的消防队官员科林·汤利在火灾现场以身殉职。

晚 9 时 42 分，所有严重烧伤的病人都被送至医院。

晚 11 时 32 分，官方第一次公开对外宣布，此次火灾中已造成 31 人死亡。

次日凌晨 0 时 12 分，医院通知火灾现场控制指挥员，他们已无法再接收任何病人住院了。

凌晨 1 时 30 分，官方统计确认已有 60 人受伤。

凌晨 1 时 46 分，官方正式宣布大火已被扑灭。

午夜，英国首相玛格丽特·撒切尔去医院慰问伤员。

第二节　实验理论与技术准备

一、风险社会的概念

人类社会在发展中，一直面临着各种问题与风险。早期，这些风险多为自然灾害或部落入侵，直到 1986 年德国著名社会学家乌尔里希·贝克(Ulrich Beck)在《风险社会》(Risk Society)一书中指出，人类已进入风险社会，风险社会理论才第一次被提出。随后，前苏联切尔诺贝利核电站泄漏引发世界性危机，以及英国疯牛病的暴发与全球蔓延为风险社会理论提供了现实佐证，于是西方学界开始聚焦于社会风险与公共危机。近些年来，全球各地多个国家及跨国家的危机事件频发，全球都开始关注社会风险。

关于风险社会，学者们基于不同的视角给予了不同的论述。其中，乌尔里希·贝克、安东尼·吉登斯(Anthony Giddens)和斯科特·拉什(Schott Lash)的论述最具洞察力与影响力。贝克从科技发展与生态变化的角度，吉登斯从制度的角度，拉什从文化的角度分别对风险社会进行了研究。贝克指出，风险社会与现代社会或工业社会的最大区别在于人们关注的主要问题发生了变化，即对风险的关注替代了对经济短缺和财富增长的关心。如果说阶级社会的推动力可以用一句话来概括——"我饿!"，那么，风险社会的关注问题也可以用一句话来概括——"我怕!"。贝克指出，"在发达的现代性中，财富的社会生产系统地伴随着风险的社会生产。相应地，与短缺社会的分配相关的问题和冲突，同科技发展所产生的风险的生产、界定和分配所引起的问题和冲突相重叠。"①现代化正显现它自身的问题，无人能逃脱风险社会，无论是发达国家，还是欠发达国家，都将无一幸免于风险的"飞去来器效应"。

吉登斯在《现代性的后果》中指出，"正像每个生活在二十世纪末的人所看见的那样，现代性是一种双重现象。同任何一种前现代体系相比较，现代社会制度的发展以及它们在全球范围内的扩张，为人类创造了数不胜数的享受安全和有成就的生活的机会。但是现代性也有其阴暗面，这在本世纪变得尤为明显。""不仅是人们所面临的核武器威胁，而且还有实际的军事冲突，构成了现代性在本世纪的阴暗面。"②从制度方面来说，世界民族国家体系带来的极权主义、世界资本主义经济可能的经济崩溃、国际劳动分工制度带来的环境破坏和生态恶化，以及军事极权主义带来的核战争危险等，都是现代性的阴暗面。因此，我们不得不对现代性的双重特性作出制度性的分析，以弥补经典社会学关于现代性单一机会方面的论断的缺陷。

拉什认为，不能仅仅从自然风险来判断我们所面临的风险是否有所增加，而应该主要看社会结构所面临的风险。从个人主义消长和国家所面临的风险来看，我们所面临的风险都大大增加了。拉什认为风险文化的时代已然来临，而实现对风险文化时代的治理，仅仅依靠吉登斯的制度构建是远远不够的，更重要的则是依赖于价值与理念的改变。

二、风险的分类

乌尔里希·贝克将风险分为三种：前工业社会的风险、古典工业社会的风险、后工业社会的风险。而贝克认为，后工业社会才是风险社会。

拉什基于文化的取向将风险分为政治风险、经济风险和自然风险。

吉登斯将风险分为外部风险与人类制造的风险。前者是指来自于外部，由传统和自然的不变性和固定性所带来的风险，如地震、暴风、洪水、干旱等；后者是指我们在认识世界和改造世界的过程中所造成的风险，是在我们没有多少历史经验的情况下产生的风险，如核泄漏、全球变暖等。较长时间以来，我们关心的都是如何应对外部风险，而从现在开始，我们更多担心的是来自于自己所制造的风险。而这种人为制造的风险具有不可计算性、不确定性、公共性的特点。

三、公共危机的概念

正是因为人类社会进入了风险社会，作为风险社会的实践性结果才产生了公共危机。尽管很多人认为风险社会与公共危机是两个可以互换使用的词语，但事实上两者之间存在着很大的区别。

(一) 国外学者的主要观点

福斯特(Foster，1980)发现危机具有显著特征：急需快速作出决策、严重缺乏必要的训练有素的员工、相关物资紧缺、处理时间有限。作为危机的定义，"紧急决策""人员严重缺乏""物资严重缺乏""时间严重缺乏"提出了危机情境的四个基本要点。

---

① 乌尔里希·贝克.风险社会[M].南京：译林出版社，2004：13.
② 安东尼·吉登斯.现代性的后果[M].南京：凤凰出版传媒集团，2011：6-9.

罗森塔尔(Rosenthal，1991)勾勒出更为广泛的危机概念，即"危机是指具有严重威胁、不确定性和危机感的情境"。哭喊是危机情境下释放压力的一种反应，它也反映了危机对人的影响。

巴顿(Barton，1993)认为危机是"一个会引起潜在负面影响的具有不确定性的大事件，这种事件及其后果可能对组织及其员工、产品、服务、资产和声誉造成巨大的损害"。

格林(Green)则进一步指出，危机是指事态已经发展到无法控制的程度。危机管理的任务就是尽可能地控制事态，在危机事件中把损失控制在一定的范围内，在事态失控后要争取重新控制住事态。

(二) 国内学者的主要观点

薛澜认为，危机通常是决策者的核心价值观念受到严重威胁或挑战，有关信息很不充分，事态发展具有高度不确定性和需要迅速决策等不利情境的汇聚。

张成福认为，危机是一种紧急事件或者紧急状态，它的出现和爆发会严重影响社会的正常运作，对生命、财产、环境等造成威胁、损害，超出了政府和社会常态的管理能力，要求政府和社会采取特殊的措施加以应对。

杨冠琼认为，危机事件指那些导致社会系统或其子系统的基本价值和行为准则趋于崩溃，在较大程度上和较大范围内威胁到人们的生命和财产安全，引起社会恐慌和社会正常秩序与运转机制瓦解的事件。

张海波认为，风险社会是一种悲观性的社会界定，而公共危机以及公共危机管理却是一种乐观的治理。"关于风险的讨论弥漫着悲观主义的气息，关于危机的谈论则洋溢着乐观主义的味道；风险通常意味着结构性批判，而危机通常只是局部性改良；风险的讨论更多是一种弱实践性的话语，而危机的管理则是一种强实践性的活动。而风险是因，危机是果，二者之间有一定的因果关系。"[①]

总体而言，危机是指决策者面临着突如其来的情境，社会赖以维系的重要价值受到了威胁，环境的变化具有高度的不确定性，可以采取行动的时间十分有限。

危机可以分为私部门危机与公共危机。李燕凌等认为，公共危机是指对社会公众具有巨大现实或潜在危险(危害或风险)的事件。张小明在对"公共危机""一般危机""政府危机"进行比较分析的基础上，认为三个术语是有区别的，即"公共危机"是与"一般危机"相对应的专业术语，强调的是其影响范围广大，或者对一个社会系统的基本价值观和行为准则架构产生严重威胁，需要以政府部门为主体的公共部门在时间压力和不确定性极高的情况下做出关键性决策。

一般认为，公共危机是一种突然发生的紧急事件或者非常态的社会情境，是指因不可抗力或突然发生的重大自然灾害事件、公共卫生事件、事故灾难事件和社会安全事件等引发的，给社会正常的生产与生活秩序以及人们的生命财产安全带来严重威胁的紧急事件或紧急状态。

四、公共危机的特点

公共危机是一种非常态的社会情境，是各种不利情况、严重威胁、不确定因素的高度

---

① 张海波. 风险社会、公共危机与治理的空间性[J]. 公共管理高层论坛，2006(02)：148-167.

积聚。公共危机一般具有以下六个方面的特征：

（1）突发性。危机事件存在征兆和预警的可能，因为从发生原理来看，危机多由一系列细小事件逐渐演化发展而来。但由于危机真实发生的时间、地点等缺乏可预测性，因而其常常是突然发生的，并会打破常规的社会秩序，超出人们的心理惯性。

（2）紧急性。危机事件突然发生后急需危机应对和危机处理决策，危机管理人员必须在巨大的时间和心理压力之下，迅速调动可以掌控的一切人力、物力和财力，进行有效的应对，以控制事态发展，消除不利的后果与影响。

（3）不确定性。危机发生以后，人们往往措手不及。公共危机事件发生的时间、形态、性质以及其发展过程无法用常规性规则进行判断，其后的衍生问题和可能涉及的影响也缺乏经验性的指导，一切都处于瞬息万变之中，并且还会产生各种"连锁反应"。

（4）不可预见性。公共危机从始至终都处于不断变化的过程之中，人们很难根据经验对其发展方向作出常识性的判断或进行有针对性的准备。在常规的管理措施与政策难以发挥作用的情况下，决策者往往会陷入一种困境，无法对危机的未来发展作出准确的预测并采取相关的应对措施。

（5）公共威胁性。公共危机挑战着正常的社会运行秩序，对公共利益、公共安全构成威胁，是一种非均衡的状态。它可能会使众多社会公众的生命、健康和财产遭受损害，对社会系统的基本价值与行为准则构成威胁。

（6）影响的社会性。公共危机对一个社会系统的基本价值和行为准则架构产生严重威胁，其涉及和影响的主体具有社群性，这与个体、企业所面对的危机有着本质的区别。

第三节　实验设计

一、实验目的

本次实验采用团队宣传演讲的方式进行。通过对风险社会的识别与认知，学生可以充分了解并掌握一个不同于往常的工业社会以及风险社会对个体、组织及国家可能带来的挑战，并树立危机意识，构建应对风险社会的公共危机管理意识；同时，学生可以提高自我组织、学以致用的能力。

二、实验要求

（1）关于风险社会与危机管理的宣传演讲可选用单人或多人演讲的方法，也可以采用情境模拟或角色扮演的方法，形式不限，鼓励表现方式多样化。

（2）人员分组形成团队，一般团队人数为奇数（5～7人为最佳），以便于团队的投票决策。

（3）团队中所有成员均有任务分配、角色界定，在宣传演讲中需陈述分工以及任务完成情况。

（4）最后的演讲必须紧扣实验目的与主题，内容积极向上，语言文明规范。演讲时间为每组5～8分钟。

（5）实验时间为2小时。

三、实验步骤

（1）根据所给材料，结合经典案例，分析风险社会中个体、组织以及国家可能面临的风险。

（2）除所给材料之外，在当今风险社会中还有一些不同于往常的风险，针对这种现实，分析公众应该如何提升危机意识。

（3）分析个体、组织以及国家应致力于哪些方面的改善，以提升应对风险社会的公共危机管理能力。

6

四、实验成绩（按小组）

序号	成绩组成	分值
1	主题鲜明并有新意	10
2	内容丰富、论据充足	20
3	宣传演讲内容积极向上、用语文明规范	20
4	宣传演讲形式新颖，能吸引听众	20
5	现场感染力强、宣传效果好	10
6	时间把握精确、掌控度高	10
7	团队成员任务分配合理、参与度高	10

五、实验思考题

（1）相比于传统社会，风险社会给我们带来了哪些额外的可能性？

（2）结合经典案例回顾，阐述你对"风险社会是悲观的认识，而危机管理却是乐观的界定"的认识。

第四节　实 验 材 料

进入 21 世纪以来，世界范围内的公共危机事件接连不断，莫斯科的人质事件、美国的双子塔恐怖事件、中国的 SARS 事件等，这些均表明了公共危机有明显的全球化趋势。公共危机全球化是指由气候异常、生态环境、能源问题和恐怖主义等问题所引发的全球性或区域性公共危机。全球性危机与国家危机、国际性危机在范围和层次上有所不同。国家危机是指发生在国家层次上，威胁到一个国家的政权和社会稳定的危机。国际性危机是指涉及两个以上国家的公共危机，主要有三个方面特征：一是全方位、多层次，多重危机并发；二是破坏力大，持续时间长；三是不分国界，扩散范围广且难以控制。全球性危机包括全球性恐怖主义活动，跨国犯罪集团的破坏活动和犯罪活动，以及流行病、金融危机和生态危机等。全球性公共危机还会导致多重并发性危机，例如阿根廷危机就是由严重的金融危机触发了社会动乱和政治危机，随后蔓延到邻近的乌拉圭、巴西等国；另外，战乱也会引起疾病和难民潮等。

　　在公共危机全球化形成的诸多因素中，人为因素是主要的，其深层原因在于全球化的负面效应加剧和激化了人类社会发展中的内在矛盾，其实质是现代社会中人的危机。

　　公共危机全球化的形成因素是多方面的，且较为复杂的，其主要有五个方面：一是气候地质因素，如洪水旱灾、地震海啸、火山爆发等；二是环境因素，如环境污染、土地沙漠化、害虫灾害等；三是传染病因素，如艾滋病、非典型肺炎、登革热等；四是战争和冲突因素，如世界战争、军事入侵、种族冲突、恐怖活动等；五是经济因素，如经济衰退、金融风险等。这些因素大体上可分为自然和人为两类，其中人为因素具有主导性。灾害是人类的影子，是天、地、人三大系统不协调的产物。恩格斯曾经告诫人们，不要过分陶醉于我们对自然界的胜利，对于每一次这样的胜利，自然界都报复了我们。近几年，全球变暖，水灾、旱灾频繁，均与人类活动造成生态环境恶化有关。在自然和人为的危机之间，存在着某种关联性、因果性，这种关联性和因果性会使某种单一的灾害与危机转变为复杂的全球性危机。如艾滋病、"非典"等流病，其传染之快，危害之大，超出人们的预料。这并非是病毒变得强大了，而是人类大规模地破坏自然，以至将人类病毒带给动物，动物也将新型的疾病传染给人类。加之现代人类生活过于密集，人员交往过于频繁，加之不健康的生活方式，致使病毒迅速传播和蔓延，导致公共卫生危机的发生。

　　全球化带动了世界经济的发展，也产生了严重的负面效应；同时，全球化加速了经济、技术、文化和政治的整合，使各国经济、政治相互依存的程度不断深化。只要某一个国家或地区的经济或政治出了问题，就会迅速传导到其他国家或地区，甚至引发全球性危机。当今世界的全球化，实际上是以发达国家为主导的，将西方的市场经济、政治制度和文化价值观念向全球扩展的过程。全球化改变了国家之间的关系，解构了传统的社会文化体系和信仰，使发展中国家的政治和经济主权受到冲击和削弱，使其文化传统受到空前的挑战，这注定会带来一系列矛盾和冲突。如非法政府、民族冲突、宗教对立，一些民族分离主义者打着维护本民族利益的旗号从事民族分离活动；恐怖主义滋长蔓延，形成全球性恐怖网络，不断制造震惊世界的爆炸袭击事件。西方的某些国家为了政治上、经济上的利益，推行霸权政策，推行西方的价值观和政治制度，利用人权问题干涉别国内政，甚至不惜动用武力侵犯别国主权，这些均对世界的和平与稳定构成了极大的威胁。前联合国秘书长安南指出："全球化对许多人已经意味着更容易受到不熟悉和无法预测的力量的伤害，这些力量有时以迅雷不及掩耳的速度造成经济不稳和社会失调。事实表明，公共危机全球化是全球化负面影响的体现，给世界各国、各地区带来了巨大的风险和灾难。

　　人类社会发展中内在矛盾的加剧与激化是公共危机全球化的根本原因。在人类社会发展中，存在着有限的地球资源与世界人口急剧膨胀的矛盾，资本生产的扩大与有限的世界市场之间的矛盾，跨国资产阶级和遭受剥削的各国无产阶级之间的矛盾，发达国家与发展中国家之间的矛盾等。全球化未能缓和与化解这些人类社会发展中的固有矛盾，反而使这些矛盾进一步激化与加剧。

　　生态环境的恶化是最具全球性的问题之一。由于人口急剧增长，大肆掠取自然资源，过度开垦土地，乱砍滥伐树木，致使全球气候变暖，空气污染，大片原始森林消失，水和土壤中化学污染物越来越多，臭氧层空洞面积已增加到相当于欧洲的大小，土地沙漠化严重，沙尘暴肆虐等。十多年来，全球生态环境的进一步恶化，正与经济全球化进程相一致。

第五节 实验报告

院系		专业	
班级		组号	
小组成员			
实验名称			
实验成绩			

一、实验目的

二、实验原理

三、实验步骤

四、实验数据(各组情况)

五、实验结果

六、讨论分析(完成指定的思考题和作业题)

七、实验总结及实验改进建议

备注:

实验教师:

实验日期:

第二章　脆弱性评估

在危机管理领域，越来越多的研究者将风险作为衡量危机发生概率与预期危害后果的标尺，以风险管理替代传统的危机应对模式成为一种世界范围内的大趋势。公共部门的管理者同样将风险管理作为有效应对危机的工具之一。而在危机管理中，风险确认与评估是重要的环节。

第一节　经典案例

回顾 2003 年的 SARS：100％劫难兑换 60％成熟

2003 年，在中国发生的诸多事件大多出人预料，如破碎的镜子折射光怪陆离却难有完貌。然而，草蛇灰线，伏脉千里，一些人和一些事在历史的平滑中脉络隐现，深刻地改变着社会发展的轨迹。我们从中切取若干横截面，试图窥见故事背后的微言大义，讲述当事人的命运悲喜，期待把这些正在变成历史的活生生之现实记录在册。历史实在害怕遗忘，正如鲁迅说的，"造化常常为庸人设计，以时间的流逝，来洗涤旧迹。"

2003 年 4 月 12 日，世界卫生组织再次将北京列入疫区。该月中旬，北京意识到必须直面正在进逼的 SARS 危机。张旖旎一家的悲剧，却恰好在这个时候发生。

一、在传言中惶恐

自从 2003 年 3 月北京时有 SARS 传闻以来，与别的家庭一样，住在农大家属区里的张旖旎一家人也深感惶恐。因此，他们按照政府的指导采取了防治措施。作为中国农业大学的实验室技术员，张旖旎的父亲张涛拥有良好的化学知识。张旖旎在 4 月中旬常常看到，戴着阔边眼镜的父亲熟练地用过氧乙酸消毒，有些邻居还买了袋装的草药用砂锅煎煮。接连几日，邻里之间的走廊上都弥漫着草药的气味。

为防止 SARS 扩散，北京市政府在两天后宣布全市中小学停课两周。张旖旎这个原来家中唯一每天外出的成员——17 岁的清华附中高二年级女生，也回到了家里。

自从半年前广东河源发现第一个神秘病例以来，张旖旎周围就飘散着各种遥远或切近的传言。到张旖旎放假前夕，气氛已相当紧张，政府出面澄清了"封城"的传闻，但她听说北京机场挤满了戴口罩的乘客，也在超市里看到了抢购日用品的人潮。抢购风潮仅仅历时一天便被政府采取市场应对措施平息，但给人们带来的心理冲击却在延续。直到次日，还有农大男生在校园里惊呼学校附近菜价暴涨，"马连洼的西红柿一斤 3 块钱！"

幸好，农大还相对安全。到 4 月末，饱受禁锢之苦的学生们略微放松了下来。

4 月 24 日星期五，迟春荣担忧地对邻居说，"操场上又开始有人踢球了，这个样子可危险。"她是张旖旎的母亲，这几年一直退养在家，长期吃药。这个家庭里还有另一个成员长期卧病，她是张旖旎的奶奶，已年近八旬。多病的迟春荣敏感是有道理的，几乎就在几天后，SARS的阴影就出现在她的家中。

当时，最残忍的4月即将过去，北京的SARS疫情已开始出现转入低平台期的迹象。

张涛身体很壮，所以在4月27日开始畏寒发烧时，他并没有在意。有同事打来电话询问，他说，"没事儿，感冒了。"4月30日，他被送至北医三院，医生检查出他的体温高于38.0℃，症状为头疼、全身不舒服、身体疼痛、有轻度的呼吸道感染症状。5月1日，他被诊断为SARS疑似病人。

已经出现发烧症状的迟春荣和张旖旎的奶奶，被中国农大送至北医三院诊治。张旖旎，以及与张涛有过接触的教工、医务人员和学生，都被隔离了，张旖旎"独自困在一个地方"。

二、被强制接受的接连灾难

2003年5月3日晚，张涛由北医三院转至冶金总医院治疗，这个家庭的时间表已经迫近终结。

由于有效的治疗，张涛当天状态很好，上午体温36.4℃，下午体温36.7℃，喝水、吃饭、排尿等均很正常。因为体弱，迟春荣和张旖旎奶奶的情况要差一些，但也并不危险。

张旖旎性格乐观，否则就不会在这种情况下保持着良好的状态，在班内考到第6名。5月初，尽管隔离区里的生活枯燥而寂寞，她还是每天都笑呵呵的，只想着挨过这几天就可以一切如常。有一天早晨，她对负责隔离的医护人员说："嘿！离自由又近了一天。"

当她问起父母的病情时，周围的人告诉她，"挺好的。"

张涛的抵抗力很强，早期症状总在似与不似之间，直到5月7日，胸片显示下肺部出现明显浸润阴影，才被确诊为"非典"病人。次日下午，张涛接同事电话，聊天过程中语句清晰，中气很足，还劝慰同事不要为自己担心。结束通话之后仅仅一个小时，张涛的病情却突然恶化，他的身体迅速衰竭，医生采取了一切可能的应急办法，然后就只能寄希望于他自身的抵抗力。

农大的同事很快得知了张涛病危的消息。

此时，农大一位疑似SARS的女生被排除；另一位男生在回家后发病，被确诊为SARS病人。

张涛的同事石阿姨去看望张旖旎，带了一些礼物，张旖旎立刻拿出跳绳跳起来。她说："阿姨，再过几天爸爸妈妈一定会来这里接我的，我都要想死他们了！"

5月14日，张旖旎被解除隔离。她正准备收拾东西回家时，看见农大的陈章良校长走过来，随行的还有几个人，拿着一些书。陈章良未加犹豫地告诉她，"5月9日早7时，你父亲去世了。"

"他用一种很利落的方式把这件事情转达给我，也用一种很利落的方式说你应该接受这个事情。"大概用了半个小时，张旖旎开始接受家庭出现变故的事实。她愣了一下，开始哭，不断流眼泪，又慢慢停止下来。

几乎就在张旖旎听到父亲死讯的同时，悲剧还在继续。5月14日这天下午，被诊断为SARS疑似病人的母亲迟春荣，在医院跳楼自杀。六天后，被确诊为SARS患者的奶奶去世。当日官方发布，北京新报告 SARS 病例 12 例。

春事渐浓，北京的 SARS 之劫已近尾声。

据张旖旎回忆，5 月 14 日下午在与陈章良校长谈话的后半段，"逐渐地能够心平气和地听一些话了"。但是阵痛后的余伤会有漫长的显现过程。清华附中的心理辅导老师陈继英此后一直帮助张旖旎，她说，突然事件的出现会打乱孩子们的正常思维和正常生活安排，甚至打乱正常的生活能力。在听到父亲的死讯时，在混乱的意识里，张旖旎迅速地要求自己来承担一切，不愿让别人看到自己的内心。

清华附中的一位老师想安慰张旖旎，去握她的手，她拒绝了。

因为成为 SARS 孤儿，张旖旎得到包括价值万元的学习设备在内的许多捐助，又因得到捐助而受到媒体报道。在回忆里，最初时刻的帮助最为温暖，在很大程度上，那是由于悲剧尚未被知晓。

刚开始被隔离，张旖旎得到更多的是精神上的帮助，她一个人被困在屋子里感到孤单，精神无助，跳绳和折纸是她能够得到的安慰。到 5 月 14 日解除隔离时，"农大的校领导已经替我想好了"，从 5 月 9 日张涛去世起，农大从团委、学生会等各个渠道，为张旖旎募集了一些救济资金，作为她将来升学用的资金。

张旖旎很重视自己的学业前途，她说，"当时知道这个消息，说实话，真的是很踏实了。"

6 月 30 日，北京市中小学全面复课，张旖旎重新回到清华附中。她格外敏感于同学、老师会对她如何，烦躁和痛苦难以抑制。每到周日晚上，她要赶回在宣武区的姥姥家，由于路途较远，她必须尽快收拾好东西，匆忙地睡一觉，好在周一早上赶回学校。

夏天过去了，张旖旎升入高三。距离高考的时间不多了，她提醒自己，不要总是沉浸在痛苦中，不能让自己受坏情绪的控制，否则就没有出头之日。"情绪不能纵容。"她说。

一些老师对她的乐观、理性有很深刻的印象，认为她能够面对现实，表现出成熟的心理特征。张旖旎愿意坦然承认，因为 SARS，自己已经成为了弱势群体中的一员。很多时候，考虑事情时，她不得不以比其他同学更实际的角度出发。因此，即使年纪尚轻，她一样可以用一种恰当的态度来对待社会给予的帮助，表示肯定会把这笔钱用到捐助者希望用到的方面。

清华附中的陈继英老师说，张旖旎的忍耐力超过以前了。在以往，如果看到老师发下一摞卷子，张旖旎会觉得，啊，这么多，受不了，现在同样发一摞，她便没什么感觉。张旖旎最重要的事情是高考，她必须强迫自己，只是有时候，看着书，会突然想起悲伤的事。她说，"有时候是比较突然的一种，特别是晚上比较容易狂躁。"

张旖旎的姥姥和姥爷照顾着外孙女——这个突然破碎的家庭中唯一的幸存者。她的成绩给他们以希望，仿佛看到劫后余生的光亮。只是，外孙女的情绪偶尔会令他们担心，时间似乎一下子就退回到春天的时候。

三、关注理由

有媒体把 2003 年的中国概括浓缩为两个字：意外。这个不平静的年份注定将因为 SARS 而刻下更深的历史印痕。

当然，我们记住的不仅仅是 SARS 及灾难本身。

SARS的突然出现为社会和政府出题——如何尊重公众的知情权，如何树立科学的发展观，公共卫生应急系统的建立，政府对人民健康的责任感……我们在灾难面前迅速求解，这需要的不仅仅是坚强和勇敢，更需要理性和科学。

对于年幼的孩子而言，SARS造成的家庭悲剧或许将影响其一生。我们走近一位普通的北京SARS孤儿，记录这场SARS会对她的生活带来怎样的影响，从过去，到现在，也包括将来。

临近年关，关于SARS和其他传染病的零星消息再次考验着中国人的神经。政府及时公布，公众冷静应对，即使病毒真的会有季节性发作，它会发现，但它所面对的世界与一年前已有太多的不同。

在六天之内，原来的四口之家突然破碎，天人永诀，张旖旎的遭遇无疑是100％的生活劫难，但她在剧痛中学会接受一切意外。对自己在劫难中磨砺出的成熟度，高三学生张旖旎觉得起码可以给出及格分。也许，更多的中国人对于自己在这场劫难中获取的成熟，也应该满意吧。

（材料来源：《南方周末》，2004-1-2）

第二节　实验理论与技术准备

一、脆弱性的概念

"脆弱性"这一概念起源于对自然灾害的研究。在地理学领域，Timmerman P. 于1981年首先提出了脆弱性的概念。目前，"脆弱性"这一概念已被应用到很多研究领域，例如灾害管理、生态学、公共健康、气候变化、土地利用、经济学、可持续性科学等。由于研究对象和学科视角的不同，不同应用领域对"脆弱性"这一概念的界定角度和方式有很大差异，并且同一概念被不同研究领域学者所运用时，其内涵有所不同。研究自然灾害、气候变化的自然科学领域认为脆弱性是系统由于灾害等不利影响而遭受损害的程度或可能性，侧重研究单一扰动所产生的多重影响；研究贫穷、可持续生计的社会科学领域认为脆弱性是系统承受不利影响的能力，注重对脆弱性产生原因的分析。

二、脆弱性概念的辨析

有些脆弱性概念的界定角度侧重于"结果"，而有些脆弱性概念的界定则突出脆弱性的表现及其产生原因。鉴于不同研究领域对脆弱性概念的不同理解，很多学者开始呼吁要建立一种通用的脆弱性概念框架，以方便不同领域学者之间的交流。近年来，学术界对"脆弱性"的概念及其构成展开了深入探讨，试图推动这一概念在不同研究领域间的交流和沟通。因此，近年来出现的脆弱性概念包含的要素越来越多，从多维角度反映了"脆弱性"这一概念的内涵。"脆弱性"这一概念已经从日常生活中的一般含义逐渐演变成一个庞大的、独立的概念体系，很难再将其局限于某一研究领域，不同研究领域关于"脆弱性"概念也初步达成了共识。

（一）脆弱性客体具有多层次性

目前，脆弱性的概念已经被应用到家庭、社区、地区、国家等不同层次，研究对象涉及人群、动植物群落、特定区域（岛国、城市）、市场、产业等多种有形或无形的客体。因此，"脆弱性"已经成为当今世界无法回避的一个重要问题，且脆弱性客体具有多层次性。

（二）施加在脆弱性研究客体上的扰动具有多尺度性

系统通常暴露于多重扰动下，这些扰动既有来自于系统内部的，也有来自于系统外部的，并且不同尺度的扰动之间还存在复杂的相互作用。

（三）脆弱性概念的界定中出现了一些共同的术语

敏感性、应对能力、恢复力、适应能力等概念已成为脆弱性概念的重要构成要素。其中，敏感性是指单位扰动施加在系统上所导致系统产生的变化，应对能力是指系统在扰动所产生的不利影响中复原或适应不利影响的能力，一定程度上还包含了恢复力和适应能力的概念。

（四）脆弱性总是针对特定的扰动而言

系统并不是针对任何一种扰动都是脆弱的，面对不同的扰动会表现出不同的脆弱性。因此，脆弱性总是与施加在系统上的特定扰动密切相关。

三、公共危机中的脆弱性

在对危机及危机管理的认知上，需要充分强调的是，危机事件不仅是对一国政府能力的严峻挑战，更是对民众和社会整体应对意识和能力的综合考验。关于民众，人们一般会从他们在危机应对中的强大性视角来阐述民众对危机管理的巨大作用。基于高度的社会责任感和相互的合作关系，民众具有强大性的一面，即他们的团结奋战、群策群力、同舟共济、互帮互助等是危机应对当中极为宝贵的社会资源。鉴于此，面对有广泛社会影响的危机事件，尽管政府理所当然地成为主要的干预和应对主体，但如果只有政府独自从事危机应对，则这种危机处理一般都不可能取得良好的效果；如果政府危机应对的计划目标和政策措施能够得到广大民众的深刻理解、大力支持和积极参与，则危机处理会很容易达到预期的目标。同时，我们还必须特别注意，民众往往是危机事件中最直接的受灾体，具有脆弱性的一面，这种脆弱性也直接影响危机管理的最终效果，因而应该引起我们的更多关注。

美国著名危机管理专家罗伯特·希斯所言，"在某种意义上，危机情境一般不会发生，除非源于危机的威胁或类似的冲击对人或对人有价值的资源有不利的影响。"

在通常情况下，公众是突发性危机事件直接威胁的对象，也可称他们为直接的受灾体。此时，公众的生命和财产安全便成为政府危机管理最为重要的内容。实际上，某一特定的危机事件最终究竟能在多大程度上对公众的生命和财产安全构成威胁，除了危机事件本身（灾害体、灾害源）的潜在危险和政府的应对能力强弱之外，另外一个重要影响因素就是民众（作为受灾体）自身抵御灾变的意识和能力。民众在遇到突发性危机事件时，通常由于各种原因会表现出应对意识和能力上的不足或缺陷，即"脆弱性"。民众的脆弱性是整个危机应对过程中一个关键的薄弱环节，它的状况会直接影响整个危机事件的最后结果。因此，危机管理不容忽视民众的脆弱性问题。同时，在危机事件本身的危害性和政府应对能力一定的条件下，危机的实际损失将主要取决于民众的脆弱性状况，危机的损失与民众的脆弱性程度呈现正相关关系，即民众的脆弱性程度越低，危机损失就越小，反之就越大。另外，要想把危机事件的损失降到最低，除了要重视政府能力与政府意识的建设外，必须尽可能及早而有效地解决民众的脆弱性问题。

综上所述，危机事件危害（灾害体、灾害源 ）＋ 政府能力（灾害干预主体）＋ 民众脆弱性（受灾体）＝危机损失（客观的危机后果）

四、脆弱性的评价方法

脆弱性评价是对某一自然、人文系统自身的结构、功能进行探讨，预测和评价外部胁迫（自然的和人为的）对系统可能造成的影响，以及评估系统自身对外部胁迫的抵抗力以及从不利影响中恢复的能力。脆弱性评价的目的是维护系统的可持续发展，减轻外部胁迫对系统的不利影响，以及为退化系统的综合整治提供决策依据。脆弱性评估主要关注以下问题：

第一，研究对象面临的主要变化因素是什么？

第二，脆弱性较高（低）的单元具有什么样的典型特征？

第三，研究区域（内）的脆弱性时间、空间格局如何？

第四，决定脆弱性格局的因素是什么？

第五，如何降低评价单元的脆弱性？

目前，脆弱性评价的研究在自然灾害脆弱性、全球环境变化脆弱性、生态环境脆弱性等领域的成果相对较多，一些定量或半定量的脆弱性评价方法已经被提出并得到应用。目前，评价脆弱性的方法一般可以分为以下四类。

（一）综合指数法

综合指数法从脆弱性表现特征、发生原因等方面建立评价指标体系，利用统计方法或其他数学方法综合成脆弱性指数，以此表示评价单元脆弱性程度的相对大小。这是目前脆弱性评价中较常用的一种方法。目前，在综合指数法中较常用的数学统计方法有加权求和（平均）法、主成分分析法、层次分析法、模糊综合评价法等。

综合指数法由于简单且易操作，所以在脆弱性评价中被广泛应用。但该方法对脆弱性的评价缺乏系统的观点，忽略了脆弱性各构成要素间的相互作用机制，与脆弱性内涵之间缺乏相互对应，同时在指标的选择和权重的确定上缺乏有效的方法。脆弱性的形成原因及表现特征在空间上具有较强的区域差异性，在时间上具有动态变化性，因而建立跨区域、跨时段的脆弱性评价指标体系非常困难。此外，指标体系评价法所得出的评价结果的有效性很少被验证。

（二）图层叠置法

近几年来，随着地理信息系统（Geographic Information System，GIS）的日益普及和完善，利用其技术评估自然和人文系统的脆弱性已呈上升趋势。图层叠置法就是基于 GIS 技术发展起来的一种脆弱性评价方法，根据其评价思路可分为两种叠置方法。

（1）脆弱性构成要素图层间的叠置。这种方法比较适用于区域在极端灾害事件扰动背景下的脆弱性评价，能够反映区域灾害脆弱性的空间差异，还能反映区域受灾害影响的风险性、敏感性及应对能力的空间差异。但扰动的类型和数量存在局限性，当扰动的数量超过一个时（多种自然灾害），会造成应对能力指标只能选取决定区域对不同灾害类型应对能力的共性指标，致使应对能力指标的选取缺乏针对性，并且最终评价结果不能准确反映区域针对某种灾害的脆弱性程度。

（2）针对不同扰动的脆弱性图层间的叠置。该方法为多重扰动（自然的、经济的）背景下的脆弱性评价提供了研究思路，但没有考虑各种扰动的风险及其对系统整体脆弱性影响程度的差异，因而评价结果很难反映出影响区域脆弱性的主要因素，对如何减少系统脆弱性的启示不大。

（三）函数模型评价法

函数模型评价法基于对脆弱性的理解，首先对脆弱性的各构成要素进行定量评价，然后从脆弱性构成要素之间的相互作用关系出发，建立脆弱性评价模型。与上述几种脆弱性评价方法相比，函数模型评价法在评价思路上与脆弱性内涵之间的对应性较强，能够体现脆弱性构成要素之间的相互作用关系，有利于解释脆弱性成因及特征，评价结果能够反映系统整体脆弱程度及脆弱性构成要素的情况。但目前关于脆弱性的概念、构成要素及其相互作用关系尚无统一定论，并且脆弱性构成要素的定量表达较困难，使得该评价方法进展较为缓慢，但该方法在脆弱性评价研究中已越来越受学者关注。

（四）微观与宏观评估模型

微观与宏观评估模型在人文系统脆弱性评价以及社会脆弱性评价中被广泛使用，其优点在于能将阶级、族群等社会抽象概念通过社会调查数据来量化。该方法在运用中将脆弱性评价分为两个部分：一是个体脆弱性评价、家庭脆弱性评价，二是社区脆弱性评价、区域脆弱性评价以及国家脆弱性评价。

五、公共危机中公众脆弱性的主要表现

一般而言，危机情境下的民众脆弱性主要表现在自身脆弱性与外部脆弱性两个方面。前者主要表现为自身心理和应对能力的问题，后者主要表现为物质条件、社会救助、信息资源等外部条件的欠缺。

（一）内在自身问题

自身心理方面的脆弱性一般非常突出，如平常的危机防范意识不强、危机时刻的消极（如麻痹大意、悲观失落）或过激心态（如过度紧张和恐惧）等，这都体现了危机情境下受灾体主观方面的问题所在。

自身应对能力的脆弱性也同样不容忽视，如身体免疫力低、获取信息的能力差、获取社会救助的能力不高、经济实力差等。这决定了民众在面对危机时能不能有效地保护自己，使自己免于危机的伤害，以及能不能有效地救助他人，帮助他人脱离危险获得安全。

（二）外部资源欠缺

物质匮乏主要表现为民众在危机应对中可利用的物资、设施及自然资源不足，从而在根本上制约民众的危机应对能力和实效。一般来说，经济较为发达的国家（地区）和经济收入水平较高的民众在物质方面的危机应对条件较好，反之则不然。另外，更要注意的一个

重要问题是，危机事件发生后往往对某些与危机应对直接或间接相关的物资、设施和资源有特别突出的需求，而市场一般又不可能及时提供这些物资。政府如果没有相应的物资储备和调动能力，民众就不能及时获得这些物资，他们的应对能力则会大打折扣，即便该地区的经济发展水平和民众的经济收入很高，也都无济于事。

（三）救助障碍

如社会保障体系不完备、社会经济救助不充足、疏散及救援计划不完善、心理救助不到位、法律援助不及时等，都体现了危机情境下受灾体对各种外部救助资源的可获得性障碍。危机事件带来的冲击往往是破坏性的，单靠民众个体的力量是很难应对的，这就需要借助国家、社会以及其他民众等多方面的援助。

（四）信息不对称

由于灾害性危机事件本身具有突发性和高度的不确定性，连政府机构及相关的专业机构都很难及时获得准确的信息，民众在危机信息的获取上自然就会更困难和更被动。这一问题在没有法定的危机信息披露机制的危机管理体制当中，愈加突出。民众对于灾害性危机事件的性质，以及其事态发展的方向和后果等信息的获取，通常不会很及时、准确和全面。没有准确、及时的信息引导，民众在危机应对中必然处于严重的信息不对称状态，就不可能对危机事件做出及时、主动和有效的反应。

第三节 实 验 设 计

一、实验目的

通过本次实验，学生应充分理解危机脆弱性评价在公共危机管理中的重要性；同时，能运用多种评价方法实现对一定空间中不同公共事务管理领域的脆弱性评价构建合理的评价模型、指标体系，并提供评价结果，为公共危机管理的风险评估与危机防范提供相关依据。

二、实验要求

（1）认真阅读所给材料，提炼风险评价模型构建所需要的信息。

（2）利用两种脆弱性评价方法来构建评价指标模型。

（3）根据评价模型，对所给的实验材料进行评价，并给出评价结果与建议。

（4）实验时间为 2 小时。

三、实验步骤

（1）充分阅读所给的实验材料。

（2）根据所给的材料，分析材料中的信息与可能采用的评价模型之间的匹配性。

（3）确定合适的脆弱性评价方法，并给出理由。

（4）构建评价维度及指标体系。

（5）实施评价。

四、实验成绩（按个体）

序号	成绩组成	分值
1	充分阅读实验材料并能对其进行提炼	10
2	选择合适的脆弱性评价方法	20
3	评价维度选择合理	20
4	指标体系构建科学、准确	30
5	评价结果有较强的现实参考与指导意义	10
6	时间安排合理	10

五、实验思考题

（1）生老病死是每个人必须面对的人生风险，但个体患严重疾病会对家庭以及社会构成一定的负面影响。试对这种脆弱性进行评价。

（2）结合经典案例回顾，请对 2003 年我国"非典"事件中的民众脆弱性进行评价，并阐述民众脆弱性的表现。

第四节　实验材料

目击:省干部进驻"艾滋病村"

马丁胸前戴着一朵大红花，直径约 20 厘米，这个 36 岁的海关干部对此装束感觉有点不自在。他说:"这辈子还没戴过这么大的红花呢"。

同样胸戴红花的，一共有 76 名官员，他们在河南省省政府大院的操场上，松散地站成 4 排。省政府秘书长正在队伍前讲话，"近几天，省委省政府雷厉风行，选拔组成了 38 个工作组，并且经过了认真培训，即将前往艾滋病疫情高发村驻村工作……"

这 76 名官员中，有一半是处级干部，全部来自河南省的所有省直机关。他们的任务是进驻该省的 38 个艾滋病疫情高发村，为期一年，与村民"同吃同住同劳动"；并监督使用省里拨出的"五个一"专款，为村民们修一条柏油路、打一口井、建一个卫生室、建一个学校、建一个孤儿孤老院。"这个做法肯定全国首创"，一位工作组干部对记者说，"以前只听过向艾滋病疫情高发村派医疗队，但派工作组从无先例，真是前所未有的重视。"

这天是 2004 年 2 月 18 日。仅仅回溯 12 天，也就是 2 月 6 日，这支队伍还只是刚刚见诸纸上——那天，河南省省委书记李克强对艾滋病疫情作出重要批示，工作组开始组建。

但事实上，这支队伍的组建又似乎是在 2003 年 12 月 19 日即见端倪。那天，国务院副总理兼卫生部部长吴仪前往河南"艾滋病村"视察，在与病人亲切握手时说，"政府会尽最大力量帮助你们。"

1. 选拔

从 2004 年 2 月初动议，到 2 月 18 日启程，河南省组建这 38 个工作组只用了半个月的时间。

39 岁的徐玉卡是省交通厅干部，在领导找他谈话之前，选拔工作组人选的消息已经像风一样传遍了全单位。

入围的人选一共十余人，厅里公布过选拔的条件，即主要从新进干部中挑选比较优秀者。当然，组织上要求自愿报名。

徐玉卡无疑很符合这个条件，他 2001 年从部队转业，中校军衔，被分到交通厅工会担任科员，但享受正处级待遇，月薪 1550 元。在交通厅，他算是一个"新人"。副厅长李庆瑞和人事处处长已经和 3 个人谈过话了，可徐玉卡听完开场白就说，"这是组织上给的政治任务，就我去吧。"

这话爽快得让领导都有些意外，李副厅长说，"实事求是讲，有啥困难没？实在有困难，也可以再考虑考虑。"

"困难谁没有？克服一下就行了，总得有人去吧。"徐玉卡说，"我来厅里也不久，应该做点贡献。"

"好好好！"两位领导都很高兴，人事处处长连忙去通知等着的十多个人，他们都不用谈了。

和徐玉卡这位"新人"相比，省卫生厅的陈瑞军是位"老人"。他今年 55 岁，1968 年参加工作，算起来工龄已有 35 年，从乡卫生院一直干到省卫生厅，光在省厅的工作年限就长达 20 年，算是屈指可数的"老字号"。

在 2000 年之前，陈瑞军的职务是河南省爱国卫生委员会办公室副主任，正处级。机构改革后，他被调到疾控处，还是分管原来的工作，只是头衔改成了"正处级调研员"。

在去年 SARS 来袭时，厅里的领导要求陈瑞军率工作组赴安阳市，"你年龄最大，经验最丰富，守北大门吧。"

安阳紧邻河北，有 10 万民工在京打工，成为河南严防死守的区域。

陈瑞军坐镇 3 个月，所幸当地无一例疑似，无一例本地感染。

人事处处长找他谈话时，听到要去"艾滋病村驻村一年"，陈瑞军倒没有拒绝。他说，"爱国卫生这边还有一大堆工作呢，我得和厅长说说，看这些工作怎么安排。"

厅长听了他的汇报，也有点头痛，"是有不少工作，要不我们再开会研究一下人选。"

开完会后，人事处处长又来了，"老陈，没办法啊，还是抽不出其他人。"

这事确定下来后，除了老伴，陈瑞军没有告诉其他的亲戚朋友，连在北京工作的儿子都没讲。

按照原来的方案，陈瑞军被派到新蔡县的一个偏远山村，艾滋疫情也不太严重，有时间还可兼顾一下厅里的工作。但启程前一天公布的方案，又将他调到了艾滋病人较多的文楼村，并担任上蔡县工作组的组长，与省财政厅的宋冬处长作了对调。

临出发时，全厅的工作人员下楼来送老陈，这一幕让他感动不已。

2 月 18 日，厅里派出一辆小车和车队一起出发，将陈瑞军和他随身携带的行李一直送到了文楼村。

傍晚 7 时，县里的干部发现那辆小车不见了，便问陈瑞军，"你的司机去哪里啦？"陈瑞军一听，"嗨，怎么是司机？他是我们卫生厅的人事处处长王毅，专程开车送我的。"

2.出发

在出发之前,省里召集工作组成员进行过为期半天的艾滋病知识培训,每人拿到一本艾滋病防治知识手册,两张介绍艾防知识的光碟。

2月18日的送行仪式很简短,省政府秘书长讲话之后,76名干部与送行领导一一握手后便鱼贯上车,很有组织纪律。

河南电视台的一位摄像记者没拍到上车的镜头,他要求3号车的干部们"能不能重上一次",随即便得到了配合。

2月18日9时整,车队启程。约2个小时后,记者跟随的24个工作组抵达驻马店市,当地的迎接很隆重,横幅飘扬、鼓乐齐鸣,街上的老百姓都围过来看热闹。

驻马店是艾滋疫情的重灾区之一,在此次下派的38个工作组中,有24个进驻该市。而在该市的上蔡县又有22个艾滋疫情高发村,因而上蔡县成为了媒体的焦点。

驻马店市中午召开欢送会,该市为了配合省工作组的进驻,配套组建了同样的工作组,同样是一个组两人。市委书记卢大伟在欢送会上说:"得艾滋病有两种原因,一种是富的原因,有钱了吸毒、嫖娼感染上的;一种是穷的原因,因为卖血而感染。这部分穷的群众更值得同情,他们的生命、生活、生产更需要关怀。"

"我下村时,就和艾滋病人握过手、吃过饭,"卢大伟说,"不要想得那么恐怖,不要害怕。"

下午,在前往上蔡县的路上,工作组的干部们讨论起艾滋病的传染问题。省交通厅公路局的张鸣处长问市里的一位干部:"你是不是下过艾滋病村"。

张鸣担心的是,"听说有极个别的病人,喜欢乱抓乱咬,有没有这回事?"

市建设局张春生也没下过村,他告诉张鸣,"前几年听说有这种事,刚开始大面积发病的时候,村民的精神压力大,现在应该没有了。"

张春生"精读"了下发的艾防知识读本和光碟,"研究表明,没有液体的针头,只有千分之三的传染概率,接吻有时不传染,不过只能轻吻,不要深吻啊。"他的话让车厢里的气氛活跃起来。

"但到了村里,整天跟艾滋病人待在一起,传染概率还是很大啊,"一位干部插话,"除了血液、性、母婴传播三种途径外,还有百分之十几的不明原因传播呢。"这话又让车里的气氛沉重起来。

车到上蔡县边界,已经有几辆警车等在路边,并在前面一路开道,接待显见越来越隆重。

在随后召开的欢送会上,县委书记杨松泉的一句话让工作组的干部们感觉很"贴心"。他交代县里的干部,"东道主考虑周到些,跟群众做好工作,不能让他们随便跑到工作组驻地,往床上坐、拿水杯就喝;还要教育好群众,不要逼工作组的同志喝自家的水,难道喝口水就是尊重,不喝就是不尊重啦?"

副县长聂荣分管艾防工作,他告诉工作组,疫情主要分布在县城正南偏东的5个乡镇22个村,大村有五六百个病人,小村也有四五十个。

上蔡县是国家级的贫困县,这里的艾滋病人几乎全部因为1995年之前卖血感染。聂荣说:"70%的感染者目前已发病,2000年开始,死亡率很高,到去年政府免费提供抗病毒药之后才大为降低。"他还嘱咐工作组的成员,"随身一定要带创可贴,身上如果有裸露的伤口,容易传染。"

当晚,工作组的干部们夜宿上蔡宾馆,明月朗照,串门的人却不多。一位官员和记者聊天,隔一会儿就说句,"明天就要下村喽。"

3. 进村

文楼村离县城只有两三公里,坐三轮车5元钱车资,从大路上望过去,村里麦苗青青、炊烟四起,农家风光旖旎。但开车的刘师傅死活不愿进去,"你加5块钱也只送到村口。"

文楼村的艾滋病状况因率先被披露引发了外界对河南艾滋病的高度关注,从而在全世界也成为知名村落。看来,文楼村在本地也受到了不同的"礼遇"。

工作组2月18日早上9时抵达村里,还没到村部车队就停下来了,小路两边40多位小学生手舞红花,整齐地喊着,"欢迎欢迎!热烈欢迎!"小学生后面是腰鼓队,腰鼓队后面是看热闹的村民。不过更多的是记者,摄像机、照相机,"枪炮林立"。

陈瑞军一见这场面,便皱起了眉。安顿好行李后,他问村委会主任刘月梅,"我昨天不是说过不要动用小学生嘛,怎么不听?赶快让他们回去上课。"

一位村干部向他解释,"陈组长,别生气,刚好是课间休息,刚好是课间休息,工作组能够下来,不容易啊。"

10时许,陈瑞军主持召开了村干部联席会议,村民们把院子和门口都挤满了,"听听这个干部说些啥。"

屋子里面,村支书刘月梅介绍了文楼村的艾滋病状况,"村里一共3211人,耕地3270亩,有1700多人卖过血,目前有艾滋病人及携带者660多人。从1999年发病至今,共死亡112人,去年就死了26个。"

文楼村也是因卖血传染艾滋病的。村干部刘同心告诉记者,"1999年,村里的李金朵拉肚子老是治不好,中医院的程医生没法了,请来了自己的老师。"

这位老师就是武汉市的桂希恩教授,他到村里后,发现李金朵得的是艾滋病。在了解到村里的卖血史后,桂希恩开始抽样检查,第一次抽5人发现2个携带者,第二次抽20人发现了10个。后来,他把抽血范围扩大到50~80人/次,当发现小孩中也有艾滋病毒携带者时,他流泪了。

"文楼危险啊。"桂希恩此后开始了奔走,他给中央写信,给河南省委省政府上书,他带着幻灯片到村里到处宣传。

一位村民告诉记者,"老桂免费给我们查血,听说查一次要500多块钱呢。他不收钱,看家里病号多的,还给三五十块。"

上蔡县县长王富兴面对媒体时坦陈,"从1999年到今年,经过了自我隐瞒、逐步暴露、有效防治这三个阶段。"

"当时真是谣言满天飞啊,隔几天就死人,村民恐慌、政府紧张、社会不稳定。"县卫生局副局长王大焕告诉记者,"2000年3月,我们组织了工作组进村,结果3个月后就被迫撤回。"

　　王大焕是位40多岁的女同志，这位脸庞红红的副局长是上蔡县第一个进驻文楼村的工作组组长，也是被村民们接受的第一位官员。在村里，记者看到，不时有艾滋病人找她，有的病人还笑哈哈地用手捅她的脖子。在文楼，这是一种表示亲热的方式，一般人只怕不敢"享受"，村民们也不会这样待你。

　　迄今到过村里的最大的"干部"，是国务院副总理吴仪。当时，38岁的艾滋病患者程光华看着吴仪副总理伸出来的手，竟愣住了。后来他告诉记者，"人家这么大的领导，咱是个艾滋病患者，可她竟然要跟我握手。"

　　吴仪在他家坐了半个小时，看他坐得远远的便招呼他，"挪过来，挪过来"，她还叮嘱程光华，"要振作起来，政府是关心你们的，要让你们终身免费服药。"

　　此后，吴仪在河南省的会议上提出，对艾滋病患者"四免一关怀"，即向艾滋病感染者免费提供抗艾滋病病毒治疗药物，免费匿名检测，免费实行母婴阻断，对艾滋病患者的孤儿实行免费上学，使孤寡老人得到照顾关怀，并要求以文楼村为试点，探索建立农村艾滋病防治救助体系。自此，河南省的艾滋病防治工作开始大幅提速。不过吴仪的光临，也给程光华家留下了"后遗症"——时至今日，两口子仍然为吴仪当天穿的是布鞋还是皮鞋而争论不休。

　　4."非典型"村落

　　作为最早被披露的"艾滋病村"，文楼的知名度太高，吸引了太多媒体的关注，以致县里的领导介绍情况时也反复说明，"文楼村已经成为典型了，不具有代表性，你们应该多到其他村看看。"

　　文楼村的小学由上级拨款40多万元修建，卫生室配有X光机和CT机，村委会及文楼村所属县乡政府也投入3万多元修建新房，工作组现在就入驻此地，会议室里摆了6张行军床。

　　在工作组进村的前一天，省教育厅连夜运来了20台电脑和桌椅等，赠送给文楼小学。

　　文楼的村民除了免费得到抗病毒药物之外，其他治疗也相应免费，卫生室由县人民医院派人24小时值守。

　　那么，上蔡县其他21个艾滋疫情高发村的情况如何？记者抽取了后杨和庙王两个村进行调查。

　　庙王村属于上蔡县邵店乡，乡干部朱留云介绍，邵店属于重灾区，21个村中有13个疫情高发。

　　庙王村村委会主任丁志伟告诉记者，村里一共4700多人，15个组，160多个艾滋病患者，迄今已经死亡50多人。让丁主任担忧的是，"村民们得病了也不愿说，控制都不好控制，只能等发病时才知道。"去年全村普查时，只有1000多人愿意参加。而事实上，每一位艾滋病毒携带者都是危险的传播者。

　　一位村民偷偷告诉记者，"有的怕人瞧不起，怕孩子以后不好找对象，有的怕瞧不起病，都瞒着呢。"据村民们分析，"40岁以下16岁以上的村民都卖过血，人数起码有2000人。"

　　这种状况以前在文楼出现过，现在庙王村又在重演。

43 岁的王琴是艾滋病晚期病人，卧床不起，全身长满疱疹，她已经无法回答记者的提问。

王琴的爱人牛海泉刚刚抓药回来，他 46 岁，已白发满头。

记者在他家采访时，院子外围满了村民。牛海泉出去发烟，人群看见他接近就像潮退般散开，一圈下来，竟没有一人敢接他手里的烟。

牛海泉家一共 3 亩地，去年种小麦收成 1800 斤，玉米 300 多斤，种子及化肥成本为 700 元。他留下 4 袋麦子作口粮，其余全卖了，之后又交了 130 元农业税，最后所剩无几。给妻子看病抓药，他已经欠下 1 万多元的外债。

牛海泉的女儿牛娜今年 13 岁，上小学六年级，今年的学费是 125 元，不料交上去又被退了回来，说是政府提供免费上学。牛海泉拿回钱时，吧嗒吧嗒直掉泪。

除了每月免费的抗病毒药，现在牛海泉每月还领取 300 元的"药券"，凭券可以在村卫生室拿药，虽然不多，却也解决了不少问题。春节时，政府还送来了 50 元钱和 1 袋面粉。

他还没有查过自己和女儿是否有艾滋病，"等收麦之后吧，给女儿查一查。"他们一家三口仍然睡同一间房，唯一的隔离措施是王琴睡窗户边，吃饭时单独用一套碗筷。

和庙王村相比，后杨村的情况要严重得多。驻村工作组组长是省交通厅审计监察处处长张鸣，他告诉记者，"情况很严重，从去年 10 月 1 日到今年 2 月 1 日，死了 24 个人，平均 6 天死一个。"

当天开会时，张鸣得知旁边坐的村干部也是艾滋病患者，又吃了一惊。一天走访下来，他当夜辗转到凌晨 2 点半都不能入睡。

"我是在城市长大的，第一次知道农村这么苦、病人们这么可怜、艾滋病这么可怕，"他告诉记者，"真的对我触动很大。"

村里最好的房子是刚修建好的卫生室，尚未启用，村干部决定将它腾给工作组。张鸣住了一晚后再也不愿住了，"赶紧腾出来吧，马上启用。"

现在村委会的房子是危房，村小学也是危房，住哪里呢？张鸣还在犹豫，他准备自己掏钱在县城附近租一个房，每天往返七八公里。

事实上，最近在后杨村引起争议的还有另外一件事。村里的程向阳、程东阳兄弟俩，去年在家里办了个艾滋孤儿学校，免收学费，还供应一顿午餐。事经媒体报道后，县教育局派人来检查，并列出了 4 条意见，即擅自举办民办学校；教室面积小、采光度不够；没有操场；教学设施简陋。

2003 年 12 月 11 日，学校被迫关闭。但在此后，程氏兄弟陆续收到了各地的捐款共 4.3 万元，这笔钱在村里引发了争夺战。目前，这件事已经闹上了法庭。

5. 转变

此次河南省向疫区派遣工作组，无疑是正视艾滋病的一个举动。中央党校教授王贵秀认为，"在党的组织行为中，肯定是对一个问题的重视达到某种程度，才会运用工作组这个方式。""针对一种疫情派出工作组而非医疗队，说明决策者的意图并非仅限于治病，背后有调查研究、参与地方政事、直接干预等多种综合目的。"

就目前的情况而言，派遣工作组无疑有不少好处。陈瑞军认为，此次省里拨款 8000 万元，为疫情高发村落实"五个一"工程，"这笔钱一定要落到实处，工作组要监督整个环节，不准挪用。"

"到艾滋病村去，对干部也是一种锻炼，"陈瑞军说，"现在的处级干部在制定政策、作决策时，农民的呼声，农民的疾苦，能听到吗？非得有点切身体验才行。"在此次下派工作组到艾滋病村的活动中，河南省表现出前所未有的开放，不仅允许媒体自由采访，还主动公布了一些以往保密的数据。

河南省卫生厅厅长马建中接受了本报记者的采访，他透露，随着 HIV 携带者发病高峰期的到来，河南正逐步投入更多的资金帮助艾滋病村庄。

2001 年和 2002 年，河南针对艾滋病问题的资金投入均为 2800 万元，2003 年为 3950 万元，而今年投入预算为 4000 万元，加上国家、地方的投入，总数已将近 1 亿元。2003 年 2 月，河南省政府公布的艾滋病病毒携带者数目为 2200 多人，2004 年 2 月公布的数字扩大了 5 倍，迅速蹿升到 11844 人，其中已经发病的人数为 6310 人。

"真实的数字肯定还要高得多"，河南一位艾滋病研究者表示，因为还有大量并未检测的人群。

在疫情高发区的普查中，"1995 年以前供过血的农民已全面普查。"马建中说，"中度疫情发病村的普查已经做了 1/3"。

对一年之内数字的急剧上升，马建中解释，"这些都不是突发的，有过摸底。没有发现并不是不做检测，而是检测需要公民自愿。"

在河南，目前通过检测来确诊一个艾滋病患者或病毒携带者需要 400 元，而愿意出 400 元证明自己是艾滋病病人的人数很少。

但在正视艾滋病的问题上，河南省的态度无疑是越来越务实。从去年开始，河南对发病病人进行免费抗病毒治疗，全国免费总数是 6000 多例，河南占到了其中 4325 例。河南省目前还在酝酿疫情全面公开，预定于 2004 年 4 月 2 日公布河南所有疫区的详细情况。

河南省卫生厅的一位研究者认为，"从某种程度上讲，公开了，就不危险了，因为公众都会防范，都会去监督，最怕的是对疫情瞒着盖着。"

干部们都下到村里了，工作已然开始，但未来的路还很难。一些干部们也担忧自身的安全，一位工作组干部私下向记者透露，"万一我真的染上艾滋病，谁对我负责呢？"

上蔡县卫生局副局长王大焕也想过这个问题，但她表示，"说不清楚，活总得有人去干吧"。2000 年，领导派她去文楼驻村，"你刚从农村上来，熟悉农村工作。"王大焕去了。2003 年 4 月，领导又派她去文楼，这次是"三个代表"工作组，王大焕奇怪了，"为啥又是我？"领导说："你对文楼熟悉了，村民都接受你啊。"这次，王大焕又陪同工作组驻扎文楼，她不知道 4 月份能不能轮换。

县医院药房的毛春花，因为没人愿意换班，在长达一年零两个月的时间里，每晚在文楼村卫生室值通宵夜班。王大焕看不下去，将事情告诉了局长和医院院长。去年 11 月 9 日，毛春花第一次开始隔天轮休，她告诉丈夫，"原来家里的床，睡在上面这么舒服啊。"毛春花总是说着说着就哭了。

（材料来源：《南方周末》）

第五节 实 验 报 告

院系		专业	
班级		组号	
小组成员			
实验名称			
实验成绩			

一、实验目的

二、实验原理

三、实验步骤

四、实验数据(各组情况)

五、实验结果

六、讨论分析(完成指定的思考题和作业题)

七、实验总结及实验改进建议

备注：

实验教师：

实验日期：

第三章　公共危机规划

在公共危机管理领域，规划的目的就是要努力协调与调度区域内外的资源，减少或降低脆弱性。要实现有备无患的危机应对，就需要公共组织理解自身的脆弱性及所面临的威胁，并开展公共危机规划。

第一节　经典案例

上海"钓鱼"执法事件始末

一、事件经过

上海城市交通执法大队"钓鱼"执法，因触及了人们的道德底线而遭舆论质疑。此番舆论潮起于《无辜私家车被以黑车罪名扣押，扣押过程野蛮暴力》的网帖。

该网帖称，2009年9月8日，上海白领张军（化名）因好心帮载自称胃痛要去医院的路人，结果却被城市交通执法大队认定为载客"黑车"，遭扣车与罚款1万元。黑车属于非法营运，根据《中华人民共和国道路运输条例》第六十四条规定，未取得道路运输经营许可而擅自从事道路运输经营的车辆，由县级以上道路运输管理机构责令停止经营；有违法所得的，没收违法所得，处违法所得2倍以上10倍以下的罚款；没有违法所得或者违法所得不足2万元的，处3万元以上10万元以下的罚款；构成犯罪的，依法追究其刑事责任。

原来，那名自称胃痛的路人是执法大队的"钩子"，专门诱人入瓮。执法时，该名"钩子"强行拔掉张军的车钥匙，七八个身着制服的人将张拖出车外。当时他第一反应是碰到强盗打劫了，他想打电话报警，可电话却被抢走。张军称，自己的双手被反扣，还被卡住脖子，被搜去驾驶证和行驶证。对方告诉张，他们是城市交通执法大队的人。之后两周，有相似遭遇的人先后找到张军，讲述了自己类似被"钓鱼"执法的经历，多数发生在2009年9月14日、15日、16日、18日。

受骗车主多为公司职员，有两人为私人老板的司机。欺骗他们的"钩子"各出奇招，有说"家人出车祸急着赶去"，有扮成急着要生孩子的孕妇，甚至还有"钩子"一手吊个盐水瓶去拦车的。至于故意要给他们路费、强拔车钥匙、"扭住胳膊"带离小车、扣车及罚款万元等"钓鱼"流程和张军的遭遇一致。对此，闵行区相关部门公开在电视媒体上表态，他们的执法是合法的。

据了解，早在1992年上海开始打击黑车时，"钩子"就出现了。民间"钩子"数量在2006年激增，皆因规定举报有奖，每辆次奖励500元。当年，甚至还出现了一名女"钩子"被黑车司机杀害的恶性事件。这些职业举报人形成了有组织的群体，一般有一个"钩子头"

和执法人员联系，每个"钩子"头各有地盘。一个成熟的"钩子"能做到既安全又证据充分，月收入少则三五千元，多则五六千元；"钩子头"一年收入可达十几万元。就这样，一条黑车执罚产业链似乎悄然形成。

张军遭遇运管部门钓鱼执法事件引发社会强烈反响，上海的报纸、电视台、电台都介入报道，网络舆论几乎一边倒地批评这样的执法手段。9月16日晚，闵行区交通行政执法大队大队长刘建强走进上海本地电视台的新闻节目，对主持人提出的几点质疑均以"不清楚""不能透露""这是工作秘密"作答，大多网友对此表示不满，并称此事仍然疑点重重。

张军在9月28日向上海市闵行区人民法院提起行政诉讼，要求依法判决撤销行政处罚决定并退还罚款，但没有提出赔偿与道歉的要求。10月9日中午，上海"闵行倒钩案"当事人张军（化名）的代理人郝劲松接到闵行区人民法院的电话，张军诉上海市闵行区城市交通行政执法大队一案已经立案。从9月28日提交诉状起算，昨日是法律规定立案时效的最后一天。

"一个政府的权威由其一贯的良好作风，如民主、公平、公正、透明，而使公民发自内心的对其产生信任。倒钩事件则会导致政府的权威和公信力减退，特别是执法大队一方面标榜自己的良好执法形象，提倡市民展现良好素质，一方面却鄙视并打击张军好心载人的行为，这更会导致政府权威和公信力的减退。"郝劲松认为，"倒钩"实为欺诈，与诚实信用的原则不相符，对社会的公序良俗也是沉重打击。如果连最应讲究诚信的政府也要采取欺诈的方式牟取不正当利益，知法犯法，侵害公民的权利，必将导致一个社会的崩溃。

此案在社会引发了广泛讨论，知名作家韩寒在其博客中写道，"在这个社会上，如果你生病了或者家里有急事需要搭车，有人愿意让你上车是很罕见的，这样的人是珍稀的物种，是单纯的好人。闵行区交管部门做的事情说简单点，就是将这些单纯的好人从茫茫车海中分辨出来，拘押下车然后罚款一万。"

二、张军事件引起央视质疑

2009年10月20日，上海市浦东新区城市管理行政执法局召开新闻发布会，公布了"10·14"事件的调查报告。当晚，央视新闻频道和经济频道都聚焦了上海"钓鱼执法"，并在报道中对调查报告提出了质疑。

在《新闻1+1》栏目中，白岩松提出，执法部门"胃疼关你什么事"的思路会破坏社会的道德底线，人们会因此不敢做好事了。白岩松还提出，在一辆车上的两个个体，究竟信谁的说法呢？如果有明确的证据，例如录音，那是不是就说明存在"钓鱼"式执法？如果没有录音，只是嘴上的说法，那凭什么只认定乘客的说法，不认定司机的呢？

《经济半小时》栏目在报道的最后对"钓鱼"事件作了总结："拭目以待看谁在违法"。如果"钓钩"和执法人员采用虚假线索，就是故意捏造事实，属于诬告陷害行为，而如果他们领取了奖励金，用虚构事实或者隐瞒真相的方法骗取公私财物，更涉嫌诈骗罪。

在新闻发布会上，央视记者多次询问乘客身份及是否存在"钓鱼"执法的问题，执法部门的回答则是遮遮掩掩。央视记者刘楠透露，在反复追问下，调查组对乘客的最终描述是——一位有正义感的举报者。此前，在张军事件中，闵行建交委官员也是说乘客是有"正义感的人士"。

三、公众对张军事件的反应

上海惊现防钓鱼车，车主贴出最牛车贴！地点在上海的徐家汇，这是一辆外地牌照的开瑞牌汽车，就停在路边，车贴上写着"防止钓鱼，拒绝搭乘。"从这辆车经过的人都在行注目礼，还在笑。连海报上的世博会吉祥物也在对着这辆车笑，海报上还有一行字——"城市让生活更美好！"说得多么好哇！

成都一位私家车车主姚先生的"防钓鱼"车贴很有创意——"本车拒绝一切搭载求助，临盆产妇、车祸、中风、触电、溺水都不关我事，尤其是胃疼的！"

专家质疑"钓鱼"执法的行为本身也被法学家们质疑，北京大学法学院行政法专家姜明安教授认为，行政执法要符合国务院 2004 年颁布的依法行政原则，合法、合理、程序适当、诚实守信、权责统一，不能采取预谋设圈套的方式执法。人民大学法学教授杨建顺认为，行政法强调取证的正当性，要求客观、全面地调查，调查取证的手段要注意合法。依据国家税制要求，打黑车有其合理性，但打黑车采取"以恶治恶"的方法不可取，"打击时要将打击黑车和'好意搭乘'严格区别开"。

中国法学会行政法学研究会会长应松年教授指出，法律上对"非法营运"无明确界定，而在西方国家，为节省能源，政府还推广拼车行为。如果帮助路人也算"非法营运"，那么以后遇到有病求救的人，谁还敢停车。应松年教授认为"钩子拔钥匙"是一种强制行为，而强制行为须有法律授权。他似乎是在配合执法，但若无法律授权，那与抢劫有何区别？协管人员和"钩子"似乎都参与了执法，需要明确执法主体。中国政法大学副校长马怀德教授认为，群众可以取证、录音、举报，但采取拔车钥匙等行政强制措施一定要有合法的行政授权，不能随意委托别人去做，更不能以市场的方式授权，如协助抓一个车给多少钱。

对于执法程序违法，尽管执法者找出了诸多理由以示执法的正当性，但却掩盖不了实质上和程序上的违法性，以及背后的利益驱动。回顾类似行为造成的结果，发现在"鱼钩"上晃荡着的，除了当事人，还有更大的"鱼"，那就是法律、道德和人们的善良之心。

法治秩序的建立，不是一朝一夕的事，在建立法治秩序的过程中，执法者的行为倍受公众关注，也最有可能影响公众的法治观念。执法者严格、公正的执法行为所树立起的，不仅是执法者的权威和形象，更是法律的权威和形象。当一个执法部门为了私利而"执法"时，特别是引诱守法者"违法"时，社会对法律就会产生强烈的质疑。而执法者所影响的也不仅仅是这一部门的形象，更影响了法律的形象，动摇了人们心中的法治观念和信心。行政执法中的"钓鱼"行为，不但会让公众在守法与违法的困惑之中模糊守法与违法之间的界限，更是对社会道德釜底抽薪般的打击。当"钓鱼"成为常态，社会的信任危机也自然会加重，互助友爱的美德将在"钓鱼"中失去生存的土壤。执法者"钓鱼"，守法者固然是那条"鱼"，法律、道德也同样是那条"鱼"。

从法治国家的经验来看，诱惑取证应受到严格限制，它绝不能由所谓的"协查员"，乃至"有正义感的社会人士"操作，因为他们往往对"执法"有利益诉求，倾向于"引诱"当事人违法。而这种"钓鱼"执法撕裂了社会成员间朴素的情感，败坏了公德，今后那些真的生病、临产的路人可能再也得不到帮助。

另外，"钓鱼"执法还会引发严重的冲突。比如，2008 年 3 月上海奉贤区一位"黑车"司机被所谓"女协查员"带入"执法伏击区"之后，当着执法人员的面在车内用刀捅死"女协查员"。以前，上海还发生过"黑车"司机为泄愤绑架所谓"钓钩"的事件。

现代行政法治里有所谓的"比例原则"，即行政手段应该与行政目的相匹配。"非法营运"虽有危害，但其危害的恶劣程度远低于暴力犯罪，因而不能对其采用激进的"钓鱼"执法手段。这种手段既存在诸多不确定性风险，又破坏了社会成员间的信任与互助，实在是害莫大焉。

行政执法不仅需要事实正义，也需要程序正义。加紧行政程序立法，将行政执法权牢牢限制在程序正义的框架里，"钓鱼式执法"才会真正退出历史舞台。

四、张军事件的进一步发展

"钓鱼"执法引起媒体高度关注，CCTV《今日说法》栏目就上海闵行区的"钓鱼执法"事件展开过报道，并认为这种方式是不恰当的。最近上海新闻接连报道过这类事件，引起了大家的热烈关注。这种现象，是对法律的践踏，也是对广大善良民众赤裸裸的侵犯。

《人民日报》对"钓鱼"执法的评论——"钓鱼"执法危害猛于虎，如果对一些非法行为，尤其是政府部门的非法行为，以一种不痛不痒、置若罔闻的态度，任其滋生泛滥，长此以往，政府的公信力、法治的尊严、社会的公德意识都将大受损失。

对于"钓鱼"执法，如果任其发展，后果将不堪设想。目前，有关部门对这类问题已经高度重视。

五、上海市政府的态度

张军事件发生后，上海有关部门已经采取了措施，一部分人已经开始接受调查，随着调查的深入，某些人将要被追究法律责任。目前，有些区县已经紧急叫停了这种"钓鱼"执法方式，一些执法部门也开始内部整顿，一些"鱼钩"也将面临失业。有些区县已经开始着手实施被扣车辆的返还，一些被冤枉的车主也陆续领回罚款。当然，不管最终结果如何，我们相信，正义总是会战胜邪恶，光明总是会到来的。

上海市政府曾要求各区县，对于"钓鱼"执法事件，要迅速查明事实，及时公布结果。有关领导明确表示，绝对不能够容忍"钓鱼"执法，要求各区县的执法部门全面整顿，杜绝此类不良现象。目前，公安部门和检察机关已经介入此事件。经过几天的调查，目前初步查明，上海市各区县均不同程度存在"钓鱼"执法的现象。各区县的交通执法部门为了创造罚款经济指标，采取各种不正当的手段进行执法，严重损害了执法部门的形象，影响了全上海的社会风气。一些执法部门，招募社会上的不良人士充当诱饵，引诱私家车车主上当，然后以暴力相威胁，采取强行手段夺取车辆，并且采取巨额罚款。这是严重的违法事件，是强盗行为！这种现象如果不能够得到有效遏制，势必导致社会的不稳定，不利于和谐社会的建立。

经过初步调查，全上海存在几十个交通执法部门，基本每个区县都或多或少存在"钓鱼"执法现象。根据目前的初步核查，全上海大约存在 960 名被雇用的"钓钩"（就是那些乘坐别人车的人），这些人男女老少均有，年龄最大的 79 岁，最小的 16 岁，本地人约占百分之七十。

有些区县已经明确规定，绝对不允许"钓鱼"执法，对于已经发生的事件，各区县相关部门正在考虑事后赔偿问题。从目前得到的最新消息，个别区县的交通执法部门负责人已经被停职接受调查，相信这些人可能会被追究法律责任。目前，一些"钓钩"也相继落入法网，截至现在，已经有大约 70 名"鱼钩"被警方控制。随着时间的推移，越来越多的"鱼钩"会落网，有关部门希望广大市民积极举报，提供相关线索，早日将这些人绳之以法。同时，多个区县的执法部门已经开展被扣车辆的返还和罚款的退还工作。

2009 年 10 月 20 日，上海浦东新区区政府召开新闻通气会，公布"10·14"事件的处理意见。

经查明，原南汇区城市交通行政执法大队在张军"涉嫌非法营运"事件中，确实使用了不正当的取证手段。浦东新区人民政府将责成有关部门依法终结对此案的执法程序，并对当事人做好善后工作。

浦东新区区长姜樑指出，浦东新区城市管理行政执法局 10 月 20 日公布的调查结论与事实不符，误导了公众和舆论。为此，浦东新区政府向社会公众作出公开道歉，并将启动相应的问责程序，对直接责任人追究相应责任。

姜樑表示，浦东新区将深刻吸取教训，进一步提高依法行政、文明执法能力，同时继续依法整治非法营运行为，加强公交网络、出租行业的建设和发展，努力营造规范有序的客运市场环境。

2009 年 11 月 19 日，上海市闵行区人民法院宣布张军胜诉。

第二节　实验理论与技术准备

世界范围内的危机管理实践证明，危机规划是有效应对危机的前提之一。危机规划作为危机准备的重要内容之一，是以有效应对危机为目的的综合性计划过程。良好的危机规划有助于明确危机应对的目标，统筹安排危机准备的资源，增强危机管理能力与危机抵抗能力。如果缺少危机规划，危机管理将在危机真正到来之时贻误战机、浪费时间、无法及时减轻危机的危害性影响。因此，危机规划应该成为危机管理的基础。

一、危机规划的概念

危机规划既是指一种特定的规划过程，也可以作为规划过程的最终成果，即行动计划。危机规划的最终成果是危机规划的表现形式，具有特定的内容与结构。危机规划过程要遵循合理应对阻力、采取全危机的方法、全面参与、基于正确假设、确保适当与弹性、坚持培训与评估、保证持续性等指导原则。

二、危机规划的任务

危机规划在危机准备以及危机管理过程中承担了重要的任务。在危机准备阶段，危机规划的主要任务包括确定危机情境、确立危机应对目标与创建危机处理方案集。

（一）确定危机情境

危机情境是危机管理者与分析者通过科学预测，对未来即将发生的危机事件以及危机状态的预先描述。危机情境是建立在充分、可靠的信息与科学分析基础之上的假想状态，它不是危机管理者与分析者凭空想象的结果，而是一种合理的科学预测。危机管理者通常需要以危机情境为基本依据，对危机准备与危机应对措施进行规划。因此，危机规划的首要任务就是确定危机情境。在危机规划过程中，危机管理工作者必须充分利用可得的信息与经验，尽量把握未来危机事件与危机状态的可能情况。一般而言，危机管理者需要考察所有的可能情境，但最终必须选择其中可能性最大的一个，否则危机规划将会过于复杂。

（二）确立危机应对目标

危机规划既要对未来危机状态的可能情况作出预测与描述，还要在危机情境的基础上确立危机应对的目标。危机应对目标指的是危机应对过程完成之后应该取得的成效与实现的状态。危机规划是对于未来危机处理与应对行动的综合规划，而任何危机管理行动都必须具有明确的目标，否则就是盲动。因此，为危机状态下的应对行动确立目标，危机规划责无旁贷。

（三）创建危机处理方案集

创建危机处理方案集是危机规划过程中最具体的任务。危机规划是以有效应对危机为目标的行动规划，即设计与安排各种应对危机的措施与行动。危机管理者需要依据危机情境与危机应对目标，对危机状态下现实可行的应对行动进行设计与安排，最终整合为成型的政策或行为集合。

三、危机规划的要求

危机规划是公共危机管理循环中的重要行动，无论危机管理者所面临的灾害是天灾还是人祸，良好的危机规划都可能成为有效应对危机的推进器。危机规划作为危机准备框架的基本构成要素与特殊的危机管理行为，具有明确务实、全面性、预测性、弹性与协调性五个基本要求。

（一）明确务实

危机规划注重行动规划的结果，是一种结果导向的行动规划过程。危机规划关注的是危机状态下现实可行的应对行动，以及在多大程度上降低了危机承受者的脆弱性。危机规划以具有可行性的行为集合为主要内容，以提供可能的行为选择为主要任务，即"如何行动"才是危机规划的焦点。

（二）全面性

危机规划的内容广泛而全面，它是在危机发生之前的全面规划。一方面，危机规划对危机准备过程中的其他准备活动进行安排；另一方面，危机规划对危机状态下现实可行的应对行动进行了全面的设计与规划，提供了全面、综合性的行为选择。

（三）预测性

危机规划是危机准备阶段的行动计划，是危机发生之前的前瞻性措施，其基础是对未来危机情境的预测。从各国实践来看，危机管理通常将危机情境分析作为危机规划过程的首要步骤，将确定危机情境作为危机规划的主要任务。

（四）弹性

危机规划是对未来危机状态的预测与处理危机的行动设计。危机事件与危机状态的复杂多变，使得危机规划者必须面对不确定的环境作出行为选择。因此，危机规划不能对所有环节与行动作出严格限定，它必须是一种弹性较强的行动规划。

（五）协调性

危机规划过程与危机规划文本都具有协调性的特征。危机规划是多方参与的综合计划过程，同时又是对各类危机处理行动的综合计划。因此，危机规划必须是对各方利益与各类行动进行协调与整合的过程与产物。

四、危机规划的文本结构

危机管理工作者认为，一个结构严谨、内容完备的危机规划成果是成功应对危机的前提。各国的危机规划实践表明，无论是国家层次、地区层次还是社区层次的危机规划，其文本的基本结构与主要内容都存在一致性。根据国外研究者的研究归纳，危机规划的文本结构一般可分为两部分，即危机规划的战略陈述与行动计划。前者对整个危机规划的总体目标、行动方略、规划环境进行概述，而后者对具体的措施与行动进行描述。

（一）危机规划的战略陈述

危机规划的战略陈述是对危机规划的背景、危机规划的总体目标、危机规划的功能作用与责任等方面的总体表述。在内容上，危机规划的战略陈述包括引论、危机评估与排序、危机应对战略、组织机构与管理体制、人力资源状况、信息沟通体系、危机应对教育与培训规划等部分。引论的功能在于确定本规划的基本过程、目的以及相关责任人；危机评估与排序主要完成危机情境的预测与描述；危机应对战略意味着危机状态下基本的行动指导原则与方略；组织机构与管理体制确定了具体的责任部门；人力资源状况强调了危机应对行动所需要的人员支持；信息沟通体系确定了如何通过一定的制度化、规范化的过程将正确的信息传达给正确的人；危机应对教育与培训规划主要论述如何向公众普及、传授危机相关知识与技能等。危机规划的战略陈述一般并不直接论及危机应对的具体措施，而是对危机应对的背景环境、前提条件、支持系统，进行确定、设计与安排。

（二）危机规划的行动计划

危机规划的行动计划是对危机状态下的具体应对行动进行设计与安排。在内容上，行动计划包括所有可行的危机应对措施与行动。危机应对行动的复杂多样决定了行动计划内容的丰富庞杂，所以危机管理者通常只将可行性最大的危机应对行动作为行动计划的内容。危机规划的行动计划部分是危机规划文本的主体部分，其对于危机应对措施与行动的行动主体、行动程序、行动规划、预期收效、注意事项等都作了全面的说明与规定，以作为危机状态下应对行动的蓝本。

五、危机规划的模本

世界各国的危机管理实践为我国提供了大量可供借鉴与学习的经验。一些国家的危机管理工作者已经创建出较为成熟的危机规划模本，它是对众多危机规划文本共同特点的梳理与概括，体现了危机规划文本的一般形式。因而，借鉴简洁、完整的危机规划模本可以作为我国危机规划文本的参照与标杆。危机规划模本如表3-1所示。

表 3 − 1　危机规划模本

危机规划模本

第一部分：总体形势与危机情境

这一部分作为危机规划的开篇，主要以确定危机管理环境与危机情境为主要任务。这一部分主要包括以下内容：

(1) 外部环境总体概况。

(2) 危机潜在原因、萌发过程。

(3) 危机事件与危机状态的可能情况与影响。

(4) 危机减缓的可能因素。

(5) 危机承受者的总体情况。

(6) 危机应对的可用资源。

(7) 危机应对的引发因素。

(8) 危机管理部门的内部资源、行动、能力以及经验等。

第二部分：政策与整体执行目标

这一部分的任务在于确立危机应对的总体目标与战略规划，为危机状态下的应对行动提供原则性的指导。这一部分主要包括以下内容：

(1) 总体战略目标、原则与指导方针。

(2) 多样化的子目标体系。

第三部分：部门目标与行动

这一部分是危机规划文本的主体，其任务在于为各管理主体设计可行的危机应对措施与行动，并为危机状态下的危机管理者提供具体的行动指南。这部分主要包括以下内容：

(1) 职责划分。

(2) 管理与总体协调体制。

(3) 各管理主体可采取的行动集合。

(4) 预算，资源调动、配置的程序。

(5) 危机应对行动的时机、范围与限制。

(6) 各管理工作主体预期的行动结果与成效。

第四部分：反馈、维护及调整程序

这一部分主要规定危机规划如何得到调整与修正，主要包括以下内容：

(1) 反馈过程及控制程序。

(2) 责任部门与责任人。

(资料来源：UNHCR，Contingency Planning Guideline，1996，有所改动)

六、危机规划的步骤

危机规划既体现为一定的文本形式，也是一个连续的行动过程。各国的研究者在关注危机规划文本的同时也非常重视对危机规划过程的研究。在众多研究者眼中，如何创建出透明、科学、高效的危机规划程序是一个具有重要意义的课题。一般来说，一个相对完整的危机规划过程由背景分析、目标设定、拟订行动方案、可行性分析、创建危机应对方案集、调整与更新规划六个步骤组成。

（一）背景分析

当信息与预警系统发出明确的警示信号之后，危机管理者就必须着手进行危机规划。危机背景分析是危机应对行动规划的基础与前提，也是危机规划过程的第一步。背景分析指的是危机管理者依据相关信息与预警系统所提供的信息，分析危机可能产生的危害与影响，对未来的危机事件与危机状态进行预测与描述。

同时，危机背景分析也是对危机风险分析与脆弱性分析的共同研究，背景分析既蕴涵了风险分析与脆弱性分析的内容，又是对风险分析与脆弱性分析成果的整合与提升。危机规划中的背景分析是对危机发生过程以及危机状态进行全景式的预测与描绘，其包括了危机事件爆发时的特征、危机状态持续的时间、危机的影响范围、危机影响下人们可能的反应、危机危害的范围与程度等。

（二）目标设定

目标设定是危机规划的第二个步骤。任何方面的行动规划过程都离不开行动目标的设定，没有目标的行动是毫无积极意义的盲动。危机规划旨在为危机状态下的应对措施与应对行动进行预先安排，而设定行动目标则是做出具体行动安排的前提。目标对于行动有着指导与统领的作用，切实可行的目标是进行有效危机应对行动的前提。

危机规划中的目标设定既包括战略层次目标的确立，也包括各个子目标的确定。危机管理者最终需要得到的是一个整合的目标体系。

目标设定意味着确定危机应对行动的预期收效与最终应该达到的状态。一般而言，彻底消除危机的危害是不可能的，危机规划的目标只能定位于尽量降低危机的危害性影响。因此，危机管理者需要依据危机背景分析，以及自身拥有的可用资源与具备的能力，为未来的危机应对行动进行切合实际的目标设定。

（三）拟订多个可能的备选行动方案

在危机规划过程中，危机管理者花费了大量的时间与精力拟订危机状态下的各种行动方案。无论是应对自然灾害还是人为灾祸，单一的行动方案都是不够的，危机管理者需要以多样化的行动来处理复杂且动态的危机事件。此外，危机规划是危机爆发前的前瞻性行为，危机背景分析仅仅是一种预测性的描述，危机管理者所面对的环境变化依然充满了不确定性。因此，危机管理者只能依据可能出现的危机情境，一一确定合理的危机应对措施。危机的复杂多变与环境的不确定性决定了危机管理者必须拟订多个不同的行动方案。

（四）可行性分析

可行性分析指的是危机管理者对已经拟订的各种行动方案进行分析、评价，以评定不同方案的可行性。面对高度不确定的未来环境，危机管理者期望尽可能地拟订所有可行的应对措施。然而，由于可用资源与能力的限制，危机管理者不可能在危机状态下实施所有可能的行动。因此，危机管理者必须从诸多行动方案中选择一部分可行性较大的方案，作为危机状态下的首要选择。

危机规划中的可行性分析是技术性较强的工作。危机管理者必须考虑危机背景的可能情况、应对行动的特征与预期收效、必需的资源与支持等诸多因素，对各项危机应对方案

33

的可行性进行排序，并选择排序靠前的一部分行动方案，以备创建危机应对方案集之用。

（五）创建危机应对方案集

危机规划过程的重要成果就是危机应对方案集。创建危机应对方案集是指，危机管理者通过可行性分析研究将诸多行动方案整合为一个有机整体。正如前文所述，危机事件与危机状态的复杂性决定了应对措施的多样性。因此，危机管理者需要根据设定的应对目标，将可行的应对行动按照一定的规则组合起来，形成能够发挥出合力的集合体。

（六）调整与更新规划

危机规划是一个动态的过程，在很多专家眼中，这一过程有开端但没有终点。研究者认为，危机规划必须不断调整与更新，否则就有丧失效用的危险。随着外部环境、可用资源等各方面条件的变化，危机规划本身也需要得到不断的调整与更新。危机管理者在完成危机规划文本的创建之后，还必须定期或不定期地对危机规划本身进行检视，并且依据预警系统传递的新信息对其进行适当的调整与修正。如果危机规划已经无法适应形势的变化，那么危机管理者就必须及时更新旧的危机规划，重新开始新的危机规划过程。

第三节 实 验 设 计

一、实验目的

通过本次粮食危机规划的实验，学生应充分理解公共危机规划对于有效公共危机管理的意义；同时，能按照公共危机规划的步骤与模本实现公共危机规划的文本编制，以提升参与公共危机管理规划的技能。

二、实验要求

（1）请认真阅读所给材料，并以我国粮食管理部门的身份，编制我国粮食危机的五年规划文本。

（2）规划需要包含公共危机规划的所有组成部分。

（3）规划文本的字数在 800～1000 之间。

（4）实验时间为 3 小时。

三、实验步骤

（1）请充分阅读所给的实验材料，熟悉材料中的所有信息并能进行理性总结与分类，完成对危机规划文本编制所需素材的整理工作。

（2）确立危机规划目标，粮食危机规划的目标应与国家经济发展的长期、短期目标相一致。

（3）确定粮食危机的信息来源与指标体系。

（4）确定可能发生的粮食危机情境及危害程度。

（5）制定初步规划。

（6）调整政策与制度框架，以适应危机规划的内容。

（7）有规律地更新危机规划与程序。

四、实验成绩（按个体）

序号	成 绩 组 成	分值
1	规划文本真实体现材料中的内容	10
2	规划文本包含规划模本中的所有部分	10
3	规划目标明确	20
4	规划文本中的具体内容前后一致性高	20
5	规划的行动方案能支撑目标实现	20
6	规划文本用语规范	10
7	时间安排合理	10

五、实验思考题

（1）结合经典案例，思考上海城市交通执法大队在公共危机规划中的失误及对策。

（2）公共危机规划在公共危机过程管理与结果管理中有什么样的作用？

（3）公共危机规划工作的实现与完善需要注意哪些方面？

第四节　实 验 材 料

我国粮食安全的现状、问题与未来发展

粮食安全始终是关系我国国民经济发展、社会稳定和国家自立的全局性重大战略问题。保障我国粮食安全，对实现全面建设小康社会的目标、构建社会主义和谐社会和推进社会主义新农村建设具有十分重要的意义。

一、我国粮食安全面临的挑战

近年来，我国粮食生产发展和供需形势呈现出较好局面，为改革发展稳定全局奠定了重要基础，但必须清楚地看到，农业仍然是国民经济的薄弱环节。随着工业化和城镇化的推进，我国粮食安全面临一些新情况和新问题，即粮食生产逐步恢复，但继续稳定增产的难度加大；粮食供求将长期处于紧平衡状态；农产品进出口贸易出现逆差，大豆和棉花进口量逐年扩大；主要农副产品的价格大幅上涨，成为经济发展中的突出问题。从中长期发展趋势看，受人口、耕地、水资源、气候、能源、国际市场等因素影响，上述趋势难以逆转，我国粮食和食品安全将面临严峻的挑战。

（一）消费需求呈刚性增长

（1）粮食需求总量继续增长。据预测，到 2010 年我国居民人均粮食消费量为 389 公斤，粮食需求总量达到 5250 亿公斤；到 2020 年人均粮食消费量为 395 公斤，需求总量达 5725 亿公斤。

（2）粮食消费结构升级，口粮消费减少。据预测，到 2010 年我国居民口粮消费总量为

2585亿公斤，占粮食消费需求总量的49%；到2020年口粮消费总量为2475亿公斤，占粮食消费需求总量的43%。饲料用粮需求增加。据预测，到2010年饲料用粮需求总量为1870亿公斤，占粮食消费需求总量的36%；到2020年饲料用粮需求总量将达到2355亿公斤，占粮食消费需求总量的41%。工业用粮需求趋于平缓。

（3）食用植物油消费继续增加。据预测，到2010年我国居民人均食用植物油消费为17.8公斤，消费需求总量达2410万吨；到2020年人均消费量为20公斤，消费需求总量将达到2900万吨。

（二）耕地数量逐年减少

受农业结构调整、生态退耕、自然灾害和非农建设占用耕地等影响，耕地资源逐年减少。据调查，2007年全国耕地面积为18.26亿亩，比1996年减少1.25亿亩，年均减少1100万亩。目前，我国人均耕地面积为1.38亩，约为世界平均水平的40%；受干旱、陡坡、瘠薄、洪涝、盐碱等多种因素影响，质量相对较差的中低产田约占产田总面积的2/3；土地沙化、土壤退化、"三废"污染等问题严重。随着工业化和城镇化进程的加快，我国耕地仍将继续减少，宜耕后备土地资源日趋匮乏，今后扩大粮食播种面积的空间极为有限。

（三）水资源短缺矛盾凸现

目前，我国水资源人均占有量约为2200立方米，不到世界平均水平的28%；每年农业生产缺水200多亿立方米，且水资源分布极不均衡，水土资源很不匹配。我国北方地区水资源短缺矛盾更加突出，东北和黄、淮海地区粮食产量占全国的53%，商品粮占全国的66%，但黑龙江三江平原和华北平原很多地区超采地下水灌溉，三江平原近10年来地下水位平均下降2～3米，部分区域下降3～5米，华北平原已形成9万多平方公里的世界最大地下水开采漏斗区（包括浅层地下水和深层承压水）。此外，近年来我国自然灾害严重，不利气象因素较多，北方地区降水持续偏少，干旱化趋势严重。受全球气候变暖的影响，我国旱涝灾害特别是干旱缺水状况呈加重趋势，可能会给农业生产带来诸多不利影响，将对我国中长期粮食安全构成极大威胁。

（四）供需区域性矛盾突出

粮食生产的重心北移。2007年，13个粮食主产区的粮食产量占全国总产量的75%，其中河北、内蒙古、辽宁、吉林、黑龙江、山东、河南七个北方产区的粮食产量占全国总产量的比重由1991年的36.2%提高到2007年的43.5%。南方粮食生产总量下降。江苏、安徽、江西、湖北、湖南、四川六个南方产区的粮食产量占全国总产量的比重由1991年的36%下降到2007年的31.65%。主销区粮食产需缺口逐年扩大。北京、天津、上海、浙江、福建、广东和海南七个主销区的粮食产量占全国总产量的比重已由1991年的12.2%下降到2007年的6.3%，产需缺口由2003年的485亿公斤扩大到2007年的550亿公斤左右。此外，西部部分地区因生态环境较差、土地贫瘠，所以粮食生产水平较低，存在供需缺口。

（五）品种结构性矛盾加剧

小麦供需总量基本平衡，但品种优质率有待进一步提高。大米在居民口粮消费中约占60%，且比重还在逐步提高，但南方地区水田不断减少，水稻种植面积大幅下降，恢复和稳定生产的难度很大，稻谷供需总量将长期偏紧。玉米供需关系趋紧。大豆生产徘徊不前,进口依存度逐年提高。北方种植大豆和南方种植油菜的比较效益偏低,生产缩减。粮食品种间(如东北大豆、玉米、水稻)的争地矛盾及粮食作物与油料、棉花、烤烟等经济作物间的争地矛盾将长期存在。

(六) 种粮比较效益偏低

近年来,由于化肥、农药、农用柴油等农业生产资料价格上涨和人工成本上升,农民种粮成本大幅增加,农业比较效益下降。随着我国工业化、城镇化进程的加快,农村外出务工人员增多,特别是粮食主产区一半以上的青壮年劳动力外出打工,导致农业劳动力呈现结构性紧缺,一些地区甚至出现粮食生产"副业化"的趋势。与进城务工和种植经济作物相比,种粮效益明显偏低,保护农民种粮积极性、保持粮食生产稳定发展的难度加大。

(七) 全球粮食供求偏紧

全球粮食产量增长难以满足消费需求的增长。据测算,近 10 年来全球谷物消费需求增加 2200 亿公斤,年均增长 1.1%;产量增加 1000 亿公斤,年均增长 0.5%。目前,世界谷物库存消费比已接近 30 年来最低水平。自 2006 年以来,国际市场上粮价大幅上涨,小麦、玉米、大米、大豆和豆油的价格相继创历史新高。受全球人口增长、耕地和水资源约束以及气候异常等因素影响,全球粮食供求将长期趋紧。特别是在能源紧缺、油价高位运行的背景下,全球利用粮食转化生物能源的趋势加快,能源与食品争粮的矛盾,将进一步加剧全球粮食供求紧张,我国利用国际市场弥补国内个别粮油品种供给不足的难度增大。

二、保障粮食安全的主要任务

(一) 提高粮食生产能力

(1) 加强耕地和水资源保护。采取最严格的耕地保护措施,确保全国耕地保有量不低于 18 亿亩,基本农田保有量不低于 15.6 亿亩,其中水田面积保持在 4.75 亿亩左右。严格控制非农建设占用耕地,加强对非农建设占用耕地的管理,切实遏制耕地过快减少的势头。不断优化耕地利用结构,合理调整土地利用布局,加大土地整理复垦,提高土地集约利用水平。继续实施沃土工程、测土配方施肥工程,改进耕作方式,发展保护性耕作。合理开发、高效利用、优化配置、全面节约、有效保护和科学管理水资源,加大水资源工程建设力度,提高农业供水保证率,严格控制地下水开采。加强水资源管理,加快灌区水管体制改革,对农业用水实行总量控制和定额管理,提高水资源利用效率和效益。严格控制面源污染,引导农户科学使用化肥、农药和农膜,大力推广使用有机肥料、生物肥料、生物农药、可降解农膜,减少对耕地和水资源的污染,切实扭转耕地质量和水环境恶化的趋势,保护和改善粮食产地的环境。

(2) 切实加强农业基础设施建设。下大力气加强农业基础设施特别是农田水利设施建设,稳步提高耕地基础地力和产出能力。加快实施全国灌区续建配套与节水改造及其末级渠系节水改造,完善灌排体系建设;适量开发建设后备灌区,扩大水源丰富和土地条件较好地区的灌溉面积;积极发展节水灌溉和旱作节水农业,农业灌溉用水有效利用系数由 2005 年的 0.45 提升到 2010 年的 0.50,预计 2020 年达到 0.55 以上。实施重点涝区治理,加快完成中部粮食主产区大型排涝泵站的更新改造,提高粮食主产区排涝抗灾能力。狠抓小型农田水利建设,抓紧编制和完善县级农田水利建设规划,整体推进农田水利工程建设和管理。加强东北黑土区水土流失综合治理和水利设施建设，稳步提高东北地区水稻综合生产能力。强化耕地质量建设，稳步提高耕地基础地力和持续产出能力。大力推进农业综合开发和基本农田整治，加快改造中低产田，建设高产稳产、旱涝保收、节水高效的规范化农田。力争到 2010 年中低产田所占比重降至 60% 左右，到 2020 年中低产田所占比重降到 50% 左右。

（3）着力提高粮食单产水平。强化科技支撑，大力推进农业关键技术研究，力争粮食单产有大的突破，到 2010 年全国粮食单产水平提高到每亩 325 公斤左右，到 2020 年提高到每亩 350 公斤左右。大力促进科技创新，强化农业生物技术和信息技术的应用，加强科研攻关，实施新品种选育、粮食丰产等科技工程；启动转基因生物新品种培育重大专项，提高生物育种的研发能力和扩繁能力，力争在粮食高产优质品种选育、高效栽培模式、农业资源高效利用等方面取得新突破；加快培育形成一批具有自主知识产权的高产、优质、抗性强的粮油品种。实施农业科技入户工程，集成推广超级杂交稻等高产、优质的粮食新品种和高效的栽培技术、栽培模式，提倡精耕细作。力争主要粮食作物良种普及率稳定在 95% 以上，科技对农业增长的贡献率年均提高 1 个百分点。

（4）加强主产区粮食综合生产能力建设。按照资源禀赋、生产条件和增产潜力等因素，科学谋划粮食生产布局，明确分区功能和发展目标。集中力量建设一批基础条件好、生产水平高和粮食调出量大的核心产区；在保护生态的前提下，着手开发一批有资源优势和增产潜力的后备产区。核心产区、后备产区等粮食增产潜力较大的地区要抓紧研究增加本地区粮食生产的规划和措施。加快推进优势粮食品种产业带建设，优先抓好小麦、稻谷等品种生产，在稳定南方地区稻谷生产的同时，促进东北地区发展粳稻生产。继续扩大优质稻谷、优质专用小麦、优质专用玉米、高油高蛋白大豆和优质薯类杂粮的种植面积。在粮食主产省和西部重要产粮区，继续实施优质粮食产业工程、大型商品粮生产基地项目和农业综合开发项目等。积极推行主要粮食作物全程机械化作业，促进粮食生产专业化和标准化发展。抓好非主产区重点产粮区综合生产能力建设，扩大西部退耕地区基本口粮田建设，稳定粮食自给水平。在稳定发展粮油生产的基础上，合理调整农用地结构和布局，促进农业产业结构和区域布局的优化。

（5）健全农业服务体系。加强粮食等农作物种植资源保护、品种改良、良种繁育、质量检测等基础设施建设。推进农业技术推广体系改革和建设，整合资源，建立高效、务实、精干的基层涉农服务机构，强化农技推广服务功能。大力推进粮食产业化发展，提高粮食生产组织化程度。加强病虫害防治设施建设，建立健全重要粮食品种有害生物预警与监控体系，提高植物保护水平。健全农业气象灾害预警监测服务体系，提高农业气象灾害预测和监测水平。完善粮食质量安全标准，健全粮食质量安全体系。加强农村粮食产后服务，健全农业信息服务体系。

（二）利用非粮食物资源

（1）大力发展节粮型畜牧业。调整种养结构，逐步扩大优质高效饲料作物种植，大力发展节粮型草食畜禽。加强北方天然草原保护和改良，充分利用农区坡地和零星草地，建设高产、稳产的人工饲草地，提高草地产出能力。加快南方草地资源的开发，积极发展山地和丘陵多年生人工草地、一年生高产饲草，扩大南方养殖业的饲草来源。力争在 2020 年之前全国牧草地保有面积稳定在 39.2 亿亩以上。加快农区和半农区节粮型畜牧业发展，积极推行秸秆养畜。转变畜禽饲养方式，促进畜牧业规模化、集约化发展，提高饲料转化效率。

（2）积极发展水产养殖业和远洋渔业。充分利用内陆淡水资源，积极推广生态、健康水产养殖。发展稻田和庭院水产养殖，合理开发低洼盐碱地水产养殖，扩大淡水养殖面积。合理利用海洋资源，加强近海渔业资源保护，扩大、提高远洋捕捞规模和水平。加强水产资源和水域生态环境保护，促进水产养殖业可持续发展。

（3）促进油料作物生产。在优先保证口粮作物生产的基础上，努力扩大大豆、油菜籽等主要油料作物生产，稳定食用植物油的自给率。继续建设东北地区高油大豆、长江流域"双低"（低芥酸、低硫苷）油菜生产基地，鼓励和引导南方地区利用冬闲田发展油菜生产。加强油料作物主产区的农田水利基础设施建设，加快油料作物优良品种选育，大力推广高产高油新品种，着力提高大豆、油菜籽和花生等油料作物的单产水平和品质。力争到 2010 年油料单产比 2006 年提高 6％左右，油料含油率平均提高 2 个百分点。积极开发特种油料，大力发展芝麻、胡麻、油葵等作物生产，充分利用棉籽榨油。

（4）大力发展木本粮油产业。合理利用山区资源，大力发展木本粮油产业，建设一批名、特、优、新木本粮油生产基地。积极培育和引进优良品种，加快提高油茶、油橄榄、核桃、板栗等木本粮油品种的品质和单产水平。积极引导和推进木本粮油产业化，促进木本粮油产品的精深加工，增加木本粮油供给。

（三）加强粮油国际合作

完善粮食进出口贸易体系，积极利用国际市场调节国内供需。在保障国内粮食基本自给的前提下，合理利用国际市场进行进出口调剂，继续发挥国有贸易企业在粮食进出口中的作用。加强政府间合作，与部分重要产粮国建立长期、稳定的农业（粮油）合作关系。实施农业"走出去"战略，鼓励国内企业"走出去"，建立稳定可靠的进口粮源保障体系，提高保障国内粮食安全的能力。

（四）完善粮食流通体系

（1）继续深化粮食流通体制改革。积极推进现代粮食流通产业发展，努力提高粮食市场主体的竞争能力。继续深化国有粮食企业改革，推进国有粮食企业兼并重组，重点扶持一批国有粮食收购、仓储、加工骨干企业，提高其市场营销能力，使其在粮食收购中继续发挥主渠道作用。鼓励和引导粮食购销、加工等龙头企业发展粮食订单生产，推进粮食产业化发展。发展农民专业合作组织和农村经纪人，为农民提供粮食产销服务。引导各类中介组织开展对农民的市场营销、信息服务和技术培训，增强农民的市场意识。提高粮食协会等中介组织的行业自律性，充分发挥其维护市场秩序的作用。

（2）健全粮食市场体系。重点建设和发展大宗粮食品种的区域性、专业性批发市场和大中城市成品粮油批发市场。发展粮食统一配送和电子商务，建立全国粮食物流公共信息平台，促进粮食网上交易。积极发展城镇粮油供应网络和农村粮食集贸市场。稳步发展粮食期货交易，引导粮食企业和农民专业合作组织利用期货市场规避风险。

（3）加强粮食物流体系建设。编制实施粮食现代物流发展规划，推进粮食物流"四散化"变革。加快改造跨地区粮食物流通道，重点改造和建设东北地区粮食流出、黄淮海地区小麦流出、长江中下游地区稻谷流出以及玉米流入、华东地区和华南沿海地区粮食流入、京津地区粮食流入等六大跨地区粮食物流通道。在交通枢纽和粮食主要集散地，建成一批全国性重要粮食物流节点和粮食物流基地。重点加强散粮运输中转、接收、发放设施及检验检测等相关配套设施的建设。积极培育大型跨区域粮食物流企业。大力发展铁海联运，完善粮食集疏运网络。提高粮食物流技术装备水平和信息化程度。

（五）完善粮食储备体系

（1）完善粮食储备调控体系。进一步完善中央战略专项储备与调节周转储备相结合、中央储备与地方储备相结合、政府储备与企业商业最低库存相结合的粮油储备调控体系，增强国家宏观调控能力，保障国家粮食安全。中央战略专项储备主要用于保证全国性的粮食明显供不应求、重大自然灾害和突发性事件的需要。中央调节周转储备主要用于执行中央政府为保护农民利益而实行的保护性收购预案，调节年度间丰歉。地方储备主要用于解决区域性供求失衡、突发性事件的需要及居民口粮应急需求；各省（区、市）储备数量按"产区保持3个月销量，销区保持6个月销量"的要求，由国家粮食行政主管部门核定，并做好与中央储备的衔接。所有从事粮食收购、加工、销售的企业必须承担粮油最低库存义务，具体标准由省级人民政府制定；积极鼓励粮食购销企业面向农民和用粮企业开展代购、代销、代储业务，提倡农户科学储粮。

（2）优化储备布局和品种结构。逐步调整优化中央储备粮油地区布局，重点向主销区、西部缺粮地区和贫困地区倾斜；充分利用重要物流节点、粮食集散地，增强对大中城市粮食供应的保障能力。按照"优先保证口粮安全，同时兼顾其他用粮"的原则，优化中央储备粮和地方储备粮品种结构，保证小麦和稻谷的库存比例不低于70%，适当提高稻谷和大豆库存比例；逐步充实中央和地方食用植物油储备；重点大中城市要适当增加成品粮油储备，做好粮油市场的应急供应保障。

（3）健全储备粮管理机制。加强中央储备粮垂直管理体系建设，健全中央储备粮吞吐轮换机制，建立销区地方储备粮轮换与产区粮食收购紧密衔接的工作机制。完善储备粮监管制度，确保数量真实、质量良好和储存安全。加强储备粮仓储基础设施建设，改善储粮条件，提高粮食储藏技术应用水平，确保储粮安全。

（六）完善粮食加工体系

（1）大力发展粮油食品加工业，引导粮油食品加工业向规模化和集约化方向发展。按照"安全、优质、营养、方便"的要求，推进传统主食食品工业化生产，提高优、新、特产品的比重。推进粮油食品加工副产品的综合利用，提高资源利用率和增值效益。强化粮油食品加工企业的质量意识和品牌建设，促进粮油食品加工业健康、稳定发展。

（2）积极发展饲料加工业。我国玉米生产首要满足养殖业发展对饲料的需要。优化饲料产业结构，改进饲料配方技术，加快发展浓缩饲料、精料补充料和预混合饲料，提高浓缩饲料和预混合饲料的比重，建立安全优质高效的饲料生产体系。大力开发和利用秸秆资源，缓解饲料对粮食需求的压力。积极开发新型饲料资源和饲料品种，充分利用西部资源优势，建立饲料饲草等原料生产基地。

（3）在保障粮食安全的前提下，适度发展粮食深加工业。生物质燃料生产要坚持走非粮道路，把握"不与粮争地，不与人争粮"的基本原则，严格控制以粮食为原料的深加工业发展。制定和完善粮食加工行业发展指导意见，加强对粮食深加工业的宏观调控和科学规划，未经国务院投资主管部门核准一律不得新建和扩建玉米深加工项目。

三、保障粮食安全的主要政策和措施

（一）强化粮食安全责任

（1）保障粮食安全始终是治国安邦的头等大事，地方各级人民政府和各有关部门要统一思想，提高认识，高度重视粮食安全工作。要建立健全中央和地方粮食安全分级责任制，全面落实粮食省长负责制。省级人民政府全面负责本地区耕地和水资源保护，粮食生产、流通、储备和市场调控工作。主产区要进一步提高粮食生产能力，为全国提供主要商品粮源；主销区要稳定现有粮食自给率；产销平衡区要继续确保本地区粮食产需基本平衡，有条件的地方应逐步恢复和提高粮食生产能力。要将保护耕地和基本农田、稳定粮食播种面积、充实地方储备和落实粮食风险基金地方配套资金等任务落实到各省（区、市），并纳入省级人民政府绩效考核体系，建立有效的粮食安全监督检查和绩效考核机制。国务院有关部门负责全国耕地和水资源保护、粮食总量平衡，统一管理粮食进出口，支持主产区发展粮食生产，建立和完善中央粮食储备，调控全国粮食市场和价格；要不断完善政策，进一步调动各地区、各部门和广大农民发展粮食生产的积极性。

（2）粮食经营者和用粮企业要按照法律、法规要求，严格落实粮食经营者保持必要库存的规定，履行向当地粮食行政管理部门报送粮食购、销、存等基本数据的义务。所有粮食经营者必须承担粮食应急任务，在发生紧急情况时服从国家统一安排和调度。

（二）严格保护生产资源

（1）坚持家庭承包经营责任制长期稳定不变，加快农业经营体制机制创新。依法推进农村土地承包经营权流转，在有条件的地方培育发展多种形式适度规模经营的市场环境，促进土地规模化、集约化经营，提高土地产出率。

（2）落实省级人民政府耕地保护目标责任制度，严格执行耕地保护分解任务，把基本农田落实到地块和农户，确保基本农田面积不减少、用途不改变、质量有提高。加强土地利用总体规划、城市总体规划、村庄和集镇规划实施的管理。加强土地利用年度计划管理，严格控制非农建设用地规模，推进土地集约、节约利用。严格执行征地听证和公告制度，强化社会监督。严格执行耕地占补平衡制度，加强对补充耕地质量等级的评定和审核，禁止跨省区异地占补。完善征地补偿和安置制度，健全土地收益分配机制。研究建立耕地撂荒惩罚制度。健全国家土地督察制度，严格土地执法，坚决遏制土地违规违法行为。

（3）加强草原等非耕地资源的保护与建设。建立基本草原保护制度，划定基本草原，任何单位和个人不得擅自征用、占用基本草原或改变其用途。建立划区轮牧、休牧和禁牧制度，逐步实现草畜平衡。加强对草原生态的保护与建设，加快实施天然草原退牧还草工程，防止草原退化和沙化。积极研究推进南方草地资源保护和开发利用。加强对水域、森林资源的保护。

（三）加强农业科技支撑

（1）建立以政府为主导的多元化、多渠道农业科研投入体系，增加对农业（粮食）科研的投入。国家重大科技专项、科技支撑计划、863计划、973计划等要向农业领域倾斜。继续安排农业科技成果转化资金，加快农业技术成果的集成创新、中试熟化和推广普及。

（2）建立健全农业科技创新体系，加快推进农业科技进步。加强国家农业科研基地、区域性科研中心的创新能力建设，推动现代农业产业技术体系建设，提升农业区域创新能力。逐步构建以国家农技推广机构为主体、科研单位和大专院校广泛参与的农业科技成果推广体系。深化农业科研院所改革，建立科技创新激励机制，鼓励农业科研单位、大专院校参与农业科技研发和推广，充分发挥其在农业科研和推广中的作用。

（3）引导和鼓励涉农企业、农民专业合作经济组织开展农业技术创新和推广活动，积极为农民提供科技服务。深入实施科技入户工程，加大重大技术推广支持力度，继续探索农业科技成果进村入户的有效机制和办法。大力发展农村职业教育，完善农民科技培训体系，调动农民学科学、用科技的积极性，提高农民科学种粮技能。加强农业科技国际合作交流，增强自主创新能力。

（四）加大支农投入力度

（1）增加粮食生产的投入。强化农业基础，推动国民收入分配和国家财政支出重点向"三农"倾斜，大幅度增加对农业和农村的投入，努力增加农民收入。各级人民政府要按照存量适度调整、增量重点倾斜的原则，不断加大财政支农力度。优化政府支农投资结构，重点向提高粮食综合生产能力倾斜，切实加大对农田水利等基础设施建设的投入。增加国家对基本农田整理、土地复垦、农业气象灾害监测预警设施建设、农作物病虫害防治的投入。各类支持农业和粮油生产的投入，突出向粮食主产区、产粮大县、油料生产大县和基本农田保护重点地区倾斜。积极扶持种粮大户和专业户发展粮食规模生产。

（2）加大金融对农村、农业的支持力度。逐步健全农村金融服务体系，完善农业政策性贷款制度，加大对粮油生产者和规模化养殖户的信贷支持力度，创新担保方式，扩大抵押品范围，保证农业再生产的需要。

（3）完善粮食补贴和奖励政策。完善粮食直补、农资综合直补、良种补贴和农机具购置补贴政策；同时，随着经济发展，中央财政部门要在现有基础上逐年较大幅度增加对农民种粮的补贴规模。完善粮食最低收购价政策，逐步理顺粮食价格，使粮食价格保持在合理水平，使种粮农民能够获得较多收益。借鉴国际经验，探索研究目标价格补贴制度，建立符合市场化要求且适合中国国情的新型粮食价格支持体系，促进粮食生产长期稳定发展。继续实施中央对粮食（油料）主产县的奖励政策。加大对东北大豆、长江流域油菜籽和山区木本粮油生产的扶持力度。完善农业政策性保险政策，加快建立大宗粮食作物风险规避、损失补偿机制和灾后农田恢复能力建设的应急补助机制。

（4）完善粮食风险基金政策。根据粮食产销格局变化，进一步完善粮食风险基金政策，加大对粮食主产区的扶持力度。

（5）加强对粮食产销衔接的支持。建立健全粮食主销区对主产区利益补偿机制，支持主产区发展粮食生产。铁路和交通部门要加强对跨区域粮食运输的组织、指导和协调，优先安排履行产销合作协议的粮食运输。粮食主销区要支持销区的粮食企业到产区建立粮食生产基地，参与产区粮食生产、收购并定向运往销区；鼓励产区粮食企业到销区建立粮食销售网络，保证销区粮食供应。主产区粮食企业在销区建立物流配送中心和仓储设施的，主销区地方人民政府要给予必要的支持。

（6）加大对散粮物流设施建设的投入。引导多渠道社会资金建设散粮物流设施，积极推进粮食物流"四散化"变革。对服务于粮食宏观调控的重要物流通道和物流节点的散装、散卸、散存、散运及信息检测等设施的建设，各级人民政府要予以支持。

（五）健全粮食宏观调控

（1）健全粮食统计制度。完善粮食统计调查手段，加强对粮食生产、消费、进出口、市场、库存、质量的监测，加快建立粮食预警监测体系和市场信息会商机制。成立粮食市场调控部门和协调小组，建立健全高效灵活的粮食调控机制。

（2）健全和完善粮食应急体系。认真落实《国家粮食应急预案》的各项要求，形成布局合理、运转高效协调的粮食应急网络。增加投入，加强对全国大中城市及其他重点地区粮食加工、供应和储运等应急设施的建设和维护，确保应急工作需求。对列入应急网络的指定加工和销售企业，地方人民政府要给予必要的扶持，以增强粮油应急保障能力。完善对特殊群体的粮食供应保障制度，保证贫困人口和低收入阶层等对粮食的基本需要。建立健全与物价变动相适应的城乡低保动态调整机制，确保城乡低收入群体生活水平不因物价上涨而降低。

（3）完善粮食流通产业政策。进一步完善粮食市场准入制度，加快研究制定国内粮油收购、销售、储存、运输、加工等领域的产业政策，完善管理办法。

（4）加强粮食行政管理体系建设。落实和健全粮食行政执法、监督检查和统计调查职责，保障粮食宏观调控和行业管理的需要。

（六）引导科学节约用粮

按照建设资源节约型社会的要求，加强宣传教育，提高全民粮食安全意识，形成全社会爱惜粮食、反对浪费的良好风尚。改进粮食收购、储运方式，加快推广农户科学储粮技术，减少粮食产后损耗。积极倡导科学用粮，控制粮油不合理的加工转化，提高粮食综合利用效率和饲料转化水平。引导科学饮食、健康消费，抑制粮油不合理消费，促进形成科学合理的膳食结构，提高居民生活和营养水平。建立食堂、饭店等餐饮场所"绿色餐饮、节约粮食"的文明规范，积极提倡分餐制。抓紧研究制定关于鼓励节约用粮、减少浪费的相关政策措施。

（七）推进粮食法制建设

认真贯彻执行农业法、土地管理法、草原法、粮食流通管理条例和中央储备粮管理条例等法律法规，并加大执法力度。加强粮食市场监管，保证粮食质量和卫生安全，维护正常的粮食流通秩序。制定并公布粮食安全法，制（修）订中央和地方储备粮管理、规范粮食经营和交易行为等方面的配套法规。

（八）制定落实专项规划

抓紧组织编制粮食生产、流通、储备、加工等方面的专项规划，推进本纲要实施，形成以本纲要为统领,各专项规划统一衔接的规划体系。各地区和各有关部门按照本纲要和各专项规划的要求,抓好组织实施。

第五节 实 验 报 告

院系		专业	
班级		学号	
姓名			
实验名称			
实验成绩			

一、实验目的

二、实验原理

三、实验步骤

四、实验数据(各组情况)

五、实验结果

六、讨论分析(完成指定的思考题和作业题)

七、实验总结及实验改进建议

备注:

实验教师:

实验日期:

第四章　公共危机预警

政府和其他社会组织在应对公共危机的实践中逐渐认识到，要有效地减少危机带来的损失，就必须重视危机的预防和准备，将危机管理的控制前移，变反馈控制为前馈控制。而公共危机预警就是达成上述目标的必然途径，即危机管理者在预测的基础上向可能受到影响的社会公众发出警报的活动。

第一节　经典案例

四次印尼海啸：不同的危机预警

一、2004 年海啸

2004 年 12 月 26 日，印度尼西亚爪哇岛南部的印度洋海域于当地时间下午 3 点 20 分左右发生九级强烈地震，并引发沿岸部分地区海啸。此次地震的震源位于印尼爪哇岛和苏门答腊岛之间的巽他海峡，地震引发的海啸造成 22 万多人死亡，这可能是近 200 年来全世界最惨重的海啸灾难。

这次地震是发生在板块边缘的逆冲型地震，它所释放出的能量在近几十年来算比较大的。逆冲型地震的成因是地层断层的上部上移。苏门答腊以北地区位于印度板块边缘，板块边缘的一个长距离破裂带在长时间内蓄积了巨大能量，这些能量在 12 月 26 日被集中释放出来，这就是此次大地震的直接原因。虽然此次地震震级很高，周边地区都有震感，但对人类威胁最大的是地震引起的海啸。

除自然原因之外，沿海工业、旅游业、渔业的过度开发，占用了作为海洋与陆地之间过渡带的湿地，这些湿地中的树林可以有效减缓风浪对陆地的破坏力。过度开发的海洋渔业及工业污染，导致海洋水质变化，使得海洋中的珊瑚虫大量死亡，珊瑚礁的面积大量衰减，致使其不能有效减缓巨大海浪冲向海岸的速度和力量。当地的环境保护策略不完善，居民环保意识缺失。由于当地人在近一百年内没有遭遇过海啸，所以对海啸缺乏认识，而其中最严重的是印度洋沿岸各国并不重视海啸的威胁，没有建立有效的海啸预警系统。

二、2006 年海啸

2006 年 7 月 17 日，印度尼西亚爪哇岛以南海域地震引发的海啸已造成至少 531 人死亡、229 人失踪、4.2 万人逃离家园。印尼技术研究国务部部长库斯马扬托·卡迪曼说，海啸发生前印尼政府收到了美国太平洋海啸预警中心和日本气象厅的海啸警报，但"我们没有通报"。印尼官员表示，资金匮乏是印尼建立海啸预警系统面临的主要障碍。

印尼当地时间 7 月 17 日下午 3 时 20 分左右，爪哇岛以南印度洋海域发生强烈地震。17 分钟后，美国太平洋海啸预警中心发布警报说，这次地震可能引发海啸。美联社 18 日援引目击者的话说，当地时间大约下午 4 时 15 分，巨浪开始涌向爪哇岛南部海岸。此时距印尼政府收到海啸警告已有近 40 分钟。

印尼国家气象机构起初测定这次地震为里氏 5.5 级，宣称不会引发严重海啸。后来，印尼科学家修改震级为里氏 6.8 级，但那时海啸已经开始袭击爪哇岛南部海岸。

美国太平洋海啸预警中心在发布警报的同时还说，这次海啸只能影响震中周围方圆 100 公里的区域，"根据地震和海啸历史资料，这种海啸不存在破坏性威胁。"

然而，地震学家认为，大地震和强烈海啸之间的关系捉摸不定。"单从一场地震，你永远无法弄清楚海啸强度有多大。"澳大利亚地震学研究中心地震学家加里·吉布森说。

不过，即使印尼政府通过电话、广播和电子邮件等手段向灾区政府发出警报，也会因没有现成的预警系统而无法及时通知当地居民和海滩上的游客。而且，印尼仅有的两套海啸监测浮标当时也已受损，无法发挥作用。

印尼技术研究部官员埃迪·普里汉托罗说，爪哇岛南部地区没有海啸预警系统。印尼政府去年在苏门答腊岛附近海域部署了两套装有海床压力传感器的浮标，用于监测海啸情况，但在此次海啸中没有任何一套发挥了作用。

"我们需要至少 22 套浮标覆盖印尼全境。我们从德国获得了两套浮标，并已在几个月前部署好。但是，它们现在均已受损。"普里汉托罗说。这两套浮标已被拆除，其中一套存放在苏门答腊岛西部一座仓库里等待修理。

然而，自此以后，国际社会援助印尼的资金逐渐减少。普里汉托罗说，没有国际社会援助，印尼无法继续建设海啸预警系统；除两套受损浮标外，购买其余 20 套浮标的资金还没有着落；海滩和沿海村庄迄今没有安装警报器。

印尼副总统优素福·卡拉于 7 月 18 日说，印尼没有必要建立预警系统，因为人们感觉到地震发生后自然会担心出现海啸，于是就会逃往内陆，这就能避免人员伤亡。"实际上，这是一种早期自然预警系统"。

但卡拉的想象与目击者的描述截然不同。在这次受灾最重的西爪哇省尖米士县庞岸达兰海滩，许多当地居民和游客回忆，当时没有感觉到强烈地震。由于海啸发生前正值低潮期，所以几乎没有人注意到海水后退，而这正是海啸来临前的典型征兆。

"警方和地方官员没有向我们提供任何有关海啸的警告"渔民苏普拉图说，"突然一堵巨大的水墙出现，我就开始尖叫和奔跑。"

三、2010 年海啸

印度尼西亚政府官员于 2010 年 10 月 27 日承认，25 日海啸前，预警系统没有发出警报；西苏门答腊省救灾部门表示，截至 28 日，已确认死亡人数增加至 343 人；一些幸存者回忆，海啸来袭前并没有接到预警；政府官员承认，这套海啸预警系统在 1 个月前已经失灵。印尼亚齐地区 2004 年遭遇 7.9 级地震，触发印度洋海啸，波及 19 个国家，致使 20 多万人死亡。那场海啸后，印尼着手建立海啸预警系统，由德国提供资金和技术支持，于 2008 年建成。这套系统借助浮标监控海面高度变化，所获数据经电脑分析，以预测是否会发生海啸。救援评估部门官员里达万·贾迈勒丁说："明达威群岛海域的两座监控浮标遭到破坏，每座浮标耗费大约 56 万美元。"他没有说明浮标遭到破坏的细节。据印尼气象和地球物理机构负责人法齐介绍，2009 年工作人员对预警系统例行检查时就已发现问题，"上个月，整个系统失灵，原因可能是操作失误"他说，"我们没有掌握专业知识，缺乏专业人员，系统无法发挥应有效用。"

四、2012 年海啸

2012 年 4 月 11 日 16 时 38 分，印尼苏门答腊岛北部海域突发 8.5 级强震；至 18 时 43 分，再发 8.8 级余震。似乎只有眨眼的工夫，从新加坡到新德里，人们不同程度地感受到了大地的颤抖。

最怕的不是强震，而是海中强震可能引发的强烈海啸，因为人类迄今没有找到比及时躲避更有效的应对办法。或许正是因为历史的教训太过深刻，此次地球村对海啸的反应速度显著加快，几乎就从强震发生的那一刻起，一场与时间赛跑的"联合作战"便在地球村打响。

两个小时之内，多个国家拉响海啸警报。从印度安达曼和尼科巴群岛，到泰国南部六个府，数以千计的居民紧急撤往高海拔地区；远至非洲东部的肯尼亚和坦桑尼亚，也在呼吁印度洋沿岸居民警惕预计上升两至三米的海平面。

科学家也在争分夺秒。美国太平洋海啸预警中心、印尼气象与地球物理局、中国国家海洋预报台等机构不间断地进行海啸预警观察；预计海啸抵达印度洋沿岸各地的时间以最快速度被发布，预期冲击海岸线的浪头高度与实际高度不断被更新。

中国相关驻外使领馆第一时间熟练地启动了应急机制，通过网站、微博迅速发布安全提示和领事保护协助电话，提醒受影响地区的同胞注意安全。如果你在那里，或是你的亲人在那里，相信看到此微博的一瞬间，你会感到暖意，心也会有所安定。

时间一分一秒地流逝。终于，大约 5 小时后，美国太平洋海啸预警中心宣布，"最新海平面数据表明大部分地区面临的海啸威胁已降低或结束。"

对一场可能造成巨大损失的天灾的集体防范，变成了一场协同作战、有效配合的实战演习。特别值得一提的是，由于信息畅达透明，人心惊惧警觉却不致惊惶失措，并能随着信息的不断更新而渐趋安定。

在未来相当长的时间里，人类面对突如其来的某种自然灾害时，恐怕仍将是渺小而脆弱的。但人类之所以为万物之灵，就在于我们能够痛定思痛，累积智慧，通过技术、机制等方方面面的改良创新，不断增强抗灾减灾的能力。时至今日，一时一地之灾难，瞬息之间便能惊动整个地球村。人字的结构是相互支撑，感受最深之时，便是灾难来袭的时刻。

第二节 实验理论与技术准备

一、危机预警的概念

所谓危机预警，就是根据有关危机现象过去和现在的数据、情报和资料，运用逻辑推理和科学预测的方法、技术,对某些危机现象出现的约束性条件、未来发展趋势和演变规律等做出估计与推断,并发出确切的警示信号或信息,使政府和民众提前了解危机发展的状态,以便及时采取应对策略,防止或消除不利后果的一系列活动。

二、危机预警的功能

危机预警属于整个危机管理过程的事前阶段。通过预警,可以对可能发生的各种形式的危机有一个事先估计,提前做好应急准备,选择一个最佳应对方案,以最大限度地减少危机带来的损失。公共管理的原则是"重于预防,而不在于耗费大量资源善后",因而危机预警就显得更为重要且有意义。

公共危机预警的功能主要包括以下几个方面:

(1)预测。政府部门通过跟踪各区域的生态信息、各行业的管理信息、各企业的生产运作信息、各社区的生活信息,将其历史资料、现实情况、所定目标或标准进行综合比较及客观分析,对其当前状态的优劣作出判断,找出其管理、运行中的弊病或失误之所在,以及商业性中区域、行业、企业、社区存在的隐患情况及其发展扩大或演变的可能性。

(2)警示。如果预测的对象演变为一场危机的可能性较大,那么政府就应通过预警系统及时向社会发出警报,警告各区域、行业、企业、社区的公众做好应对危机或防止危机的准备。即使所警报的危机最终没有发生,也可以对公众起到一定的警示作用,促使其自查自纠,以消除潜在隐患,降低风险。

(3)化解、减缓。对于很多可能发生的危机,可以通过预警加以减缓和化解,从而最大限度地减小危机事件所带来的不利影响,这是危机预警最重要也是最现实的目标。

(4)激活。通过向区域、行业、企业、社区预警,可以充分激活居民或相关从业者对风险的免疫力,激发其避险、抗险意识,凝聚人心。

三、公共危机预警的主体与客体

(一)危机预警的主体(由谁预警)

危机预警主体是指由谁发出预警。一般而言,这个主体即为政府,或政府授权、委托的危机管理部门。危机预警主体向危机预警客体发出预警的过程都要经由有效的预警系统或警报系统来进行。

(二)危机预警的客体(向谁预警)

危机预警的目的是使政府和民众提前了解事态发展的状态,以便及时采取相应策略,防止或消除不利后果。这种目的以及公共危机管理的公共性都决定了危机预警的对象是遭受危机风险的政府部门以及分布于各区域、行业、企业、社区的公众。

1. 政府

政府及其危机管理部门通过科学的估计与推断后,向相关政府部门发出确切的警示信号,以便政府部门采取相应措施。预警方向可以是上级政府对下级政府发出,可以是政府向其职能部门发出,也可以是某一政府向别的同级政府发出。因此,政府既是危机预警的主体又是危机预警的客体。政府既要加强对危机预警机制的建设,又要接收危机预警,同时还要按照分级预警的原则承担相应的责任。

2. 城市社区或农村社区等基层自治组织

基层自治组织负责群众的自我教育、自我管理、自我服务。在接到危机预警主体发出的预警后，基层自治组织应该及时制定相关措施，并迅速将预警传达给群众，带领群众做好应对工作。

3. 行业企业

行业企业执行着社会物资生产、加工、流通等基本职能，或者说，它们是社会生活、经济运转、军事基础的生命线。发生危机时，要对领域内可能受影响的行业企业尤其是重点行业企业发出警告，促使或帮助其提前预防，转移重要生产、经营设施。

4. 社会组织

伴随社会组织的成长与壮大，社会组织参与公共问题、解决公共问题的能力也在不断增强。因为民间志愿者本身对社会公共问题的关注度高，各区域性或行业性社会组织对特定问题的了解全面且深入，所以他们在公众全面了解危机、掌握紧急避险知识等方面拥有政府无法比拟的优势。

通过向社会组织发出预警，可以充分利用社会组织在社会中的广泛影响将危机预警传达给公众，调动社会全体力量应对可能发生的危机。

5. 新闻媒体

新闻媒体是信息沟通和传达的重要渠道。媒体的舆论引导，对于危机信息传递、社会公众形成合力，以及化危机为转机具有不可替代的作用。因此，在突发公共危机事件中，应充分发挥新闻媒体的传播作用和宣传作用，使危机现状尽可能更快、更准确、更全面地被传达给广大公众。同时，新闻预警可以有效地指导和警示公众行为，消除公众恐慌心理，减少灾难损失，让处在风险之中的人们能够在第一时间获取最新的信息，组织自救和互救，以减少危机可能造成的损失与伤害。

综合而言，我们应建立政府部门、社区组织、新闻媒体、社会组织等多元主体共同参与的公共危机预警组织网络，通过政府权威主导，社会积极协作，发挥危机预警应有的作用。

四、公共危机预警的程序

公共危机预警可以有效地帮助政府充分估计可能发生的形式各异的危机事件，并选择最佳策略做好应急准备，以便使用少量的资源去预防，而不是等危机出现以后再耗费大量的资源去处理已造成损害。因此，危机预警虽不能阻止危机事件的发生，但却可以最大限度地减轻危机可能造成的损害。公共危机预警的程序包括以下几个步骤，如图4-1所示。

1. 建立预警系统：对危机进行分类并确定相应的预警系统

政府部门应罗列出所有可能对社会公众构成潜在威胁的危机事件，并在此基础上进行细化分类，如自然灾害、群体性事件、恐怖活动、经济危机等。在实现分类管理的基础上考虑危机可能造成的后果，以不同的应对等级或标准为主线建立各种专门的预警系统。

2. 危机风险监测：收集并初步处理预警信息

根据危机风险源存在的范围来确定危机预警信息的收集范围。确定并收集全面详尽的信息后，还需要对信息进行加工处理。首先，收集到模糊信息后，系统应对信息进行整理和归类，使之可识别化、条理化，为从整体上把握信息奠定基础。其次，对于收集到的信息要做好识别工作，以排除虚假信息和干扰信息，保证信息的准确性，为高效地识别危机打好基础。

3. 分析预警信息：对危机预警信息进行分析整理及构建

对危机预警信息进行风险评估，确定相应的危机级别。将加工处理后的信息放入已有的预警系统中，与先前制定的各项等级指标或标准相比较后形成结论，以确定危机警报的级别，并确定是否向公众发出危机警报及危机警报的内容。

4. 发布危机预警：向危机预警客体发布预警信息

根据已确定的危机级别，向相应的危机管理小组和危机潜在的影响人群发出明确无误的警报，使他们能够采取合理的措施来应对危机，提高组织和公众在接到预警信息后对公共危机的应对能力。

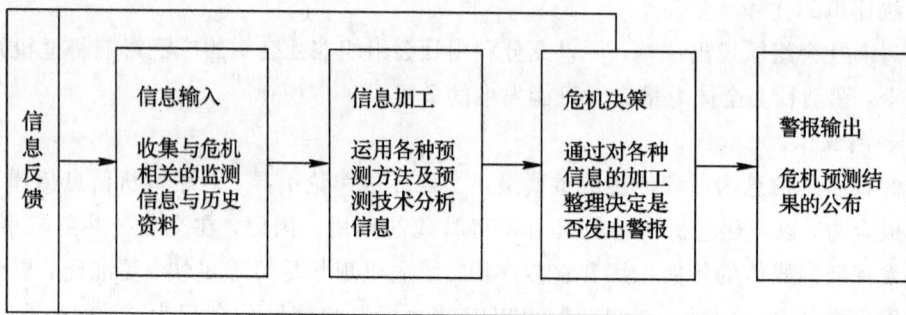

图 4-1　公共危机预警系统图

五、公共危机预警的具体方法

（一）分级预警

国际上关于公共危机预警的一个主要趋势是：对可能发生的公共危机事件的范围、影响程度进行科学的分级，制定分级预案，并进行分级预防和应级处理；通过依法规范和宣传突发事件的级别，科学应对危机。美国对公共危机预警的分级，如表 4-1 所示。

表 4-1　美国分级预警

颜色	危险程度	采取的行动
红	严重	动员紧急救护队，并布置工作人员评估紧急需要
橙	很高	地方、州和联邦机构开展协调工作，加强在公众实践中的安全工作
黄	较高	加强对重要地方的监视活动和对威胁的评估工作
蓝	警戒	检查紧急状态程序，通知公众所要采取的必要措施
绿	低	保持安全培训和准备状态

根据西方先进经验，我国依据突发公共危机事件可能造成的危害程度、紧急程度和发展态势，一般将公共危机预警级别划分为四级，即Ⅰ级、Ⅱ级、Ⅲ级、Ⅳ级，如表4-2所示。

表4-2　中国分级预警

颜色	危险程度	采取的行动
红	特别严重（Ⅰ级）	规模极大，后果极为严重，影响超出本省范围，需要动用全省的力量甚至请求中央政府增援和协助方可控制，其应急处置工作由发生地省级政府统一领导和协调，必要时(超出地方处理能力范围或者影响全国的)由国务院统一领导和协调应急处置工作
橙	严重（Ⅱ级）	规模大，后果特别严重，发生在一市以内或是波及两个市以上，需要动用省级有关部门的力量方可控制
黄	较高（Ⅲ级）	后果严重，影响范围大，发生在一个县以内或者波及两个县以上，超出县级政府应对能力，需要动用市有关部门的力量方可控制
蓝	警戒（Ⅳ级）	影响局限在基层范围，可被县级政府控制

（二）预警信息发布

在信息收集与分析的基础上，对得到的危机信息进行鉴别和分类，全面清晰地预测各种危机情况，捕捉危机先兆，对未来可能发生的危机类型、涉及范围及其危害程度做出估计，在必要时向预警客体发出危机警报，并启动应急响应程序。

公共危机预警能否真正发挥作用，不仅取决于所传递信息的准确性和有效性，也取决于传播速度的快慢。因此，在警报信息发布的过程中，必须注意以下几方面。

1. 预警信息

编制预警信息时，要充分考虑公众的特定需要，以受众为导向。受众个体存在差异，如不同的民族身份与信仰、不同的语言背景、不同的教育背景、不同的经济背景、不同的成长经历等，因而预警发布过程中要特别关注这些内容。

预警使用的语言必须要简洁、清晰、易懂，避免冗长、晦涩的专业性语言；警报的内容一定要清楚传递可能发生的危机以及其可能带来的威胁和影响；能基于公众的价值判断与利益选择，给社会公众提出有针对性的响应措施及建议；预警发布的范围仅限于可能受到危机影响的区域，以避免预警扰民现象的发生。

2. 预警手段

预警手段必须是有效的，应当具备多样性、全覆盖性、互动性三个特征。

（1）多样性。警报传播媒介既包括报纸、广播、电视、网络等大众传媒，也应包括口口相传、奔走相告等人际传播方式，还应综合运用多种手段。具体手段的采用，要根据不同的危机预警情境以及不同的群体来选择。

（2）全覆盖性。预警的传播要确保可能受到危机影响的所有公众都能知晓警情。因此，相关应急部门应保持对特定公众发布警报的稳定性和经常性，使受影响公众能够密切关注警情相关信息。

（3）互动性。预警信息的传递不是自上而下的单一线性，而应该具有交互性。只有这样，应急部门才能更好地了解公众的状况，以便为危机警报的实时更新做好准备，公众也可以更好地了解预警状况。

3. 预警信息传递制度

预警信息传递是由社会公众所信赖的权威机构完成，如地震局发布地震灾害预报，气象局发布天气灾害预报，卫生局发布公共卫生事件预警等。同时，很多非营利性的社会组织在接受专业化培训之后，因其本身所具有的非官方性、亲和度高的特点，在预警信息传递过程中也可以发挥十分重要的作用。

同时，危机不断发生变化，警报也要进行相应的调整。我国《突发事件应对法》第四十七条规定：发布突发事件警报的人民政府应当根据事态的发展，按照有关规定适时调整预警级别并重新发布。有事实证明不可能发生突发事件或者危险已经解除的，发布警报的人民政府应当立即宣布解除警报，终止预警期，并解除已采取的有关措施。

第三节　实验设计

一、实验目标

通过公共危机预警实验，学生应了解公共危机预警系统在公共危机管理中的重要作用，熟悉我国公共危机预警的分级及其适用范围；掌握公共危机预警系统的构成，以及公共危机预警系统运作的实践技术。

二、实验要求

（1）根据所给材料，了解公共危机预警的必要性。

（2）知晓公共危机预警系统的构成，并能根据材料内容构建相应的危机预警系统。

（3）通过模拟气象灾害危机预警实验，学习相关公共危机预警的基本程序并掌握使用方法。

（4）掌握公共危机预警中的注意事项。

（5）实验时间为 4 小时。

三、实验步骤

（1）组成团队，以 5～7 人为最佳，结合经典案例进行总结与讨论。

（2）阅读与回顾"莫兰蒂"的相关信息。

（3）团队组建气象灾害危机预警系统，并各司其职。

（4）对危机预警系统的各组织部门进行分工，并各司其职。

（5）展开模拟实验，班级中其他非团队成员可以扮演公众的角色，适度与公共危机预警系统的团队成员进行互动。

（6）全程模拟结束后，对比厦门迎战台风"莫兰蒂"的具体情况，分析模拟实验和真实案例中公共危机预警机制的优点与不足。

四、实验成绩（按团队）

序号	成 绩 组 成	分值
1	团队成员分工合理、角色扮演成功	10
2	公共危机预警系统构成合理	10
3	公共危机预警系统能各司其职	20
4	公共危机预警系统运作机制良好	20
5	模拟实验项目完整	20
6	比较模拟实验与实验材料，并能进行反思性评述	10
7	语言规范合理	10

五、实验思考题

（1）为了实现有效的公共危机预警，我们应该注意些什么？

（2）在公共危机预警中，政府应从哪些方面落实危机预警的"人本理念"？

第四节　实验材料

厦门迎战台风"莫兰蒂"

"狼来了？"——"狼来了！"从疑问，到感叹，厦门市民震惊了。今年第14号台风"莫兰蒂"确实是条狼，并从正面扑了过来，而精准预测出其"狼性"的，是厦门市气象部门。对于天气预报，厦门市民感到真心服气——"确实预报得准。"

老百姓的实话背后，是厦门气象部门的实干；老百姓服气的背后，是厦门预报技术的硬气。

多少厦门气象工作者为了"莫兰蒂"，夜以继日，不眠不休，用实干温暖了一座城。

1. 台风你别来，让人好好过个节

"莫兰蒂"刚形成时，厦门市气象局局长潘敖大便郑重且紧急地向市领导汇报，"中秋节，台风可能要来。"虽然很想让市民好好过个节，但是面对可能的影响，市领导马上拧紧了脑中的发条。正如市政府办公室何忠财所言："我们还在考虑怎么'抗台'时，市长已经在想接下来怎么救援了。"

台风，牵一"发"而动整个城市全"身"。种好"消息树"，做好"情报官"，打好"发令枪"，气象部门必须忙在前头。多少部门，多少市民，就等气象部门发句话。"气象预报，决定了我们的工作方向和工作着力点。"一位危机响应部门的工作人员说。

"'莫兰蒂'将逐渐加强，并向台湾东部沿海靠近""'莫兰蒂'将于 14 日向台湾东南部沿海靠近""'莫兰蒂'14 日至 15 日将对我市造成严重影响""'莫兰蒂'将对我市造成严重影响（台风紧急警报）"……从 9 月 12 日开始，厦门市气象局发往市委办、市政府办的重要天气预警报告，一份又一份，题目不断变化，应急响应从四级一路升至一级。台风正步步逼近，形势愈发严峻。

2. 台风你真来，气象人随时"追踪"

台风真的来了！"莫兰蒂"于 9 月 15 日凌晨 3 时 5 分在厦门翔安区沿海登陆时，它带来的 15 级大风已经把厦门市防汛抗旱指挥部（市防指）的办公楼吹得一晃一晃，玻璃"哗啦啦"地裂开，接着破碎，市防指里的工作人员马上投入到紧急工作状态。市防指副总指挥、厦门市水利局局长郭金炼说："精准指挥，建立在精准预报之上。"

潘敖大也在市防指里与大家并肩作战。之前为了追踪这个台风，他已部署周全，不放过任何一个细节。9 月 14 日下午，海陆风力明显加大；但是到了上半夜，"莫兰蒂"的风圈半径却变小了，动静似乎又不大了。有人质疑："不是说半夜要来台风，怎么感觉风平浪静？"潘敖大心里有一点"小复杂"，难道这个台风要消停下去？仅是一闪而过的思虑后，凭借多年的经验，再加上这些天气象部门的精确分析和精心研判，他相信气象部门对台风的预报结论是正确的。

中国工程院院士、台风专家陈联寿专门打来电话，提醒这个台风影响大，要引起足够重视。台湾大学大气科学系终身教授周仲岛发来微信，说这个台风结构完整、结实，应小心防范。在两位专家的提示下，潘敖大更加坚定，也更有信心了，但他的心里五味杂陈。"你说，希望它来，还是不希望它来？""莫兰蒂"来，说明厦门市气象台的预报准确，可是它太凶悍，会给这个城市造成很大损失；它不来，风平浪静了，又要面临"预报不准"的尴尬。

无论怎样，人挡不住台风的脚步。对登陆时间和风雨影响程度，气象部门的预报都很准确。"莫兰蒂"造访，厦门气象工作者用精准的预报，将它牢牢地"接住"。

3. 迎台关键时刻，"无觉可睡是常态"

"莫兰蒂"作为今年以来全球最强的台风，让人备受煎熬，又不得不面对；让人大胆迎接，又必须小心应对；让人斗志满满，又让人无觉可睡。

"气象台的人，没有睡眠。"厦门市气象台台长陈德花怀胎六个多月了，身子沉，压力大，但面对台风整个人恨不能有"分身术"。"工作强度超限，节奏紧张，持续时间长，忙完脑子都不转了。"首席预报员周学鸣持续近 36 个小时没合眼。"孩子吃不上奶，吃点米糊糊算了。"两位新妈妈黄惠溶、孙琼博几天都没有回去给孩子喂奶。"从启动三级应急响应开始，就没离开过气象台。"预报科的郑秀云、苏志重也是通宵达旦。

"市里所有大桥的测风自动站都要巡检一遍，以保证观测的准确性。"14 日夜里，副台长吴陈锋带人走遍了市区的各个桥。当桥上平均风力达到 10 级时，厦门市气象台第一时间通知交警部门封桥。

大家不敢睡，不能睡；没时间睡，没心思睡！一打盹，一粗心，一松懈，就可能导致失误。

已退休的老首席预报员钟卓约在台风来临前也被请了回来，参与对台风的研判会商。她把历史上厦门出现的台风都分析了一遍后，对"莫兰蒂"评价道，"罕见，非常罕见。"

气象专家与厦门市电视台进行了《奋战"莫兰蒂"》的气象连线，并连续 12 小时整点直播，这个连线给所有市民提供了全景实况；观测科的工作人员对观测设备进行加固，连夜研讨台风中施放探空气球的应急方案……"三天三夜不睡觉，也值"，厦门市气象局副局长苏卫东说，"只要报对了，群众满意就行！"

9 月 13 日晚上，潘敖大只睡了 3 个小时。14 日，他也一宿没合眼，驻守在市防指，凌晨两点还在向厦门市市长裴金佳汇报台风动向。

9 月 15 日凌晨，"莫兰蒂"按照预报的时间、地点登陆，这也说明气象工作者忙出了效果，忙出了成绩，忙到了点子上。

4. 抗台紧急关头，"那都是拿命换的"

"抗台，很多人都玩命儿地干！"市防指的一位工作人员说。

气象工作者，又何尝不是用生命在工作。9 月 14 日深夜，离"莫兰蒂"登陆还有几个小时，大风骤起，愈刮愈烈，到处是"叮叮咣咣"的碰撞声和碎裂声。厦门市气象局机关服务中心的工作人员赶忙去查看险情，并采取应急措施。通往天台的那扇门不牢固，主任潘锦功带领工作人员拿绳索去加固。风太大，四个汉子一起顶着门，但狂风乱作，"整扇门一会往外鼓，一会往里倒。"四个人跟着这"变戏法"的风，将毛巾塞在两扇门之间的缝隙里，以此阻止门乱晃。固定好后，人刚撤离没几分钟，突然一阵"哗啦"声，现场的玻璃碎落。如果晚走几分钟，碎玻璃有可能直接砸向四个人，真险！

台风刚登陆，整个城市便陷入大面积停水停电的窘境。9 月 15 日 3 时，厦门市气象局的电路跳闸，业务系统告急，需要紧急启动应急电源。在风雨最强、风险最大的时段，局机关服务中心的电工几乎是一路爬着去配电室切换了电源。"砰"的一声，风把门打倒了；"轰"的一下，门又把电工的腿压住了。他的两条腿被压出一道道暗红的血印，"这种时候，哪顾得上自身安全。"电工坚定地说。

9 月 15 日凌晨 4 时，风雨交加。厦门市气象台副台长何歆去排除地面观测故障，"路上都是倒下的树，风吹得人走不动，要去的地方垂直高度有 30 米，更是困难。"但他就这样一步步硬挺着向前挪动。

紧急关头，气象工作人员充分展现了气象精神。

5. 重建争分夺秒，"时间比金子还金贵"

厦门市气象局有两支应急抢险队伍，一支是装备保障队，另一支是后勤保障队。在灾难来临前，两支队伍都已整装待发，全员投入抢险救灾工作。局应急办、业务处分别在第一时间向福建省气象局报告情况。市电力备份应急电源车迅速启动对重点业务设施的供电，基本保证了预报业务平台的正常运行。

雨水倒灌加剧，后勤保障人员全力排水，避免雨水漫入机房；办公场所的电源也被及时切断，杜绝触电隐患。9 月 15 日 5 时，雷达机房漏水导致接收机无法开机，装备保障人员马上采取烘干措施。厦门观测站出现湿度、地温、温度、气压等设备故障问题，工作人员及时启动备用站，确保数据采集和传输正常……

每一项抢险任务都在争分夺秒展开，马上、及时、立刻、快速……12小时、24小时、36小时、72小时，厦门市气象部门人心汇聚，连轴高效运转。

当发现雷达故障时，大家着实紧张了一把，技术人员立即进行诊断分析，并采取应急措施。经过检修，技术人员发现雷达数字中频部分因接收机进水短路而烧坏。市气象局立刻与提供相关配件的公司取得联系，该公司由专人乘机抵达厦门送备件，以尽快恢复雷达开机。同时，按照应急预案，立即启用了市供电局的应急发电车发电，以恢复雷达供电。

经历了勠力同心守护家园的一役，厦门气象工作者体会到，在"厦门速度"里，"时间比金子还金贵"。跑得过时间，被摧毁的一切才能尽快重生，并迸发出新的力量。

6. 风雨过后，思考与探索不止

千年老景支离破碎，马路公园一片废墟；农田棚子散了，田鸡养殖池毁了；学校的大门被刮跑了，孩子们闹着要来看看，"还能上学吗？"眼看地里就要有收成了，辛苦大半年，一夜都泡汤了。

在满目疮痍的街道上，同时忙碌着的还有救灾志愿者、街道办领导、社区居民、环卫工人、码头旁的餐厅服务员、常年露天卖卤肉的师傅、学生。他们无一例外地表示收到了台风预警，且做了防范，但也几乎无一例外地说，"没想到台风这么厉害"。针对这次台风，气象部门在技术上预判"很准"，服务到位；但公众在心理上预估"不准"，防灾意识仍有提升空间。在"收到了气象预警"—"意识上有高度认识"—"能进行科学避灾"之间，危机管理工作还有一段路要走。

"莫兰蒂"改变了许多，也带来了许多，它似乎成为了厦门市民一把活学活用的钥匙，为日后强化防灾减灾的意识和能力加了砝码。"以前没有认真想过防灾这回事，以后再次遇到台风，就知道该怎么做了。"

截至记者发稿时，厦门因"莫兰蒂"造成的伤亡人数为1人，后期的风雨影响没有造成更多的人员伤亡，这是前期厦门市委、市政府及气象、水利、民政等各部门充分准备的结果。灾后，厦门市民的从容、整个城市的秩序感，也是得益于前期打的这一基础。

特别值得认可的是，厦门市气象局提议的"三停一休"，赶在了"寸劲儿"上。市政府接受此建议后，于9月14日15时向全市发出"三停一休"通知，提前疏散了人群，缓解了车流。"如果再晚一些发出，又赶上节前的'大拥堵'，效果将明显下降。"潘敖大说，"三停一休"将人员和财产损失降到了最低程度。

对于厦门市气象部门来说，迎战"正面袭击厦门，强度又这么高"的台风，这种情况鲜少经历。这次经历提高了预报员对灾害性天气到来的种种可能性的认识，锤炼了他们的承受能力、抗压能力，也为日后面对极端天气进行预估与研判打好了前战。经过这次打破常规预报量级的实战，预报员的思维模式发生了转变，且信心更足了。

郭金炼作为市防指副总指挥，对记者一字一句地说，"气象部门为我们决策部署赢得了宝贵的时间。"这一刻，我也更加深刻地明白他和市气象局局长通话次数高达50多次的原因了。

第五节 实 验 报 告

院系		专业	
班级		组号	
小组成员			
实验名称			
实验成绩			

一、实验目的

二、实验原理

三、实验步骤

四、实验数据(各组情况)

五、实验结果

六、讨论分析(完成指定的思考题和作业题)

七、实验总结及实验改进建议

备注:

实验教师:

实验日期:

第五章 公共危机预控及预案演练

公共危机预控是公共危机预警的延续，也是应急处置的前奏，兼有"防"与"控"的双重属性。当前，在实务界对公共危机预控还缺乏重视。事实上，公共危机预控既可以进一步明确政府常态管理与非常态管理的界限，将政府实施紧急法律控制的"关口"前移，又可以使政府的应对手段更符合危机的发展过程，尽量减少对公民权利的限制和侵害。

第一节 经典案例

2008 年南方暴雪

2008 年 1 月，一场罕见的低温、雨雪、冰冻灾害袭击了我国南方大部分地区，给群众生产生活造成了严重影响。在这场突如其来的自然灾害面前，党中央、国务院高度重视并周密部署，全国上下众志成城，齐心协力投入到了抗灾救灾中。我国经过多年努力形成的全方位、多层级、宽领域的应急预案体系，在这次自然灾害中经受住了考验，并发挥了重要作用。

"启动重大气象灾害预警应急预案三级应急响应命令""应急响应命令从三级提高到二级"……从 1 月下旬以来，中国气象局严格按照《重大气象灾害预警应急预案》，通过实时监测、滚动预报、准确预警、业务监控、跟踪服务和影响评估工作，以最快的速度把天气预测信息发布至全国。不单是中国气象局，各相关部门、各省份企事业单位在面对大雪等极端天气时，也纷纷启动应急预案。应急工作有条不紊开展的背后，是我国日益完善的公共危机应急预案体系。

"凡事预则立，不预则废。"建立健全社会预警体系和应急救援、社会动员机制，提高处置突发公共事件的能力，是构建社会主义和谐社会的重要内容。2005 年 4 月国务院颁布实施了《国家突发公共事件总体应急预案》，7 月召开了我国首次应急管理工作会议，从此使应急管理工作纳入经常化、制度化、法制化的轨道。几年来，经过多方努力，我国已形成从国家总体预案到专项预案、从部门预案到地方预案的全方位应急预案体系。其中应对低温雨雪冰冻灾害及其引发的各类突发事件的国家专项预案就有 17 件，国务院有关部门细化了防范应对低温雨雪冰冻等特别重大、重大突发事件的程序和措施，也制定了 46 项相关部门应急预案以及部队应急支援预案。

全方位、多层次的应急预案体系，为应对灾害奠定了坚实的基础。2008 年 1 月低温雨雪冰冻灾害发生后，各地区及有关部门及时启动相关应急预案，按照预案在预测预警、应急处置、恢复重建、信息发布和应急保障等方面的要求，积极落实各项救灾措施，维护灾区交通、治安秩序，组织恢复电力、通信等市政基础设施功能，开展受灾群众生活救助工作，努力把人民群众的生命财产损失降到最低程度。

——提前部署，做好各项应对准备工作。早在 2007 年 12 月 11 日，国务院应急办就印发了《关于开展暴风雪应对准备工作检查的紧急通知》，针对 2008 年初有可能袭来的暴风雪要求有关地区和部门按照预案要求，对应急指挥机构、应急队伍、应急机制、科普宣教以及应急物资装备、通信、交通、电力供应等应急保障情况进行检查，做到心中有数，并针对薄弱环节加强整改。可能受暴风雪灾害威胁的重点地区，以及气象、民政、公安、交通、铁路、民航、通信、电力、建设等部门，都结合当地实际和本部门职责，分别制定、修订了相关应急预案，完善了应对暴风雪的有关措施。

——加强预测，及时发布灾害预警信息。自 2007 年 12 月 10 日以来，国务院应急办先后发布 9 次预警信息，以提醒各有关地区和部门做好防范工作。各有关地区及公安、交通、铁路、国土资源、水利、农业、卫生、通信、广电、环保、民航、电力、安全监管、气象、林业等部门也建立了相应的联合预警及发布机制。

——密切关注灾情，及时启动应急预案。随着灾情的进展，有关地方和部门宣布启动了应急预案，按照预案进行有序应对。气象局宣布启动重大气象灾害应急预案后，贵州、湖南、江西、安徽、广东等地迅速启动本地气象灾害预警应急预案，多渠道发布预警信息，主动为相关部门提供预报预警信息；民政部、交通部、铁道部等部门纷纷启动应急预案，成立指挥机构，第一时间派出工作组到灾区一线指导工作。贵州、湖南等地启动了电网大面积停电一级响应，各电网公司根据要求纷纷启动应急预案，开展输变电设施除雪除冰工作，抢修受损设备；广州市启动春运应急预案，各单位人员迅速到位，采取有效措施严密监控，组织疏散；上海市启动列车大面积晚点、供电、交通、市场供应等应急预案，全力应对，上海电力、燃气、食品等供应基本正常，市民公交出行有序，城市运行情况平稳。

——多方联动，形成抗灾救灾整体合力。应对暴雪的工作涉及方方面面，连日来，国务院办公厅连续发出做好雨雪天气交通保障、保证煤炭生产供应、加强电力需求侧管理等一系列通知。相关各级各部门按照有关预案联动机制的要求部署，交通部、公安部会同有关地区建立了跨区域公路运输保障协调机制，电监会、铁道部会同有关地区建立了铁路运输保障协调机制。财政、民政部门及时下拨救灾款，妥善安置受灾群众。北方省份有经验的技术人员前往南方进行防范冻雨、除雪除冰技术指导。武警、解放军积极配合地方政府和有关部门，组织人力物资装备，充分发挥突击队的作用。

"居安思危，思则有备。"在 2008 年年初的这场自然灾害中，应急预案体系使各项抗灾救灾工作进行得更加有序，尽可能地减少了损失。而在抗灾救灾中暴露出的一些薄弱环节，也提醒相关部门还应进一步强化应急管理体制机制，加快应急管理机构和救援队伍建设及改进技术装备，真正铸造起应对突发事件的铜墙铁壁。

（资料来源：国家安全监管总局网站）

第二节　实验理论与技术准备

一、公共危机预控

（一）公共危机预控的概念

公共危机预控，即公共危机的预先控制，是危机管理的重要内容。公共危机预控主要是指履行应急管理职能的政府部门在确认危机事件即将发生，或发生的可能性增大，或危机预警已经发出但尚未造成损害时，为了最大限度地减少危机事件可能造成的危害，而采取的防御性、控制性、保护性措施。采用危机预控，便可以较小的代价迅速化解危机，避免危机扩大和升级。公共危机预控是危机爆发前所采取的控制措施，不同于危机预防或危机预警。

（二）公共危机预控与预警的联系和区别

危机预控和危机预警都是发现危机征兆后采取的一系列危机应对措施。从时间来看，危机预警在前，危机预控在后；危机预警是前提和基础，危机预控是对危机预警的延续，也是对危机预警快速与理性的反应。危机预控依赖危机预警提供及时准确的危机信息，危机预警期待危机预控采取措施，以实现危机预警的前馈控制作用。

二、公共危机管理应急预案

公共危机预控必须有特定的依据，这些依据主要是指各类已经制定出的危机管理或突发事件应对法规、应对预案等，其中十分重要的当属公共危机应急预案。

我国的危机管理应急预案体系主要由总体预案、专项预案、部门预案、地方预案、组织预案、重大工程或重大活动预案构成。

（1）总体预案。总体预案是整个国家危机管理应急预案体系的总纲，是中央政府应对特别重大突发公共事件的规范性文件，如《国家突发公共事件总体应急预案》。

（2）专项预案。专项预案主要是中央政府及其相关部门为应对某一或某些类型的突发公共事件而制定的应急预案。我国已连续发布多个专项应急预案，包括处置重特大森林火灾、突发地质灾害、防汛防旱、地震、自然灾害求助等自然灾害类救助专项应急预案；处置突发公共卫生事件、突发公共事件医疗卫生救援、突发重大动物疫情、重大食品安全事故等公共卫生类专项应急预案；通信保障、处置电网大面积停电事件、处置城市地铁事故灾难、海上搜救、处置铁路行车事故、处置安全生产事故灾难、处置民用航空器飞行事故等事故灾难类专项应急预案。

（3）部门预案。部门应急预案是国务院有关部门根据总体应急预案、专项应急预案和部门职责，为应对突发公共事件制定的预案。

（4）地方预案。地方预案是指地方各级人民政府根据分级负责的原则由地方人民政府及其有关部门分别制定的应急预案，例如省级人民政府的突发公共事件总体应急预案、专项应急预案和部门应急预案。这些预案主要是在省级人民政府的领导下，按照分级管理、分级负责的原则，由地方各级人民政府及其相关部门根据职责范围而制定的。

（5）组织预案。组织预案是指各企事业单位、社会组织根据有关法律法规制定的各种应急预案。

（6）重大工程或重大活动预案。重大工程或重大活动预案是指各部门进行重大工程施工过程中应当制定的应急预案，比如地铁修建工程应急预案、桥梁修复工程应急预案；同时也包括各组织各部门在主办大型文化体育、科学技术活动及展览时的应急预案。

三、预案组成要件

一个完整的公共危机管理应急预案应包括以下必备组成要件：

（1）总则。总则主要说明预案编制的目的、依据、适用范围、管理原则，以及预案应对的危机分类和预案体系，它从总体上规定了公共危机预案的基本依据。

（2）组织体系及职责。组织体系及职责主要说明应急管理的组织指挥，包括领导机构、办事机构、执行机构、地方机构、专家组的基本组成和职能。

（3）运行机制。运行机制主要说明危机应对的主要程序，包括预案设计、应急响应、危机处置、危机善后与恢复、信息报告等主要环节。

（4）保障措施。保障措施主要是要求有关部门按照职责分工，根据总体预案做好应对突发公共事件的人力、物力、财力准备以及交通运输、医疗卫生、通信保障、治安维护、人员保护、科技保障等工作，保证受灾受害群众的基本生活和救灾救援工作的需要，还包括保障恢复重建等工作的顺利开展。

（5）监督管理。监督管理主要是要求各组织各部门根据预案进行应急演练、宣传与培训，并制定各项应急管理的奖惩办法并保证得以执行。

（6）附则。附则是对未尽事宜或变动情况的说明。

综上所述，公共危机预案的结构如表5-1所示。

表5-1　公共危机预案结构表

部分	内容
总则	依据、授权、目的、范围、评估安排等
风险登记	提供重大风险及一般风险处理的信息
预案的激活	说明激活预案的具体事件及手段
管理结构	指挥、控制与协调；沟通；每个组织的响应、恢复责任；每种突发事件的响应与恢复责任
响应与恢复的管理系统	警报；指挥中心管理；信息管理；财务管理；公共教育；公共信息等级
功能性计划	主要涉及沟通、运输等转型功能的预案
特殊威胁计划	主要涉及如何应对主预案中未纳入的威胁
附则	发布历史与修改清单；发放清单；术语；规划委员会组成；通讯录等

四、应急预案演练

一次成功的危机应对，计划占20%，训练占50%，演习占30%。在公共危机管理过程中，公共危机应急预案演练是对应急预案的最佳检验。危机的发生并不是经常性的，因而应急预案也非常规性的工作安排，而且实战成本高昂且具有不可逆性。因此，应急预案更多的是要通过演练来进行检验。此外，演练是通过训练与演习达到熟练的过程，可以将应急预案中对利益相关者的要求内化为应急反应的下意识动作，以提高应急响应的效果与效率。

应急预案是一种培训方式，也是一种改进应急工作的组织形式，我们可以把它划分为若干种演练的方法。从形式上看，公共危机应急预案演练可以分为桌面演练、功能演练和全面演练三种。如果主要是为了发现问题和修正预案，我们可以选择一些简便易行的方式，例如桌面演练法或功能演练法；如果是侧重于提高各方面参与应急管理的能力，我们可以选择全面演练法。应急预案演练的方法是多种多样的，但是不管用什么方法，我们都要通过演练实现各方面的参与，使应急管理的过程科学化、高效化，使写在纸上的预案发挥其实际效用。

在实践中，公共危机管理部门选择哪一种演练方式，主要取决于演练管理团队的技能或经验、培训需求、地点、参演者、时间、资源等因素。

（一）根据需要选择演练的方法

至于具体采取什么方法做预案演练，我们可以根据需要来进行选择。因为应急预案的演练方法有一些是通用的，所以也可以采取几种方式结合起来使用。

应急预案演练时，每一个环节，每一个方面的应急管理人员都要参与，缺一不可。比如，消防演练必须要有消防队，要有医务人员、急救人员、志愿者，还要有维持治安的警察，缺一不可。因此，对于公共危机应急预案演练，首先，态度上我们必须端正，这不是简单的演戏和扮演角色，必须考虑到预案的实践性；第二，预案中所涉及的每一个部门、人员都必须参加。在具体的演练当中，要对每一个领域的参与者及各自的角色定位做好安排与部署，同时还应区分其各自的职责与任务，比如初级应急水平的人、有一定专业水准的人、专家级的，以及应急的指挥者。

（二）演练的三种方式

预案演练一般分为桌面演练、功能演练和全面演练三种，而这三种演练又分为基础性的训练、专业性的训练、战术性的训练和自选科目的训练。桌面演练是最基础的训练，涉及一些基础的常识，适用于最通常发生的突发事件。专业性的训练用于一些比较特殊的应急演练。战术性的训练是指在应急过程中运用某些特殊的战术，比如消防演练中是直攻中央还是从两侧四周包抄，这是不同的战术。

1. 桌面演练法

桌面演练也叫讨论演练，就是由应急组织的相关代表在一个会议室或办公室或者专门的应急指挥中心展开讨论。这种演练方法为相关人员深入讨论危机预案提供了一个平台，对于形成对危机的共识、密切应急人员之间的关系、检验评估相关人员的专业水平、形成公共危机管理的创新思想具有重要意义。

一般而言，桌面演练需要一个会议室，以及4~7人参与。在这个会议室中，某一个人扮演应急的总指挥，某几个人担任副总指挥，某些人担任应急的救援人员，某些人担任维持秩序的人员，某些人担任协助救援的人员，还有一些人担任救护人员，另外还有一个人负责全程记录。演练开始之后，由一个信息报告人员向指挥官报告发生了什么突发事件，指挥官立即发布指示，如调用多少应急救援人员。如果他调用100人，这100人从哪几个应急机构中调用，是不是就近调用人员，是不是调用某一个机构当中对这方面救援最擅长的人员，以及这个突发事件用100人救援能不能达到一定的效果，记录人员都要将这些记录在案。如果甲机构的救援人员处理这类突发事件的专业性水准不如乙机构，而指挥者调动的是甲机构的人，则说明他指挥不当。众人听到指令之后，按照路途的远近和机动能力的水准，再口头报告其多长时间到达，到达之后展开什么样的救援行动。在演练过程中，还需要几个专门的人员设置障碍，增加演练的难度。比如，消防车从某一个街区被调到另一个街区，此时障碍设置人员设置在某某街道发生汽车拥堵的障碍，调动消防车的指挥人员则根据实地情况调整计划，调动相关消防车从另一条路走。同时，障碍设置人员还可以在已作出调整的路线上再设置路面正在维修的障碍。通过这样一系列的模拟互动来进行应急预案的演练，就是桌面演练法。

桌面演练是一种成本低廉的演练方法，参与人数少，效果相对比较单一，具有探索讨论性，对于检验预案的可行性很有帮助，同时也能加强危机管理人员的联系，但是它很难在较大程度上提高公众的应急能力与应急水平。

2. 功能演练法

功能演练也称专门演练或"无军队的战术演练"，一般在应急指挥中心和某一个现场同时进行。所谓功能演练，就是针对一项大的应急工作中的某项应急响应功能，或者其中某一些应急响应活动而举行的演练。在假定外部发生危机的情况下，由功能演练的导演人员向参演者提供有关信息，相关人员在演练过程中按照特定的角色履行自己的责任。这种演练具有较强的专业性，同时也能培养参演者的协同性。举例来说，一个易燃易爆的仓库爆炸，除了爆炸本身伤人外，同时可能引发火灾；爆炸和火灾还有可能产生一些有毒物质，这些物质可能进入空气或者水体当中，引发其他的危机。因此，爆炸是一个综合性的危机，功能演练可以只针对其中一部分，比如只考虑爆炸会伤人，或只考虑爆炸产生的有毒物质会污染空气或水体。如果我们只针对爆炸之后引发的火灾进行单项的功能演练，则既可以提高编写火灾应急预案的科学化程度，也可以提高大家救援火灾的能力。

既然是专门性的、功能化的演练，这种演练方法的可适性就比较强，它的作用是重点提高某一方面的能力。功能演练法的目的就是针对某一项具体的活动来检验应急预案的合理性，同时提高相关人员的应急响应能力，并在具体的功能当中有所侧重地提高其某一方面的作用。功能演练可以侧重于指挥和控制功能的演练，检验、评价多个方面是如何配合应急总指挥来参与应急响应的，也可以通过多部门的协同反应来检验指挥者是否能够发出科学正确的指令。比如交通运输事故的演练就可以检验交通运输主管部门是不是有能力适时地建立现场指挥组织机构，指挥机构配备的人员是不是科学合理，指挥机构能不能有效协调相关的救援力量，救援队伍是不是能够有效调动救援所需的工具、设备、设施，以及交通管理部门和其他政府管理部门能不能有效地沟通协调。

功能演练比桌面演练的规模大一些，动员的人员、机构要多一些，利用的物资也要相对多一些。同时，有一些功能演练还可以让比较高层次的政府领导参与，通过上下的沟通来实现演练的目的。一般情况，功能演练需要有5～20人参与，具体可以根据功能的范围和与实战的差距进行选择。

不管是桌面演练还是功能演练，都需要把演练的全过程如实记录下来，详细的步骤按照时间顺序记录，同时要形成总结报告，以便进行评估。

功能演练也可以结合桌面演练一起进行，以功能、实战为主，配合一部分在指挥部或会议室里的专门演练。

3. 全面演练法

全面演练是针对预案中的全部内容，或者大部分内容来进行的应急演练，一般需要一天的时间，有的时候甚至要2～3天。它的目的是检验、评价应急预案，以提高组织的应急管理能力。全面演练法往往都采取交叉互动式，如指挥部和现场交叉互动，有时还需要设两个指挥部，一个是相对比较远的总指挥部，一个是现场的指挥部，根据演练规模的大小来决定。

全面演练的过程是一个非常真实的过程，就如同发生了真的突发事件一样，完全按照实战的过程一步一步推演，尽量做到过程的全面性和真实性。比如，调用应急的车辆、救护车，供应救援的设施、物资，建立和维护信息系统、通信系统，受灾人群的逃生、疏散，还有其他一些电力、物资、交通方面的保障等，这些越真实越全面，则演练的效果越好。

首先要建立现场指挥部，指挥部由两部分人构成，一部分是现场演练的指挥官，另一部分人是预案的编制人员。当演练开始之后，指挥官发出命令，搜救人员就赶到抢险现场，相互配套的其他人员也要到达现场，然后进行紧急处置并抢救受灾人员。在整个应急演练过程当中，各方面如何配合，从头到尾每一个环节如何来衔接，都要在事先考虑周到，一般需要事先做出一个详细的方案或者脚本。从这点来看，应急演练确实有演戏的成分，也需要有导演和演员，导演往往就是应急预案的编制人员，而演员就是应急管理指挥机构的具体工作人员。导演负责安排指挥官，并负责准备各个应急环节的衔接和沟通，以及组织应急的恢复，而其中的一些具体环节需要全体演员参加。

全面演练也正因为其现场真实感较强，动用人员规模、物质资源较多，所以成本相对比较高，所需时间也会比较长。

（三）三种演练方式的比较

1. 演练的人员

参加桌面演练的人员是负责应急管理工作的主管人员和从事应急管理的关键人员，也包括当地政府机构的有关人员。功能演练的参与人员也基本类似，包括负责演练的人员、主管和制定相关政策、编制预案的人员，应急管理的关键人员和政府机构的人员。从功能演练和桌面演练的参与人员看，功能演练包括应急预案的编制人员，而桌面演练没有。因为后者往往只是为了在培训中使用，而不是用于修订和完善应急预案，所以桌面演练不一定包括应急预案的编制人员，也就是政策的拟定者。

全面演练基本上和功能演练相同，而且有更多的人参与，它要求涉及这项演练的各方面、各部门的人员都参与进来。因此，从参与人员的数量来说，全面演练的人最多。

2. 演练的内容

从演练内容来看，桌面演练主要侧重于两个方面，一个是模拟在紧急救援的过程当中，究竟应该采取哪些必须采取的措施；另一个是各方面的协调，如相关人员如何配合、各个应急环节如何衔接等。功能演练是针对某一项应急功能的更加细致的演练过程，比如指挥、控制，以及内部和外部的协调。而全面演练是针对应急预案涉及的全部或者大部分内容进行演练，因而演练的内容相对比较全。

3. 演练的地点

从演练的地点来看，毫无疑问，桌面演练是在会议室或者应急指挥中心进行的；功能演练是在应急指挥中心和具体的实施地点进行的，比如发生生产事故的车间、发生交通事故的道路现场；全面演练在两个地点进行，一是应急指挥中心，二是演练的现场。

4. 演练的目的

桌面演练主要是锻炼参与人员解决实际问题的能力，虽然是用口头表达的方式，但是检验的是其思考、掌握应急预案的能力和应变能力，同时又可以了解各方面的协调配合能力。即使是口头的、桌面的，也可以发现平时在日常工作当中可能存在的问题。

通过桌面演练，可以发现部门之间是不是有效协调，是不是能够分工不分家，是不是服从上级的调遣。

功能演练的目的主要是检验应急响应人员和应急管理体系是不是全面，以及事先策划的预案中所安排的应急人员和应急管理机构、体系是不是合理，还可以检验各方面应急响应做得好不好，能力强不强。因此，功能演练较之桌面演练，实战感更强，能够在实际操作当中发现更多的问题，能够达到的目标更加全面，可以检验通过编制预案来设置的应急体系是不是合理，能不能在突发事件应对当中真正起到效用。

当然，功能演练还是仅仅就某一方面来做的，真正能够更加全面检验应急预案的还是全面演练。全面演练的目的是通过真实的场景吸引更多的人参与，检验应急预案当中的核心内容、重要环节，以及各环节之间是不是能够严丝合缝、环环相扣。由于参与的人多，又有围观的人，所以全面演练还可以起到很好的宣传效果，有助于提高全社会的危机意识。

虽然三种演练方式的目的各有不同，但有两点基本目的相同，一是检验预案，二是提高危机应对能力。

（四）预案演练的实施过程

1. 演练步骤

就像编制应急预案需要有一个步骤或程序一样，演练也是一个程序化的实施过程。

第一，需求确定。所有的演练都源于需求，包括检验、评估应急的规划、程序或体系。应急预案演练的动因也可能是评估危机管理组织的绩效或者检验应急技术、装备的性能。演练管理者必须尽早与相关管理人员及利益相关者商讨需求，以获取更多的支持。

第二，分析。在应急演练需求确定之后，相关部门要对需求进行分析，并据此确定演练目标及预期结果。公共危机管理部门应考虑的因素包括：场景、时间、规模、地点、参演人员与机构、费用、装备、参演部门的备勤情况、天气情况、后勤保障、法律规范等。

第三，设计。设计就是要决定应急演练的类型与规模，并制订、编写演练计划。设计的内容包括：确定适当的演练方式、设定演练场景、任命导演人员、确定演练控制需求、决定协调制度、确定管理及后勤需求。

第四，实施。在实施阶段，参演人员要根据演练计划的规定，逐阶段地完成演练的各项任务。在演练开始之前，公共危机管理部门要向参演人员简要且准确地通报演练的目的及预期结果、安全问题及制度安排、沟通程序与政策、突发情况的处理、事后总结的地点等。导演在确认系统良好、参演人员就位后，宣布演练开始。在演练过程中，导演按照计划控制演练过程，也可以根据实际需要临时改变演练进程，确保预期目标得以实现。在演练任务完成后，导演宣布演练结束。

第五，总结。在演练结束后的总结阶段，参演人员应聚集在一起讨论演练的过程，向演练管理部门提出问题和建议。这是一个演练评估的过程，内容包括分析演练过程、查找差距、解决问题、提出改善性建议，等等。在此基础上，由导演或导演指定人员完成演练总结的书面报告。

第六，改进。演练管理人员根据演练的实际情况采取相应的措施，矫正演练所暴露出的问题，如修正危机应急预案，举行新的演练以检验改进的效果。

2. 演练的主要内容

预案演练的主要内容包括八个方面（这里主要指全面演练）：第一是应急预案的启动，发出通知；第二是进行指挥和实施控制；第三是对紧急事态进行评估；第四是对应急资源进行管理；第五是维护好通信设施；第六是发出警报；第七是做好公共信息、公共媒体的公关；第八是对公众进行保护。

3. 应急预案的评估

对应急预案的评估是应急演练中的一个重要环节。在做完演练之后，对这次演练要进行评估，主要是为了找出不足，提出整改措施，以进一步完善应急预案。所谓不足，就是在演练的准备阶段或者进行响应的过程当中，环节安排得不合理之处；要整改的内容，就是在下一次演练前应该进行修订的内容；要完善的内容主要是指在演练过程中还可以做得更好的部分。

第三节　实验设计

一、实验目的

通过本次实验，学生可了解应急预案在公共危机管理中的重要性，熟悉公共危机应急预案的结构、组成要件、基本内容，并能为已编制的预案开展桌面演练法与功能演练法。

二、实验要求

（1）假设时间是在 2012 年 7 月 20 日，根据材料提供的相关内容，以学校管理中公共危机管理团队的身份，按照实验技术准备中公共危机预案的结构和组成要件编制应急预案。

（2）应急预案中的内容、语言符合公共危机应急预案的要求。

（3）针对应急预案实施桌面演练法。

（4）针对应急预案中的某一环节或某一内容实施功能演练法。

（5）实验时间为 4 小时。

三、实验步骤

（1）组建 5～7 人的团队，对经典案例进行综合讨论。

（2）阅读实验材料并进行分析。

（3）讨论应急预案的设计依据、目标与内容。

（4）团队进行预案编制。

（5）团队实施桌面演练法。

（6）在桌面演练的基础上进一步完善应急预案。

（7）选择应急预案中的某一环节或某一内容实施功能演练法。

（8）在功能演练的基础上进一步完善应急预案。

四、实验成绩（按团队）

序号	成绩组成	分值
1	充分阅读实验材料并能进行分析与提炼	10
2	预案结构完整	10
3	预案内容充分、语言规范	10
4	预案编制过程中团队成员分工明确，职责分明，参与度高，创新性强	20
5	桌面演练法实施顺利，能通过该方法的运用进一步完善预案	15
6	功能演练法实施顺利，能通过该方法的运用进一步完善预案	15
7	预案演练中全员参与，成员积极性高	10
8	时间安排合理	10

五、实验思考题

(1) 在公共危机预控中，"预案综合征"有什么样的表现？如何解决这个问题？

(2) 我国应急预案有哪些问题？如何解决？

(3) 结合本章内容，分析经典案例中的问题并提出相关可行性建议。

第四节　实验材料

2012 年北京大暴雨

2012 年 7 月 21 日，北京暴雨疯狂肆虐，雨量历史罕见，全市受灾人口达 190 万人，其中 79 人遇难，经济损失近百亿元。

1. 11 个气象站点雨量突破极值，"七下八上"威力尽显

气象观测显示，本次暴雨除延庆外，北京 90% 以上的行政区域降雨量都在 100 毫米以上，全市平均降雨达 190.3 毫米。11 个气象站观测到的雨量突破了建站以来的历史极值，部分地区一天降雨量达到甚至超过了年平均降雨量。有记录的最大降雨量出现在房山区河北镇，降雨量为 460 毫米，达到了特大暴雨量级。

本次暴雨过程中的短时雨强也同样惊人。气象上规定，24 小时降水量为 50 毫米或以上的强降雨称为"暴雨"。而在这次暴雨中，北京有些地区一小时内的降雨量就超过了 50 毫米，平谷挂甲峪更是高达 100 毫米，雨强之大超乎想象。

受强降雨影响，首都机场 21 日全天共取消航班 571 架次，延误航班 701 架次，最高峰时有近 8 万人滞留机场。暴雨还导致京港澳高速公路出京方向 17.5 公里处的南岗洼铁路桥下严重积水，积水最严重时，被淹路段长约 900 米，平均水深 4 米，最深处 6 米；桥下积水 20 余万立方米，犹如水库，81 辆汽车被困水下。

这场暴雨历史罕见，由于雨量大且雨势强，北京出现严重城市内涝，部分中小河流和水库出现汛情。据北京市防汛抗旱指挥部消息，截至 8 月 5 日，北京区域内共发现 79 具遇

难者遗体，全市受灾人口达 190 万人，因灾造成经济损失近百亿元。

2. 雨量大、雨势强、范围广、影响重，有点"超乎想象"

7 月 21 日当天，北京大雨倾盆，四处"汪洋"，而 20 日和 22 日前后两天北京的天气却非常晴好。有一些网友不理解，为何降雨不是相对持续，而是这种短时间内变化极大的突发性强降雨？

中央气象台首席预报员孙军表示，暴雨的首要因素是水汽条件充足，但有了充足的水汽也只是"万事俱备只欠东风"，必须出现一个能使得这个地区的暖湿气流上升的天气系统，才会产生降水。此次北京等地强降雨就是这种情况，在冷空气东移南下和较强天气系统的作用下，水汽产生剧烈上升运动，再加上大气层结构不稳定引起上升运动更加剧烈，水汽凝结速度加快，同时空气近饱和，最终导致降雨效率极高。

孙军回忆道，2011 年 6 月 23 日，北京同样出现过一次较大的暴雨，城区平均降雨量为 73 毫米，局地也出现超过 100 毫米的降雨，最大降雨量达 215 毫米，局部最大雨强为每小时 128 毫米，甚至超过这次强降雨。但那次降雨时间更短，暴雨范围的分布也不均匀，只有个别站点出现了 100 毫米以上的降雨，而且主要集中在城区；而这次除延庆外，北京 90％以上的行政区域降雨量都在 100 毫米以上，市平均雨量也远超 2011 年。此外，近几年北京也都发生了几次局部 100 毫米以上的降雨过程。

总体来说，此次北京"7·21"暴雨具有雨量大、雨势强、范围广、影响重的特点，部分地区一天降雨量甚至达到或超过了年平均降雨量，这些都是"极端性"的体现，在北京历史上极为罕见。

3. 暴雨预报难度大，气象部门滚动服务全力应对

针对这次暴雨的预报，北京市气象局起报较早，7 月 20 日曾两次发布专题预报，指出 21 日傍晚到夜间有暴雨，部分地区可能为大暴雨。7 月 21 日，市气象台一天连发五个预警，18 时 30 分暴雨预警级别上升为橙色，并先后启动四级至二级应急响应，加强值守，靠前指挥，滚动服务。

其间，市气象台向市委、市政府、市防汛办及交管局等有关部门发布重要天气报告 5 期，发布全市部分气象观测站雨量表及全市雨量分布图 18 次，并与市地研所联合发布了地质灾害三级预警。针对灾情最重的房山区，区气象局采取每小时电话汇报一次、每 3 小时更新一次的方式向区委区政府汇报情况。

此外，部门应急联动也迅速启动。市政府和各区县政府根据预报、预警信号级别及时反应，快速联动，采取措施积极应对和处置暴雨带来的各种影响。

中央气象台从 20 日下午就开始发布暴雨蓝色预警，21 日中午升级为黄色，加强加密与各省市区的会商，提醒发布预警。总的来说，气象部门对这次暴雨预警的发布是比较早的，预警级别也是比较高的。

北京"7·21"特大暴雨让人们印象深刻，一场天灾给首都人民带来了巨大的生命和财产损失。在遇难人当中，他们或正值青春年华，或处于事业发展的黄金时期，而突如其来的灾难中断了他们的前路，未来的种种美好化为幻影，生命的陨落令人叹息。

面对大自然，我们都是渺小的，因而在这样一个气象灾害日益多发，造成的灾情日益严重的时代，建立"政府主导、部门联动、社会参与"的气象防灾减灾体系，提高每个人的防灾减灾意识和能力，是可行且刻不容缓的。

第五节　实 验 报 告

院系		专业	
班级		组号	
小组成员			
实验名称			
实验成绩			

一、实验目的

二、实验原理

三、实验步骤

四、实验数据(各组情况)

五、实验结果

六、讨论分析(完成指定的思考题和作业题)

七、实验总结及实验改进建议

备注：

实验教师：

实验日期：

第六章 公共危机决策的流程分析

随着我国改革的全面深化，在经济社会发展朝市场化、工业化和城镇化推进与社会转型的过程中，可能引发各种危机事件，这些危机事件加上自然灾害、事故灾难、公共卫生事件、突发性事件等都会直接威胁人民群众的生命财产安全，均关乎国家政治经济的发展与稳定。政府作为公共危机管理的重要主体，自应担负公共危机管理的责任，以避免公共危机造成国家和人民的生命财产损失，以及防止社会秩序混乱等问题的发生。针对公共危机管理的具体实践而言，危机决策过程即为管理实践的基础环节，也是完善危机管理运行的重要组成部分。公共危机决策即政府等危机管理中枢决策指挥机构在最短的时间内适应外部环境以做出快速反应和准确判断，统一指挥，弹性应对急剧变化的危机环境，并发挥统筹协调内部组织的效能，避免由于管理系统失灵所造成的冲突，同时整合、调配各种社会资源以解决危机。自从 2003 年"非典"事件之后，我国政府开始高度重视公共危机管理工作，各级政府开始着手建立公共危机管理体制和机制。但如何切实提升政府在公共危机决策过程中的能力，提高政府公共危机管理的效能，对于建立健全公共危机管理机制具有重要作用。

第一节 经典案例

本节以对经典案例进行的剖析，作为危机决策过程分析的实验材料，进而深化公共危机管理者对危机决策实际运行流程及其特点和规律的认识。

一、美伊人质危机

（一）案例背景

美伊人质危机或称伊朗人质事件，是指伊朗伊斯兰革命后，美国大使馆被占领，52 名美国外交官和平民被扣留为人质的一次危机。这场人质危机始于 1979 年 11 月 4 日，一直持续到 1981 年的 1 月 20 日，长达 444 天，最终以美国外交官被释放而告一段落。很多人至今仍认为，这场人质危机导致了当时的美国总统吉米·卡特竞选连任失败。

1979 年 4 月 1 日"伊朗伊斯兰共和国"宣布成立，巴列维王朝被彻底推翻。1979 年 11 月 1 日，新的伊朗领导人阿亚图拉赛义德·鲁霍拉·霍梅尼号召伊朗人民向美国和以色列示威。霍梅尼将美国政府称作"撒旦"和"伊斯兰的敌人"。1979 年 11 月 4 日，大约 500 名自称"伊玛目的门徒"的伊朗学生（这一数字在不同的报道中有所不同，具体数字在 300 至 2000 之间），在一次骚动中占领了美驻伊使馆的主体建筑。使馆的陆战队守卫只进行了象征性的抵抗，而使馆职员不得不破坏通讯设备并将敏感性文件予以销毁。在 90 名使馆工作人员中，有 66 名被扣，其中有 3 人是在伊朗外交部被俘的，作为要求美国交出巴列维的人质。

当时的美国总统吉米·卡特立即对伊朗施加了经济和外交压力：1979 年 11 月 12 日起终止从伊朗进口石油；一些伊朗人被美国驱逐出境（他们中很多人与人质危机或伊朗新政权没有任何关系）；大约价值 80 亿美元的伊朗人在美资产自 1979 年 11 月 14 日起被冻结；美国公开寻求与伊朗谈判。同时，卡特总统批准了一项代号为鹰爪的跨军种联合秘密营救行动。

这次营救任务落在三角洲特种部队（Delta）身上，这是赴越南作战的美军特种部队中训练有素的一支小分队。1980 年 4 月 24 日 22 时，美国尼米兹号核动力航空母舰悄无声息地停驻在伊朗附近平静的海面上，16 名飞行员和 180 名突击队员分别奔入早已检修完毕的 8 架直升机。

飞行途中，8 架直升机中有 3 架由于沙漠异常气候引发的沙尘暴等原因，无法保持正常飞行，先后离开飞机编队。而剩下的 5 架直升机，是不能按照原定计划完成营救任务的。卡特总统接到报告后，当即决定取消营救行动，命令所有的飞机和人员迅速撤离伊朗。然而更令三角洲特种部队狼狈不堪的是，撤离过程中又发生了运输机和直升机相撞的事故。4 月 25 日，美国政府第一次向新闻界公布在伊朗进行了一次营救作战的消息，并且宣告作战行动失败。

在此次营救的准备工作中出现了许多问题，如需要的装备供应不足，欠缺统一的指挥管制体系，人力与物资的调配都必须通过军方层层的官僚系统。由于无法找到飞行半径内适合的基地，而且当时的运输机尚不具备空中加油能力，所以导致整个营救行动成为一次难度非常高的特种部队作战。营救行动因遭遇沙漠风暴，一架直升机与一架 C－130 大力神运输机相撞坠毁，造成 8 名美国军人阵亡。此次行动的相关材料后来被伊朗人发现并展示出来，而遇难者遗体则被游行示威者带到德黑兰游街，并通过电视传遍全世界。反对此次行动的卡特政府国务卿塞勒斯·万斯为此辞职。这一次营救行动是美国高度机密的 Delta 特种部队首次参与实际行动，行动失败后使得美国军方决定成立特种作战司令部，统一指挥与规划所有与特种作战相关的训练、装备与任务。

（二）案例分析

1980 年 7 月 27 日巴列维国王逝世，9 月两伊战争爆发。1981 年 1 月 20 日，52 名美国外交官被围困 444 天后获得释放，美伊人质危机告一段落。美国方面，卡特在 11 月的总统竞选中败给罗纳德·里根，大部分分析家认为其在人质危机中表现出的无能是其失败的主要原因。但是也有未经证实的传言说，正是伊朗政府与里根的参谋团之间的非法交易，导致了人质释放时间的推迟。此事件的因果关系，危机决策、危机处理、危机谈判的过程，决策目标，决策机构，决策环境和决策策略都处于急遽变化、高潮迭起的动态过程中。①

1. 危机决策目标

危机情境中，决策者所面临的目标往往是多元的，不仅包括解决当前问题，亦包括组

① 薛澜，张强，钟开斌. 危机管理：转型期中国面临的挑战[M]. 北京：清华大学出版社，2003.

织的近期、中期和远期目标。人质危机伊始，有人主张确保美国国家利益，有人主张保护52位人质的生命和财产安全，更有人主张提高美国在中东地区的国际声望。卡特总统的危机决策目标有二：第一，保护美国的国家利益和荣誉；第二，安全释放人质。在此两大目标之下，引出五项与伊朗有关的目标，即维护美国在中东的利益；保持世界各国友邦对美国的信赖和支持；防止苏联扩张势力范围；保护美国公民在伊朗的合法权益；寻求联合国和国际法庭的支持。

2. 危机决策机构和人员

决策机构包括决策组织和决策者两个方面。在美伊人质危机中，决策组织以美国国家安全委员会为主，决策者偏重在布热津斯基（担任特别协调委员会主持）和范锡（担任政策审议委员会主持）之争。

卡特总统主持的国家安全委员会，包括特别协调委员会、政策审议委员会、国家安全会议。各个部门的政策制定完成后，需获得行政部门各单位的支持和执行。另外，为应对人质危机引发的紧急状况，国务院特成立机动部队作业小组和简报室，以密切与人质家属联系。整体危机决策者共计13位，包括总统、副总统、国务卿、副国务卿、国防部长、参谋长联席会议主席、中央情报局局长、国家安全局局长、白宫新闻秘书、白宫办公厅主任、司法部长、财政部长、副财政部长。

3. 危机决策环境

决策环境分为运作环境和心理环境，此次美伊人质危机则可分为外部环境和内部环境。危机环境与危机决策机构、危机决策策略等的变化息息相关。

（1）国际环境。在国际方面，伊朗的恐怖非法行为激起了世界各国的公愤。另外，从国际政治局势剖析美国政策背景，亦可发现此次人质危机和卡特政府的全球战略平衡有关。

（2）国内环境。美伊人质中危机中，卡特政府所面临的国内环境包括大众传媒、国会、美国总统大选和人质家庭联络行动团体等几个方面，他们均全力支持卡特政府。

4. 危机决策策略

在此次人质危机中，卡特的决策目标是兼顾国家利益和人质安全。同时，决策环境也影响美国外交政策，令卡特政府规划的策略较偏向于非暴力和不干预。大致而言，卡特政府采取的决策策略包括经济制裁、军事救援、寻求联合国安全理事会和国际法院的支持。

二、2002年莫斯科人质危机

（一）案例背景

2002年10月23～26日，莫斯科人质事件牵动了整个世界的神经，这是继美国"9·11"事件之后世界范围内最大规模的恐怖主义事件。在短短的60个小时内，700多名人质的安危、车臣问题的走向、俄罗斯总统普京的执政地位引起了全世界的关注。与许多人在危机之初预见的不同，普京并没有以"和平"的方式向恐怖分子妥协，没有以暂时的退让而遗留后患。尽管武力行动付出了血的代价，但危机在短短的60个小时内就得以解决，充分反映出俄罗斯的危机管理机制在实战当中的功效。

2002年10月23日晚，大约50名恐怖分子持枪潜入莫斯科轴承厂文化宫大楼，劫持了正在听音乐会的 700 多名观众和 100 多名工作人员,其中包括 75 名外国人。恐怖分子要求俄罗斯从车臣撤军,否则将枪杀所有人质,并炸毁文化宫大楼。消息很快被传开,人质事件震惊了全世界。之后,有报道说有两名女人质遭枪杀,其中一名 20 岁的女人质欲逃离剧场时被劫匪打死,另一位则是想进入剧院,因被车臣劫匪怀疑为俄罗斯女特工而遭枪杀;另外,还有两人受伤。事件发生当晚,普京立即组成了包括内务部、安全部和军队等强力部门在内的解救人质行动指挥部。在人质被扣押后的一个小时内,反恐部队便包围了事发现场,并布置了层层警戒线。

2002 年 10 月 24 日,普京亲临现场视察。

2002 年 10 月 25 日晚,劫匪向普京总统发出了最后通牒——必须在当地时间 26 日拂晓之前答应其将俄军队从车臣撤出的要求,否则将会杀死全部人质。危机发生后,国内各方要求确保人质的生命安全,和平解决人质危机的呼声很高,各界人士纷纷表态且看法各异。25 日,70 多名人质亲属在红场集会,要求政府满足恐怖分子的条件,以使人质早日获释。国际社会也希望俄罗斯能妥善解决人质危机。从 10 月 25 日晚电视节目公布的民意测验结果看,大多数民众对事态发展的前景表示悲观。前苏联总统戈尔巴乔夫主张对车臣劫匪做出适当的让步,以顺利解决人质危机;还有人对普京的车臣政策提出批评,要求停止对车臣的战争。面对国内外巨大的压力,普京态度坚决——如恐怖分子释放人质,可保证其生命安全,其他问题一概免谈。25 日,车臣劫匪释放了 19 名人质,其中有 8 名 6 岁至 12 岁的儿童,并答应再释放另外 75 名外国人质。但是,后来劫匪却改变了主意。

10 月 25 日午夜刚过,大剧院内就响起了枪声和爆炸声,原来是劫匪失去了耐心,开始枪杀人质了。据悉,一名男人质和一名女人质头部中弹致死,一些受惊吓的人质开始向剧院外逃跑,枪声随即又起。俄罗斯解救人质指挥部当机立断:为了大多数人质的生命安全,必须立即强行采取解救行动。指挥部一声令下,荷枪实弹的俄罗斯特种部队在装甲车的掩护下,悄悄挺进剧院。之后,30 名特种兵神不知鬼不觉地进入了文化剧院,并向剧院内的劫匪抛出了"昏厥弹"。就在劫匪神志似清非清时,特种部队的战士以猛虎下山之势火速冲进了剧院,弹无虚发地一个个撂倒了那些凶狠的劫匪,其中包括劫匪头目巴拉耶夫。特种部队同时向人质喊话,"保持镇静,赶紧逃出剧院!"整个人质解救行动历时约五六分钟。普京临危不乱,冷静决策,采取了迅速、坚决、果断的措施,以快刀斩乱麻的方式干净利落地成功解决了人质危机。

（二）案例分析

普京在此次危机中反应快速,行动果断,表现出了高超的危机处理能力和独特的人格魅力。事件发生之后,普京相继采取了一系列危机处理行动。[①]

1. 召集紧急会议,迅速为事件定性

普京坚守在克里姆林宫,密切关注事态发展,并取消了与德国总理施罗德的会谈;宣布不参加在墨西哥举行的亚太经合组织首脑会晤;迅速召集强力部门领导人紧急会议,讨论解决之策,并迅速对危机根源作出判断,确定人质事件是由"国外恐怖中心策划的"。这

---

① 吴江. 公共危机管理[M]. 北京:人民出版社,2004.

一系列措施初看起来有些不着边际，但却隐含着普京深远的战略考虑。首先可在一定程度上将人质事件与车臣问题剥离开来，从而减轻在车臣问题上所面临的压力；其次可把车臣问题与国际恐怖主义进一步紧密捆绑，从而获得广泛的国际支持；第三可借机寻找车臣问题背后的"黑手"，为今后断绝车臣武装分子的后路埋下伏笔。

2. 独树一帜的强硬态度

普京从一开始就明确表示要用武力解决，要最大可能地保证人质安全，决不妥协于国内和国际要求"和解"的压力而向恐怖活动低头。这在很大程度上稳定了民众的情绪，避免了国内外对普京的危机应对能力、俄罗斯在车臣问题上的立场变化乃至对俄罗斯国家命运的无端揣测。在过去几年里，西方对俄罗斯处理车臣问题的做法颇多指责，并要求俄罗斯政府通过和谈解决车臣问题，其中包括接受车臣分裂分子的部分条件。而恐怖组织也正是利用这一点，才制造了莫斯科人质事件，企图通过内外压力迫使普京政府妥协。如果人质危机久拖不决，普京在人质事件发生后几小时内获得的广泛支持或许就会荡然无存，而普京几年来培养起来的民意基础也将受到损害，他别无选择。在处理人质上，普京独树一帜的强硬态度得到了不少评论人士的肯定。

3. 紧急关头权衡得失，敢于负责果断决策

此次人质事件涉及近千人的生命，而恐怖分子又提出当局几乎不可能答应的无理要求，大多数媒体及观察家对此事的解决表示悲观，普京也面临着上任后最严峻的一次考验。但普京镇定自若，果断决策，在 4 名人质遇害之后果断下令特种部队出击，抓住最佳时机以迅雷不及掩耳之势击溃恐怖分子，避免了更大的人员伤亡，不仅赢得了俄罗斯民众的信赖，也得到了国际社会的普遍赞扬。普京的坚定信心与正确决策保证了俄罗斯危机管理机制的高效运转，从而使得人质事件以较小的代价得以成功解决，避免了危机的进一步扩散与蔓延。随机应变、反应快捷可谓克里姆林宫危机管理制胜的要点。当成功和失败的机会各占一半时，是最难下决心的，特别是议会体制培养出的政治家，很少有人敢于对失败负责。除了态度暧昧外，西方传统政治中的另一个特色就是妥协，政治家们不喜欢作决断，除非被逼无奈。只要有可能，一个政治家往往会尽量做出一个妥协的决定，即不会冒犯任何人或有损任何利益的决定。而普京却完全不同，他敢于作决策，也勇于负责任，这正是他的人格魅力所在，也是他深受俄罗斯人喜爱的原因。

4. 信息公开透明，注重沟通

截至 2002 年 10 月 30 日，俄罗斯官方公布的人质死亡人数是 119 名。面对来自部分西方媒体和人权组织的质疑，普京政府采取了积极的应对措施。10 月 26 日晚，普京在国家电视台发表声明为人质伤亡道歉；10 月 27 日，俄罗斯总统普京签署命令，宣布10 月 28 日这一天为俄联邦全国哀悼日，以悼念在恐怖分子劫持人质事件中的遇难者；10 月 28 日，在莫斯科市内各处的电视大屏幕上，都以黑底白字打出了普京发表电视讲话时的一段话，"我们没能解救他们（人质）所有人的生命，请原谅我们。让我们与对于死者的怀念同在。"

普京的诚恳态度赢得了人们广泛的赞誉，在大多数俄罗斯人看来，普京与那些逃避责任的政客截然不同，他是一位有胆识、有责任感、有人情味的政治家。"对死难者的怀念使我们更团结一致"——普京的这句话开始在俄罗斯民间流传,他本人也因此得到了更大程度的信赖和支持,而民意也变得更加倾向于反对车臣独立。与此同时,俄罗斯政府也正式对人质危机中的种种疑虑做出解释,通过公开透明而不是掩饰的方式,化解了可能会对俄罗斯政府不利的传言和误解。

2002 年 10 月 28 日,莫斯科一家报纸表示,在有近千名人质的情况下,只要死亡人数不超过 1/3 就是成功。同一天的《消息报》也载文指出:"如不采取突击行动,全部人质必死无疑。"莫斯科国际关系学院的一位教授在接受记者电话采访时说:"警方在事发现场找到了至少 150 公斤炸药。试想一下,如果当时不采取断然措施,这些炸药足以炸毁整个剧院并危及附近居民的生命安全。因此,这是最佳解决办法。

退一步讲,如果满足恐怖分子的要求,将带来无穷后患。在谈到人质死因时,一位年轻人对记者说:"人是死得多了一些,但这也是不可避免的。虽然如此,我仍然认为普京是真正的男人!"一位退休老人说:"这不能责怪普京,他已经尽全力了。"最新的舆论调查也显示,85% 以上的俄罗斯公民赞同普京在莫斯科人质事件期间采取的行动。

5. 对恐怖活动决不手软

2002 年 10 月 26 日,普京便下令驻扎在车臣的军队开始对叛匪进行新一轮的剿灭;28 日,普京又发布命令,责成俄罗斯军方重新拟订打击恐怖主义的作战计划,用以压制恐怖分子"越来越冒险,也更为残忍的"袭击手段。这种明确的态度无疑给了惊魂未定的莫斯科人以积极的心理暗示,政府不会就此罢休,为了俄罗斯人民的利益,普京会把反恐进行到底。普京的反恐态度赢得了各国的普遍尊重和支持,并顺理成章地将打击车臣分裂主义活动归并为与美国打击基地组织同样的世界反恐运动,即便是以往经常批评俄罗斯车臣政策的美国也默认了这一点。就这样,普京又一次把一副看起来尴尬难处的烂牌打出了气势,打出了成果,进而创造了一个世界反恐行动、国家、个人三赢的局面。

第二节 实验理论与技术准备

本节通过实验法和技术的描述,帮助学生理解掌握公共危机决策的具体实践,包括公共危机决策的内涵、决策过程特点以及决策流程等的详尽介绍和分析。公共决策在任何社会公共治理结构中都处于核心地位。首先,在危机决策的基础上,从决策概念提出危机决策的特点,梳理公共决策包括的体制与公共危机决策的阶段划分;其次,从包括和平时期常规状态下的程序化决策和危机时期非常规状态下的非程序化决策两个方面,提出危机决策的几种主要方法与流程分析的模型。

一、公共危机决策的内涵

公共危机是指直接影响国家政治稳定、社会运行和公众基本生活的巨大的、毁灭性的灾难或危机,且这些事件是私人部门或个人、家庭不能也不愿解决的,称之为公共危机。危机决策是公共危机管理的核心与关键,危机决策能力的高低直接关系到公共危机管理的效能。危机管理需要一个既使用权威又使用民主的决策程序,在此环境下激发决策者做出一个富有弹性但又极具力度的决定。管理能力就是在及时决策和民主参与之间寻求平衡，以及在目标层层分解、责任到人和全体员工齐心协力相统一的核心目标之间寻求平衡。①

危机通常是决策者的核心价值观念受到严重威胁或挑战，有关信息很不充分，事态发展具有高度不确定性和需要迅速决策等不利情境的汇聚。而公共危机管理即要求政府在面临着高度不确定性和极其复杂的外部环境，以及决策时间紧张和可利用资源有限的条件下，进行应对公共危机的活动和过程。公共危机决策是指在政府主导下，政府、社会团体、公众和新闻媒体共同参与，在有限的时间、资源、人力等约束条件下，综合考虑公共危机产生的原因、涉及的范围、可能产生的后果，以最快的速度为解决公共危机从多种可能的备选方案中加以选择和决断的非程序化过程。

公共危机决策的根本目的是以最快的速度、最小的成本控制公共危机事件，阻断危机的发生，减轻危机的危害程度，积极主动地调整、控制并促使公共危机向有利的方面转化，最大限度保护民众的生命和财产安全，维护国家利益。② 在公众参与背景下，政府决策能力主要包括设计能力、引导能力、沟通能力和法治能力；另就政府危机决策达到最优化而言，则可涵盖以下四项条件。③

（1）决策者须全面掌握有关危机的内部与外部环境信息。

（2）决策者需根据外部信息，制订出可行的备选方案，并且能够预测方案实施的效果。

（3）决策者应构建一个自上而下的组织体系，以确保危机决策得以快速且高效地贯彻执行。

（4）决策者做出的决策能够实现自身利益的最大化；其次，在公共行政的危机决策能力中，政府官员、公共管理者的危机管理意识、知识和能力，以及整个社会公民对危机的认识和应对能力都是十分重要的因素。

二、公共危机决策体制

针对公共危机决策而言，中枢系统、信息系统、咨询系统、制度系统相互交融，共同构成了公共危机决策体制的完整体系，其中中枢系统是核心，信息系统和咨询系统是辅助，制度系统是保证。公共危机决策过程中的一切活动都要围绕公共危机决策各系统的有机结合来进行，公共危机决策各系统的运作效率直接决定公共危机管理的效率。

（一）公共危机决策中枢系统

公共危机决策中枢系统是指按照一个国家或地区的有关法律，在危机状态下，拥有做出最终决定的权力并承担相应责任的决策者和决策机构。公共危机决策中枢系统是公共危机决策系统运转的核心部门，也是一切公共危机决策活动的中心。公共危机决策者的主要任务就是针对危机的发展状态作出判断，确认危机的性质，找出危机发生的原因及其症结所在，据此制定相应的对策，并不断监测危机进程，适时调整措施或制定新政策，对整个

① ［澳］罗伯特·希斯. 危机管理［M］. 王成，宋炳辉，金英译. 北京：中信出版社，2001：259.
② 王泽东. 论公共危机决策的特点及体制［J］. 牡丹江大学学报，2012(21；2).
③ 刘权. 公共行政现代化过程中的政府危机决策［J］. 广州大学学报：社会科学版，2004(11).

危机治理具有全面指导和决策的作用。决策者素质的高低是公共危机决策中枢系统的关键，决策者的群体结构，包括群体知识能力结构、人际关系结构等也十分重要。此外，公共危机决策者应该树立全局性的宏观决策理念、科学决策的理念、公开透明的决策理念和效率至上的决策理念。公共危机决策机构是决策方案的重要组织者、参与者、拟制者和执行者，它分为常设机构和非常设的临时机构。常设机构是公共危机决策中枢所倚重的基本机构，是应对公共危机的专门机构；非常设的临时机构是在现行法定体制之外的临时性机构，通常在常设机构难以有效应对即将或已经发生的重大危机时临时设立，与常设机构相比，其规模相对较小、层次高、反应快、保密性高。常设机构和非常设的临时机构都是决策中枢运转的基本机构，其主要职责是：预测危机；为决策中枢提供决策所需信息和专业咨询；执行决策方案并在执行中向决策中枢反馈执行信息。

（二）公共危机决策信息系统

完备的信息系统对于及时获取准确、全面的信息起着十分关键的作用。公共危机决策信息系统包括信息收集与处理、信息传播与发布等基本职能。

首先，建立信息收集与处理机制。公共危机决策者应当着重收集以下信息：一是反映危机事件性质和状况的信息；二是反映危机事件后果和影响的信息；三是危机事件涉及公众对象的相关信息。公共危机信息事关人们的生命财产安全，甚至国家安全。因此，收集信息不仅要及时，更要真实。其次，建立有效的信息传播机制。及时发布信息可以保障公民的知情权，以免造成恐慌；有利于树立权威的信源形象和设立权威的信息传播途径，减少流言和谣言传播及其负面影响，避免出现不利的舆论导向。信息发布的组织保障一般是建立媒体中心，设立新闻发言人。

（三）公共危机决策咨询系统

公共危机决策咨询系统又称智囊团、脑库、思想库、思想工厂或智囊系统，其主体是专家学者、社会组织或特设的机构。公共危机决策咨询系统是为决策中枢系统服务的辅助工作机构，是广泛开发智力，集思广益，协助决策中枢系统进行决策的组织形式。同时，决策咨询系统是独立于决策中枢系统的。公共危机决策咨询系统的成员构成既要考虑专业需要，又要打破部门界限；既要考虑德高望重的老专家，也要考虑一些做出卓越贡献的中青年人才；还要吸收有关部门和地方的代表，以及有关各类不同意见的代表，使智囊团成员具有广泛的代表性。

（四）公共危机决策制度系统

公共危机决策制度系统是用来保障公共危机决策机制平稳高效运行的法律、政策、原则、规定、程序等要素的总和，是公共危机决策机制运行的基本依据。缺乏公共危机决策制度系统或制度系统不完备，公共危机决策机制就会缺乏动力、活力与强制力，就会发生系统混乱和偏转。公共危机决策制度系统主要包括以下四部分：

1. 公共危机决策运行制度

公共危机决策运行制度是保障决策正确制定的法律、法规的总称，是公共危机决策的基础。我国从 1954 年首次规定戒严制度以后，陆续颁布了一系列与公共危机管理有关的法律、法规，各地方也颁布了适用于本地区的地方法规，从而初步建立了一个从中央到地方的公共危机管理法律规范体系。2007 年颁布实施的《中华人民共和国突发事件应对法》进一步完善了公共危机管理法律规范体系，对突发事件的决策和应对行为进行了严格规范，对不可克减的公民权利，以及在突发公共事件与紧急状态时期政府可以享有的紧急权力和可以采取的紧急措施做了详细规定。

2. 公共危机决策绩效管理制度

公共危机决策绩效是指决策者和决策机构在危机决策中的业绩、效果、效益及其决策工作中的效率和效能，是决策者在行使其职能和实施其意志的过程中体现出的管理能力。因此，建立科学的危机决策绩效管理制度与适当的奖惩制度，使政府明晰权责，协调合作以做出"满意的"危机决策，这样才能切实落实政府"服务"的宗旨和高效的目标。

3. 公共危机决策监督制度

任何没有监督的决策都伴随着危险和风险，政府通过将专门机关监督、政协民主监督、民主党派监督、司法监督、群众监督、舆论监督等很好地结合起来，形成监督合力，提高监督效果。对于强化公共危机决策的监督制度，应该以法律制度形式为公共危机决策监督扫清路障。通过制度化的监督，为决策者提供发现并解决问题的能力，从而提高政府的危机决策水平。

4. 公共危机决策问责制

行政问责应该贯穿于行政管理过程的始终，行政决策问责是行政问责的首要环节。行政决策问责是否完善，直接关系到政府问责的成败，关系到广大人民群众的利益是否得到维护和实现。因此，在公共危机决策中大力推行问责制有着更大的实践意义。公共危机决策问责主要从道德责任、政治责任、法律责任三个方面追究公共危机决策者的责任。

三、公共危机决策过程的特点

实际情况中，危机决策经常建立在非程序化、信息不对称、高风险性、决策资源有限性等基础上。因此，我们必须学习如何尽可能地从各种组织日常运作中所发生的众多危机案例中寻找普遍的规律和原则，最大限度地降低危机决策中因信息短缺而产生的缺失。换言之，即在进行危机决策过程的分析时，必须先理解危机事件当下的决策特点，以作为分析决策过程的重要依据。一般来说，危机决策属于非常规决策，其特点包括以下五个方面。

（一）非程序化

当危机出现时，有关危机决策的时间、信息、备选方案、人力资源等均十分有限，决策者需在不损害决策合理性的前提下，在一定程度上依靠自己的经验判断来做出决策。公共危机管理决策是典型的非常态非程序化决策，亦是检验现代政府决策能力的一个重要标尺。公共危机状态下，可能出现社会失序与心理失衡的情况，为控制局势、稳定人心，有关的协调救援行动均需要权威机关组织与政府官员的及时介入和权威信息的及时发布，进而能实时出台权威决策。因此，在进行危机决策时应尽量简化决策步骤，抓住关键步骤和步骤中的关键环节，因势而定。另外，除需决策者的经验、洞察力和直觉外，决策者亦需果断地做出决定，在分析和处理非程序化决策时更需勇于创新。

（二）信息不对称

公共危机决策过程中之所以出现信息不对称现象，是因为公共危机事件本身潜在的突发特性，导致对于有关事件的反映存在模糊、散乱与混沌不明等现象。此种信息状态极易导致决策主体与决策者所掌握的信息与真实信息之间严重的"不对称"。公共危机决策的信息不对称，主要体现在信息不完全、信息不及时、信息不准确三个方面。在危机决策过程中，决策者可能会受到信息不对称的影响。在公共危机决策的过程中，信息从输入到输出必须经过发现问题、确定目标、选择评价标准、拟定方案、评估方案以及最后的方案实施等步骤。但是，信息在传递和反馈的过程中若出现失真的情况，则难以保障信息的准确性和有效性。

（三）高风险性

不同的决策条件伴随着不同的决策风险，不确定性越高则风险越高，不确定性越低则风险越低。一般而言，在时间和空间条件相对苛刻的情况下不确定性往往较高，而在时间和空间条件相对和缓的情况下不确定性往往会较低。由于危机决策者往往需要在非常有限的时间内及缺乏相关知识经验的条件下，做出防止危机进一步恶化和扩大的决策，所以此类型的决策更加依赖于决策者的经验，即可能导致决策的准确性较低，使得决策本身潜存很大的风险。因此，公共危机决策所需承担的风险比一般公共决策还要高得多，危机决策者在决策过程中除需尽可能地降低决策风险，亦须做好承担风险的思想准备和物质准备，以将各种损失减到最低限度。

（四）决策资源的有限性

公共危机决策的有限性涵盖时间资源、所需信息和人力资源的有限性。在时间资源有限性方面，公共危机的突发性、严重性和高破坏性往往使决策者难以有足够的时间和条件充分征求各方面的意见，若只是按程序处置或人为拖延时间，则可能错失良机而导致危机加剧和扩散，甚至造成灾难性的后果。在信息资源有限性方面，由于公共危机的出现、发展及影响皆具有高度的不确定性，而此种不确定性往往与缺乏相关知识和经验相关，故在危机来临时，常令人感到措手不及。在物质资源有限性方面，在公共危机决策过程中，决策者往往也会受人力、物力和财力资源的限制。因此，如何能在时间资源和信息资源有限的条件下，调动各方面的人力、物力和财力资源来应对危机，是一项十分艰巨而复杂的任务。

（五）常规决策与危机决策比较

由于决策问题和决策环境不同，导致常规决策和危机决策之间存在很大的差异，如表6-1所示。虽然常规决策和危机决策看似相互分离，但实际上两者有着紧密的内在联系。一方面，危机决策所涉及的突发性危机事件往往是由于常规决策中的不公正、不民主、不实时等对社会带来的潜在影响所造成的。另一方面，常规决策中的制度构建必须从危机事件以及非常规决策过程中吸取有益的经验与教训，以尽可能地降低危机决策的不确定性。因此，在日常的公共决策中，要采取科学民主的决策方式，以便在源头降低危机事件发生的可能性；在应急的危机决策中制定有效的危机管理计划，以修正和调整常规性决策，标本兼治。[①]

---

① 薛澜，张强，钟开斌. 危机管理：转型期中国面临的挑战[M]. 北京：清华大学出版社，2003.

表6-1　常规决策与危机决策比较

决策类型	特　　点	决策制定技术	
		传统式	现代式
常规决策	程序化的:常规性、反复性决策,组织为处理上述决策而研究制定特定过程	习惯,标准操作规程	运筹学,数学分析,模型,计算机模拟,电子数据处理
危机决策	非程序化的:首发性、紧迫性,问题本身结构化程度低,无可参考的经验	判断、直觉和创造性;概测法;管理者的遴选和培训	探索式问题解决技术

四、公共危机决策的模式

公共决策体系在任何社会的公共治理结构中都处于核心地位,它包括和平时期常规状态下的程序化决策和危机时期非常规状态下的非程序化决策两个方面。澳大利亚危机管理问题专家罗伯特·希斯(Robert Heath,2001)将危机管理决策划分为两种模式——危机事前决策模式和危机事中决策模式。[①] 危机情境下,特殊的决策问题与决策环境会给决策者造成高度紧张和压力,决策者必须采取特殊的决策方法和艺术。

(一)危机事前决策

危机事前决策在时间允许与信息充分的情况下,应当多方参与,通过集体决策、评估做出最优决策。危机事前决策包括以下步骤:

(1)确认决策面临的问题。预期情境与实际情况间存在差距,决策者在决策初期需明确问题的存在。

(2)确认决策标准和事实。决策者不仅要寻求各种可能的标准,还要对其相应的结果进行评估。

(3)决定评估标准、方式和权重。为保持系统性和连贯性,每一个标准的权重和含义应通用于计划决策方案及其备选方案。

(4)制订备选方案。决策者可通过集思广益的脑力激荡,以及正式与非正式的专业咨询,形成所有可能的备选方案,以寻求更多的选择和方法。

(5)评估备选方案。一旦替代方案形成后,决策者需评估它们各自对有效解决问题的贡献。

(6)选择一个备选方案。决策者从所有替代方案中挑选出最优备选方案。

(7)执行备选方案。

(8)检验与评估决策程序以及备选方案的执行结果,以提高决策水平,并选出最优决策。

(二)危机事中决策

危机事前决策是基于决策者的理性思考产生的,然而在危机情境下,决策者亦有可能出现失误。在此阶段的决策需思考三个关键性问题,包括如何保护并有效配置现有资源?

① [澳]罗伯特·希斯.危机管理[M].王成,宋炳辉,金英,译.北京:中信出版社,2001:259.

如何获得更多的信息？如何获得更多的时间。基于此种情况，罗伯特·希斯提出危机事中决策模式——在真实的决策环境中，理性非常有限，层出不穷的问题和纷乱的决策往往交织在一起，组织文化甚至会扭曲决策者的看法，以致出现盲点。因此，现实中的决策更可能是跳跃式理性思维的集合，决策者更倾向于构建简单模式而非复杂模式，同时决策者亦可能会制定较满意的或是次优的决策。

按照罗伯特·希斯的分析，危机决策不仅要重视危机事件发生后的事中决策，也要注重组织日常运作中的常规决策。从现实来看，危机发生后组织很难在压力很大和时间有限的情况下，迅速作出决策以控制危机事态的蔓延；而且，各类决策者往往不能从已发生的危机中吸取教训，导致政府在危机情景下决策时没有足够的可支配政策资源，从而影响和制约了决策系统功能的正常发挥。

五、危机决策过程分析的主要方法

危机决策通常是在高度紧张和压力下，快速制定出的重大决策和反应。以下针对不同的危机情境，介绍几种源于常规决策实践的方法，对于进行危机决策具有借鉴意义。

（一）危机决策流程分析法

对于各种决策的运作流程，目前已有一套系统化的程序以及能用于处理当今各种社会问题的决策分析方法。简单而言，危机决策流程可分为危机决策的问题界定、目标设定、方案规划、方案选择以及绩效评估等几个阶段，如图 6-1 所示。[①]

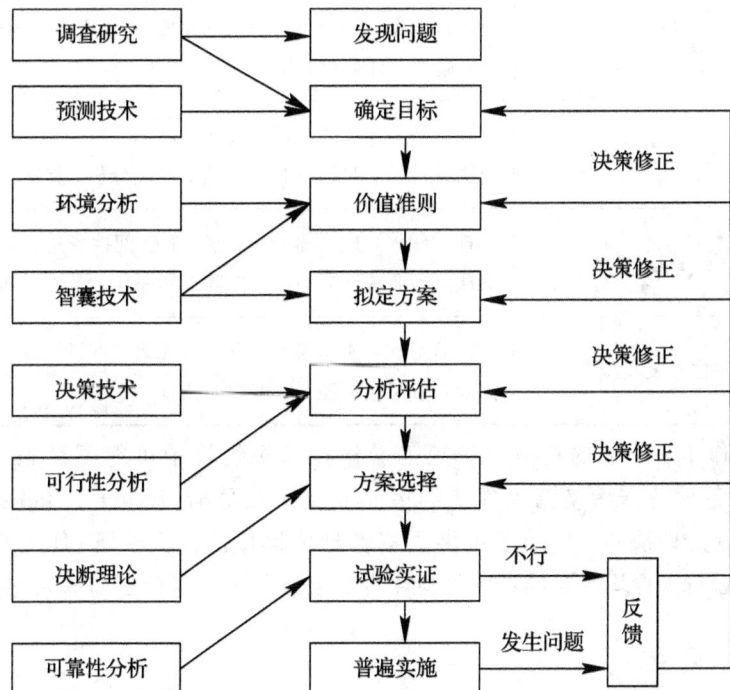

图 6-1　危机决策流程

---

① 贺仲雄，王伟.决策科学：从最优到满意[M].重庆：重庆出版社，1988：51-62.

（二）快速决策分析法

快速决策分析是指能够迅速依据理论制定政策的一套方法。卡尔·帕顿（Carl B. Patton）和戴维·沙维奇（David S. Sawicki）把快速、初步政策分析方法的过程区分为六个步骤，即认定及细化问题、建立评估标准、确认备选方案、评估备选方案、展示和区分备选方案，以及监督和评估方案实施；此过程中的主要步骤都能分成更小的部分，危机决策者可通过各种不同的路径来完成危机决策分析的过程。有关危机决策流程的分析，则可对分析过程中的步骤实行快速决策分析法，相关分析过程中的步骤与初步方法如表 6-2 所示，[①]其中分析过程中的步骤与初步方法可作为危机发生时快速进行决策分析的依据。

82

表 6-2　快速决策分析过程中各步骤的初步方法

分析过程中的步骤	初 步 方 法
所有步骤	甄别、收集资料，文献调查，政策信息访谈，快速调查，初步资料分析，传播分析
步骤 1：认定及细化问题	简单计算，快速决策分析，政治分析，问题报告
步骤 2：建立评估标准	技术可行性，经济和财政可行性，政治可行性，行政操作性
步骤 3：确认备选方案	研究分析，快速调查，文献述评，头脑风暴法，现有方案的修正，非行为分析，可行性操作，分类的完善，与理想模式的比较，模拟、暗喻和群体生态法
步骤 4：评估备选方案	外推法，理性预测法，直觉预测，折扣分析，传感性分析，快速决策分析，政治可行性分析，实施分析，脚本写作
步骤 5：展示/区分备选方案	排列顺序，成对比较，满意，非支配性备选方案，等价备选方案法，标准备选方案法，矩阵展示系统，脚本写作
步骤 6：监督/评估方案实施	前后对比，实验模型，有为与无为的实验对比，实际与预期的比较，半实验模型，成本取向法

在实际操作中，前述的科学决策规范操作在危机情境中可能不易施行，很多决策者往往会受到各种特殊困境与条件所约束。欧文·贾尼斯（Irving L. Janis）针对复杂且严重的危机问题处理决策，提出了可供决策者具体操作的四大步骤（如图 6-2 所示），[②]其中的决策流程与步骤均针对约束条件与注意事项进行了详尽分析与深入探究。

---

① ［美］卡尔·帕顿，戴维·沙维奇. 政策分析和规划的初步分析［M］. 孙兰芝，胡启生，译. 北京：华夏出版社，2001：55.

② Irving L. Janis. Crucial Decisions：Leadership in Policymaking and Crisis Management. New York：the Free Press，A Division of Macmillan，Inc，1989：89-96.

挑战：威胁或机遇，如危及重要利益的危机	步骤1：问题确认 (1)所需条件：需要转移的问题、所要达到的目标、把问题维持在组织承受范围内 (2)寻求可能的最佳决策路径(尽可能地创造备选方案)	步骤2：利用各种信息资源 (3)能找回或重新获得哪些需优先考虑的信息 (4)需要获得哪些新信息：专家的意见、情报系统的报告等	准确搜集、评估和计划后，确保决策程序中不会发生以下问题： ●遗漏所需搜集的问题 ●遗漏备选方案 ●信息收集不够 ●处理所获信息时带有选择性的主观偏见 ●未能重新审视那些初期被淘汰的方案 ●未能核准所偏好选择的重大成本和风险 ●未能制定决策执行、监控过程和防止意外事故的详细计划	终止——对所选方案的内部巩固 ●发挥优点，克服缺点，完善方案 ●寻求支持性的信息 ●反驳对有关方案缺陷的种种批评
		步骤3：分析和方案形成 (5)所需条件是否有例外或有无变化 (6)有无额外的备选方案可供选择 (7)有无额外的能减少不确定性的信息		备选方案的社会许诺 ●对相关利益群体宣布方案 ●提高方案，特别是通过独立的政策执行者和政策评估者
		步骤4：评估和选择 (8)每一个备选方案的优缺点是什么 (9)哪一个备选方案可能是最佳的 (10)有无未能满足的条件 (11)如何最小化潜在的成本和风险 (12)实施监控及防止意外事故需要什么附加计划		

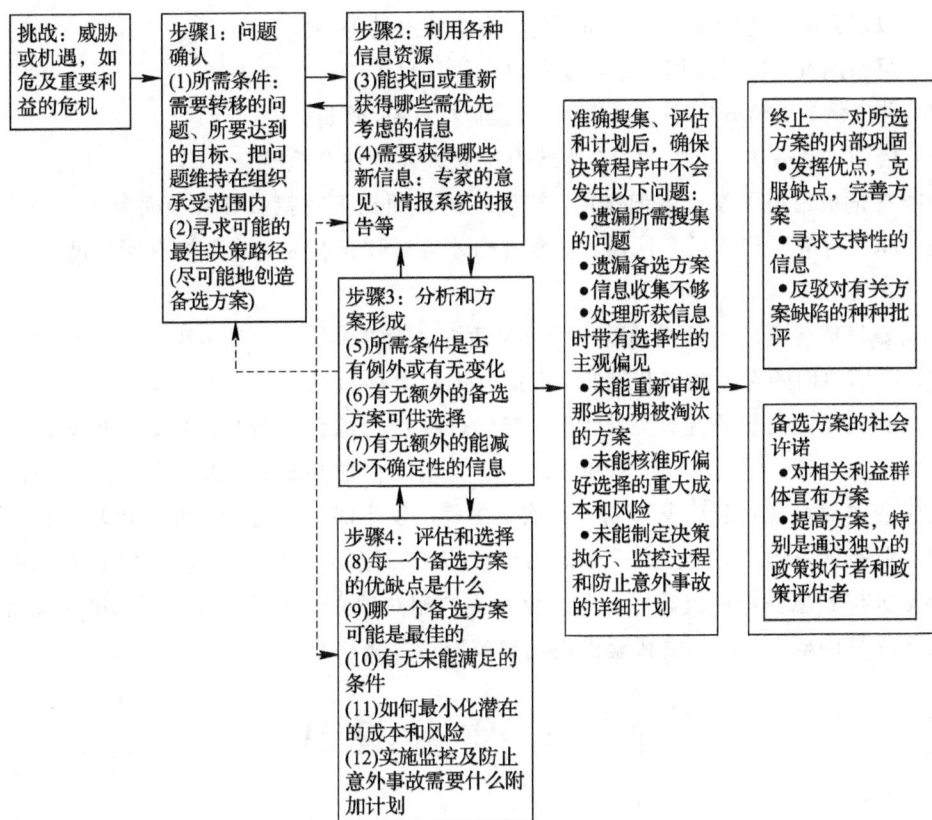

图6-2 重大决策、危机决策的主要步骤

（三）专家紧急咨询法

为保证决策者对决策问题、备选方案的考察，对信息的收集与处理，以及对权变性计划的拟定，危机决策者需充分利用各类专家智囊机构的作用。[①]

1.智囊机构与事前专家库的建设

现代危机决策的智囊机构是由具有专门知识的专家、学者按照一定的目标或方式组成的专门提供智力成果的软科学研究机构。根据智囊机构的性质，可将在危机管理中发挥决策功能的智囊机构分为以下三类。

（1）行政性的决策、咨询机构。一般而言，行政性的决策、咨询机构多为隶属于各级党委和政府及其下属部门的从事信息收集、政策研究的机关。

（2）半官方的政策研究、咨询机构。半官方的政策研究、咨询机构是指独立或介于官方和民间的，以客观分析政策为目标的研究机构。

（3）民间的政策研究、咨询机构。民间的政策研究、咨询机构包括一些协会的研究组织，公司、大学的研究所等。

现代智囊机构对政府决策具有的五项基本功能：

（1）收集信息，进行科学预测，充当政府的望远镜。

---

① 薛澜，张强，钟开斌.危机管理：转型期中国面临的挑战[M].北京：清华大学出版社，2003.

（2）拟定方案，进行综合分析和评价，充当政府的外脑。

（3）跟踪调查，提供反馈信息，充当政府的耳目。

（4）独立调查，公开甄别事件诱因，充当政府的监督员。

（5）培训、储备和交流人才，充当政府决策人才的储存机构。

为能在危机情境下发挥咨询作用，智囊机构必须在平时就做好各项研究工作，模拟危机情境，理清对策思路。只有这样，智能机构才可对政府有效处理危机有所帮助。

2.专家预测与紧急咨询

首先要发挥智囊团的危机预警作用，为危机决策提供信息。危机决策者可组织各领域的专家，运用他们的专业知识和经验，根据预测对象所处的社会与自然环境，通过直观归纳法对预测对象的历史状况、实时状况、变化过程进行综合分析与研究，并预测社会变迁中危机发展的领域、可能性、频率和强度，建立基于科学基础的危机决策，以帮助政府制定危机应变的战略规划和应急计划。其次，在危机发生时，危机决策者必须基于智囊机构拥有的专业技能基础上，充分发挥他们的积极作用。值得注意的是，决策者在利用专家预测和智囊机构紧急咨询的过程中，需让智囊机构相对独立地进行工作，而危机决策者则应拥有独立决策的权力，而非由智囊机构代替政府做危机决策。

第三节 实验设计

一、实验目的

通过对理论概念的梳理与经典案例的剖析，可使学生掌握公共危机管理决策过程的相关知识与具体流程的实践，同时锻炼学生对危机管理决策过程的分析能力。

二、实验步骤

（1）通读实验技术方法等材料，掌握分析公共危机管理决策的理论及其流程分析的相关知识，并了解政府危机决策的特点，以及公共危机决策流程的相关步骤与方法，从而提升学生对公共危机决策路径的选择能力。

（2）通过经典案例剖析，找到个案在公共危机决策过程中的相关分析。

（3）对于危机决策过程可能存在的困境与特点进行扩充，以形成多项可供选择的意见。

三、实验要求

（1）为学生确定角色：在个案情境中，扮演各决策机构与决策成员。

（2）为学生确定任务：鉴于原有战略实施严重受阻，需要马上决策。

（3）为学生确定题目：根据实验材料，提供案例一的危机决策目标、决策机构、决策环境与决策策略等意见，以及透过案例二分析我国危机决策过程的现状。

（4）为学生确定时间：开始讨论后，需在30分钟内达成一致意见。

（5）实验时间为 2 小时。

四、实验成绩

序号	实 验 要 求	分值
1	能否进入个案中危机决策机构成员的角色	20
2	讨论是否积极认真	20
3	能否决策出解决难题的答案	30
4	是否语言流畅、文字简练、条理清晰	30

五、思考题

（1）根据实验方法与技术，分析我国政府危机决策可能存在哪些困境？

（2）承前题，就我国政府危机决策现状，思考可改进的途径。

第四节 实验材料

随着经济体制改革的深化，纵观现阶段政府危机管理的客观环境，易于诱发公共危机的因素主要有以下几点。

（1）各阶层、团体等社群对于破旧迎新的认识与接受程度存在一定差异，这将引发一些观念冲突。

（2）收入分配差距继续扩大，贫富差距日益悬殊，机会的不平等和结果的不平共存，易导致社会矛盾增多。

（3）急速的产业结构变动，就业形势严峻，极易引起经济生态失衡和较为严重的社会矛盾。

（4）城乡差别、地域差别等发展不平衡现象没有得到有效遏制，社会保障、教育、住房、公共医疗、土地等问题突出。

（5）气候变暖、沙尘暴、外来物种侵害等环境问题严重，自然灾害频繁。

（6）国际环境中影响和平与发展的不确定因素增加。

我国有关危机管理的机制措施与法律法规的出台，社会团体和公众的参与，特别是一些科研机构、政府内部咨询系统（如参事室）等智囊机构的参与，有助于提高危机决策的科学性，为日后解决类似危机提供参照方案。[①]

以第一节的"美伊人质危机"与"2002 年莫斯科人质危机"两个经典案例为实验材料，应用危机决策过程分析的三个主要方法（危机决策流程分析法、快速决策分析法、专家紧急咨询法），进行相应的危机决策过程分析。

---

① 陶叡. 浅析公共危机决策和公共危机管理[J]. 江西科技师范学院学报，2007(4).

第五节 实验报告

院系		专业	
班级		学号	
姓名			
实验名称			
实验成绩			

一、实验目的

二、实验原理

三、实验步骤

四、实验数据(各组情况)

五、实验结果

六、讨论分析(完成指定的思考题和作业题)

七、实验总结及实验改进建议

备注:

实验教师:

实验日期:

第七章　公共危机应急处置

社会生活中，各种自然灾害、突发事件对人民的生命财产和社会的经济政治秩序，甚至国家安全都可能造成巨大的影响。公共危机管理体系是政府公共组织系统的核心部分，而建立规范化的公共危机应急处置机制，以快速、全面、正确地应对各种危机事件，最大限度地减少危机产生的消极影响，营造可持续发展的稳定环境，就成为公共危机管理中亟待解决的一个核心课题。

第一节　经典案例

一、2000 年康泰克 PPA 事件

（一）案例背景[①]

2000 年 10 月，美国耶鲁大学的《出血性中风课题》调查发现，4% 的脑出血患者在中风前曾服用过含 PPA 的药品。美国食品及药品管理局（FDA）的非处方药顾问委员会于 2000 年 11 月 6 日提议将苯丙醇胺（PPA）重新列入"非安全类药物"之中。这个提议将影响含有苯丙醇胺（PPA）的一大批非处方药物的生产和销售。为保证人民用药安全，我国药品监督管理局于 2000 年 11 月 6 日发出紧急通知，要求立即暂停使用和销售所有含有 PPA 的药品制剂，同时暂停国内含有 PPA 的新药、仿制药、进口药的审批工作，中美史克公司的康泰克和康德两个品牌赫然在列。

当中美史克公司接到天津市卫生局的暂停通知后，立即组织了由 10 位主要部门主管组成的危机管理领导小组，负责制定应对危机的立场基调，并配备了 10 余名工作人员负责协调、跟进各小组工作。沟通小组负责对外的信息发布和内、外部的信息沟通；市场小组负责加快新产品开发；生产小组负责组织调整生产并处理正在生产线上的中间产品。

11 月 16 日上午危机管理小组发布了危机公关纲领：向政府部门表态，并执行政府暂停令，暂停生产和销售康德和康泰克；通知经销商和客户立即停止康泰克和康德的销售，并取消相关合同；停止广告宣传和市场推广活动。

11 月 17 日中午，史克公司召开全体员工大会，总经理向员工通报了事情的来龙去脉，并表示了公司不会裁员的决心，此举赢得了员工空前一致的团结精神。同日，全国各地的 50 多位销售经理被迅速召回天津总部，由危机管理小组对其做深入的思想工作，以保障企业危机应对措施的有效执行。18 日，这些销售经理带着中美史克的《给医院的信》和《给客户的信》回归本部，在全国各地按部就班地展开应急行动纲领。另外，公司专门培训了数

① 薛澜，张强，钟开斌. 危机管理：转型期中国面临的挑战[M]. 北京：清华大学出版社，2003.

十名专职接线员，负责接听来自客户、消费者的咨询电话，并做出准确专业的回答以打消其疑虑。

11月20日，中美史克公司在北京召开新闻媒介恳谈会，做出了不停投资和"无论怎样，维护广大群众的健康是中美史克公司自始至终坚持的原则，将在国家药品监督部门得出关于PPA的研究论证结果后为广大消费者提供一个满意的解决办法"的立场态度和决心。

11月21日，中美史克公司的15条消费者热线全面开通。

（二）案例分析

面对新闻媒体的不公正宣传，中美史克并没有做过多追究，而是尽力争取媒体的正面宣传以维系企业形象，其总经理也频频接受国内知名媒体的专访，争取为公司说话的机会。面对暂停令后同行的大肆炒作和攻击行为，中美史克公司保持了应有的冷静，既未反驳也没有攻击竞争对手，表现出了一个成熟企业对待竞争对手最起码的态度与风度。

中美史克对此次危机主要采取了以下应对措施：

（1）向消费者公开表态，（执行政府暂停令，作出停产停销的保证）。

（2）召开员工动员大会以通报情况。

（3）召开新闻发布会。

（4）开通消费者热线。

（5）销毁回收的康泰克。

（6）半年后新康泰克上市。

中美史克应对PPA危机时的表现，既说明了处置危机时快速决策、快速应对的重要性，也说明了只有以理服人，让事实说话，才能赢得各方支持。反应迅速、果断，及时组织危机管理小组是决定中美史克危机公关成效的重要砝码。其一，中美史克明确了危机管理小组的工作职责，并配备了有总经理参与的领导班子，保证了其权威性和全局性。其次，内部公关赢得了员工的信任与支持，使其凝聚为一个整体并甘愿与企业共患难。其三，开通消费者热线，配备训练有素的专职接线员，架起了中美史克公司与客户、消费者之间的一道桥梁。这是一个极为有效的沟通渠道，训练有素的接线员往往是危机公关的第一道门户，经过他们的努力会使消费者的顾虑、抱怨和投诉等负面因素消减到最小。其四，召回销售经理进行专门沟通，保障了整体危机公关措施的有效执行。很多危机事件处置的成效不彰，都是因为应急措施在执行中缺乏一致性或有效性不彰。

尽管中美史克的应急处置决策方案比较全面，但仍非完美无瑕。

首先，缺乏足够完善的信息管理制度。早在2000年3月，关于PPA危害的研究报告就已问世，可以说禁止PPA的苗头早已显现。在这种情况下，中美史克不但没有采取更新配方等预防措施，还保持正常生产，到政府禁令发布时尚有1亿粒的巨大库存。不能不说，中美史克对可能引发危机的信息缺乏正确认识，同时也缺乏预测未来变化的能力。此外，一味强调中美区别，闪烁其词地证明没有发生过过敏等副作用，以及极力寻求政府对康泰克宽大处理等做法，以致不少媒体对尚未停播的康泰克广告喊出了"康泰克，你为什么还赖着不走"的呼声。种种问题都在不同程度上使公众对康泰克的印象更趋恶化。

其次，缺乏足够果断的措施。中美史克虽承诺过撤出市场，但只是针对经销商，而对于已经在市场上流通的药品缺乏及时的回收措施。

二、日本阪神·淡路大地震

（一）案例背景[①]

1995 年 1 月 17 日清晨 5 点 45 分，日本兵库县神户市发生 7.2 级强烈地震，震中在神户市东南 60 公里处的淡路岛。地震波及日本关西地区的大阪府、京都府、福井县、滋贺县、兵库县、和歌山县、奈良县等 2 府 5 县。1 月 20 日，局部余震又达 7 级以上。这是日本自 1923 年关东大地震以来，人员伤亡最惨重的一次地震，仅 10 余秒钟就造成 6433 人遇难，4.38 万人受伤；10.5 万栋房屋被毁，14.4 万栋房屋受损，31 万余人无家可归；城市水、电、气、交通、通讯全部中断；直接经济损失约 1000 亿美元。这次大震灾除了给日本造成巨大损失外，也对全球经济产生了不利影响。

神户市是兵库县厅所在地，也是这次地震的重灾区。此次地震引发了 300 多起火灾，仅有 100 辆消防车的神户消防队因路面和水源遭破坏而陷入孤军奋战、杯水车薪的困境。震后 1 个小时（6 时 45 分），消防安全课的工作人员第一个来到县厅；6 时 50 分，兵库县副知事也来到县厅，当即成立了"灾害对策本部"；8 点 20 分，兵库县知事赶到县厅，立即召开对策本部会议，以灾害对策本部为核心领导抗震救灾工作。抗震救灾成了举国头等大事，日本政界的权力斗争因此暂时熄火，三党联合政府提出首先救人、全力抗震等措施。

1 月 17 日上午 10 时左右，村山内阁成立"平成 7 年兵库县南部地震非常灾害对策本部"和"地震对策关系阁僚会议"。

1 月 19 日，村山首相视察灾区，当晚 8 时又紧急召开"地震对策关系阁僚会议"，成立"兵库县南部地震紧急对策本部"，由首相出任本部长。

1 月 20 日，第 132 届国会例会将抗震救灾列为首要任务。

1 月 21 日，"非常灾害对策本部"从 13 个省厅抽调 60 人，组成"现地对策本部"。国土厅长官小里贞则担任兵库县南部地震对策大臣兼非常灾害对策本部部长，直接领导抗震救灾的应急、恢复和重建工作。各在野党也纷纷表示抗震优先，并相继成立了地震对策本部。

震后 72 小时内的应急阶段是以保护生命安全为中心的救援工作，关东地区及九州岛四国地区的医疗队迅速集中到灾区，全面展开救灾工作。自卫队出动，参与了收集灾情信息和救助伤员的工作，直升机拍摄的图像直送政府机构。消防厅、警察海上保安厅、国土厅等在震后 10 小时内也迅速参与到抗震救灾工作中。日本政府拨出专款征集建筑公司，快速建起大量简易住宅，并为灾后重建投入资金、贷款，同时紧急拨出巨额财政预算以救济抚恤受灾民众。此次地震后，日本得到了全世界 40 多个国家的人力物力支持。除了自卫队员、消防员、警察等组成的助理救助队，还有数十万市民也自发加入了营救被埋在瓦砾下的伤员和灭火大军之中。一些跨地区的各种团体组织也主动发挥作用，捐款捐物、送水送饭、提供临时住所等，形成了一股强大的民间救援力量。

---

① 吴江. 公共危机管理[M]. 北京：人民出版社，2004.

地震发生后，虽不见有人维持秩序，但面对俯拾皆是的财物，人们全都"视而不见"。神户市政当局未派一名警察上街维持秩序，所有警察和自卫队员都在夜以继日地抢救埋在废墟中的伤亡者。成百上千的灾民拥挤在临时避难所过集体生活，所有的食品实行计划供给制，所有未损坏的电话都集中放在街头公用，一律免费。在经受巨大的灾难打击后，受灾市民们表现出超常的友爱和镇静，自动组成一个个生活集体，互相谦让，轮流做事，从不为私利而争抢。自地震发生起，日本政府及地方县厅分阶段制定各种救灾、抗震、恢复生产生活等系列政策措施。1月20日，震后的第三天，建设省的区规划整理课长走访了处于混乱中的神户市政府，做出了复兴城市计划的决定。

（二）案例分析

日本是全世界发生地震最频繁的国家，其防震减灾工作在国际上享有盛誉，历年对地震及相关灾害都有预报，防灾准备投入巨大。特别是在1923年关东大地震后，70年间陆续发生了十几起7级左右的大地震，损失都明显减小。但是，这次阪神淡路大震灾造成如此巨大的人员伤亡和经济损失，其中的教训令人深思。

1. 中央与地方政府的防灾对策

地震发生后，依据《灾害对策基本法》，日本中央与地方政府立即展开了全面抗灾救灾的危机处置。按法律规定，现场救灾是由地方政府的防灾对策本部负责，但是严重的灾害可能阻碍甚至摧毁地方的指挥系统，这时中央政府的迅速反应和投入就十分关键。但实际上由于中央政府没有设立独立的信息网或地方分支机构，一旦震灾严重，切断了中央与地方的联络，就难以迅速掌握灾情。而且从行政组织构成来看，中央政府也很难对其他部门实行有效的指挥和调度。在这次地震中，中央政府基本上处于被动和等待的状态，救灾措施的逐步升级，延误了抢险救灾的最佳时间。在阪神大震灾中引起的广泛批评和讨论是：民众普遍感到各级政府在震后反应迟缓，最初几天行动不力，不能安排有效的抢险救灾行动，客观上加重了灾害损失。造成不必要的延误的原因是地震后关键时间段内（2～3天）指挥系统失灵，而造成指挥系统失灵的具体原因很多，如现场灾情不明，救灾人员未迅速到岗等。另外，日本各界认为，防灾体制特别是中央一级缺乏强有力的集中救灾指挥机构，现行的各部门、各行业自成系统的所谓"纵向分割"防灾体制不适应大灾的抢险救灾。[①]

2. 日本的防灾体制

《灾害对策基本法》是日本关于防灾救灾的基本大法，也是日本防灾救灾工作的纲要性文件。《灾害对策基本法》共分十章：总则、防灾组织、防灾规划、灾害预防、灾害应急对策、灾后恢复、财政金融措施、灾害紧急状态、杂项、处罚。根据《灾害对策基本法》，在中央一级主管防灾的是中央防灾会议，由首相任会长，内阁部长及有学识经验者（主要公共事业公司总裁）为成员，负责决定防灾的方针政策。国土厅防灾局是它的日常事务管理机构，负责防灾规划，推进防灾工作，并在灾害发生后协调各部门的救灾和恢复重建工作。地方一级防灾工作均由地方政府一把手负责，地方各级也设防灾会议，负责地区防灾，灾害发生后按灾害规模大小成立各级防灾对策本部，负责救灾和恢复重建工作。地方政府直

---

① 袁一凡，陈永.日本阪神大震灾在应急救灾上的几点教训[J].自然灾害学报，1995(04).

接负责防灾救灾，中央作为后盾进行指导和协助，各部门和公共事业机关，如建筑、运输、通信、电气、医疗、消防、警察等都由各部门自行管理和进行防灾救灾工作。

3. 防震减灾工作的管理体制不够健全

人们对关西地区震情的警惕性不够，认为关西千年难遇一次大震，因而麻痹大意，疏于防范，且预报和观测体制有空白，诸如地震分析预报力量不足、观测监视网不健全、震害预测滞后、防震减灾宣传不足等。其实，在发生地震的前十几天，就有一些常用电器发生异常，然而并没有引起人们的注意。

4. 震灾评估过于保守致使紧急对策反应迟缓

地震发生5小时后，日本政府对灾情仍无基本把握，首相官邸发表的灾情预测仅为死亡300人左右。由于对灾情把握不准，导致救灾速度和力度跟不上需要，结果救援不及时，使损失大大增加。地震消息公布之后，瑞士救援队首先提出救灾申请，但是拖延一天之后日本政府才同意接纳。当这支24小时内可以到达世界任何地方的一流救援队伍到达神户时，受灾者已经在瓦砾下压了两天多，因而舆论界指责日本政府的表现不像一个现代化国家。当遭到重大灾害时，政府的应急对策早一步实施就可以将损失减少一分。

5. 城市规划和建筑设计不合理

城市建设中存在许多漏洞和薄弱环节，重灾区神户市基本上是建在沿海的山坡上和人工填海造地上，这样的地势极易松动、滑动或因填土太软而发生液化塌陷。从沿海向六甲山延伸直上，密密麻麻分布着各种老式、新式的建筑物，道路、水电、煤气管道等生命工程也密集地穿插其中。加之市内大量的日本老式民宅特别是许多二战后仓促修建的建筑物抗震性能差，还有的老屋多白蚁，房屋支柱腐朽，其结果不言而喻。此次地震为城市直下型地震，这种地震震源浅，往往会造成地面结构破坏，如地面开裂、错动、倾斜、塌陷、鼓包、喷沙冒水、砂土液化等。地需结构的变化会使地下管道工程遭到破坏，从而引发停水停电、通信交通中断、煤气泄露、火灾等次生灾害，使城市生命线工程遭受打击而瘫痪。而神户地区的工程抗震设计中，明显对这种"直下型"地震的垂直震动特点考虑不足。

6. 地震对策中的法律措施需进一步充实

现行的日本大地震对策法对此类地区震后干线公路断裂、坍塌以及多处发生火灾、水源断绝等城市灾情的严重性仍估计不足；对老人和儿童的应急能力不足关注不够；对城市用水的静水(井水、池塘等地下水和降水水源)、活水(管道输水)的合理分布和调剂考虑不周；对有关省、厅的协调反应也安排不周等。为此，日本政府有关部门决定对确保发生大震灾时的机动能力、利用各种自卫队力量、救灾技术以及与其他政府部门的配合行动等问题重新进行研究。另外，日本政府还将考虑仿效美国的联邦紧急措施署，设立日本紧急事态管理厅。

第二节　实验理论与技术准备

本节通过实验法和技术的描述，可以帮助学生理解掌握危机应急处置的具体实践，同时详尽介绍和分析了公共危机应急处置基本概念、危机应急处置原则、国外危机应急处置机制，以及我国公共危机应急处置体系概况与建议等。

一、公共危机应急处置基本概念

一般而言，公共危机处置就是政府机构或政府的专业机构在一个非常规状态下，针对某种特殊危机所引发的情况作出果断的判断，并进行针对性较强的应对措施且辅以相适应技术处置的过程。由于危机具有不可预知性、突变性和紧迫性，所以任何事先制定的危机应变计划和防范措施都无法做到万无一失。应急阶段是以突发事件发生的时间点为准，在危机应急处置时应针对具体问题随时修正和补充危机处理对策。在危机的发现、隔绝以及处理的步骤中，处理危机是最需要审慎因应的步骤，因为这将考验决策者处理备选方案的能力。决策者愈睿智，愈能在他人设法回避问题时面对问题、发掘机会，因而成功解决危机的能力与机会也愈高。所谓"知而不行，即为不知"，遇事考虑过多而迟迟不敢行动之决策者则会造成更大的危险，例如卡特总统处理美伊人质危机时过于优柔寡断而错失救援时机。一般而言，危机应急处置是在危机爆发时所做出的迅速反应，包括搜救和救援、医疗、抗灾、信息公布等工作；危机管理部门通过与媒体沟通协调、战略合作，确定资源管理的方式及优先级，从而有效控制危机事件的发展。

公共危机应急处置阶段考验着灾难预防与准备工作是否确实，以及灾难管理体系是否发挥功能。此阶段必须注意灾难应变作业计划、紧急灾难指挥中心、灾难医疗救护系统、集体照顾与安置、灾时犯罪行为控制、社区自助与社区公关，以及紧急灾难下信息沟通等各项管理活动。

执行灾难应变作业计划有三种模式，包括由下而上模式、由上而下模式以及混淆型。美国运作灾难应变作业计划主要实行由下而上模式，即由地方政府开始采取应变作业程序，最上级政府只是透过下级政府来操作灾难应变计划，并不指挥整体的应变过程与因应行动，此种模式适合规模较小之事件；由上而下模式是指中央政府如"总发动机"，负责指挥与协调所有紧急灾难体系与各项救灾资源，拥有全面指挥权与调度权，而地方政府则扮演服从角色，例如台湾 9·21 地震救灾模式；混淆型则发生在计划不明、不知如何因应，或者欠缺分工合作的协调机制，易造成救灾体系的混乱不堪。

传播媒体在紧急灾难事件中发挥着重要的功能，包括紧急灾难信息的散播、紧急灾难事件的诠释、培养群众的共同价值感，以及动员社会力量。[①] 但在紧急灾难发生后，媒体也常出现缺乏客观性以及报导存在矛盾与偏颇等现象。灾难管理的最后阶段为恢复与重建，此阶段涉及工作甚多，涵盖灾难搜索与救援的进行、灾后重建工作的推动、民间捐献的妥善处理、心理健康与危机咨商、地震灾害损失评估，以及灾难补助经费的核发等。

二、危机应急处置原则

危机事件从前兆阶段发展到的全面爆发，必然经过一个升级过程，使得危机造成的人员伤亡和财产损失逐步扩大，社会秩序也逐步趋于无序和混乱状态，危机应急处置人员面临的任务也越来越艰巨。此时，危机管理者必须立即建立一个有效的思考框架，以迅速掌

---

① 丘昌泰. 灾难管理学：地震篇[M]. 台北：元照，2000.

握危机的实时情况，并对其进行评估。而遵循以下原则会对危机管理者在形势激化时保持更冷静、更成熟的状态，从而做出正确的危机应急处置决策。[1]

（一）迅速收集信息，判断危机的主要影响对象

危机进入紧急阶段后，整个事态的发展过程无章可循，危机信息杂乱无章，组织决策者往往不能完全掌握相关信息，以至于无法确定哪个才是最重要的。因此，此阶段的重点工作是尽可能地收集各方面的危机信息，并迅速判断危机的主要影响对象，如人、财、物、责任等，以便为下一步的灾害评估奠定基础。

（二）始终把对人的影响放在首位

危机会造成人员伤亡，以及生产生活设施、基础建设、服务等各方面的破坏，扰乱正常的工作秩序，打破正常的组织界限，严重妨碍社会机制的正常运转。由于危机状态下的特殊危险性，世界各国都从"损失小利益保存更大利益"的原则出发，以保护公民的生命财产安全为首要目标。就短期目标而言，各类型危机事件处置的应急目标均体现为减少人员伤亡和财产损失，其中人员的生命安全则属于最核心的目标。因此，在危机应急处置阶段确立救援工作的优先次序时，必须牢固树立生命第一的原则，始终把危机事件对人的影响放在优先次序的首位加以考虑，这也符合危机状态下公民权的维护和保障原则。换言之，在严重的危机面前，抢救受害人的生命，保护其基本生存权利是危机管理部门的首要责任。

（三）简单的评估，快速衡量轻重缓急

在危机应急处置阶段，对于工作优先次序的选择，事先必须有一个简单的评估过程。具体而言，即对危机中需要处理的各项事宜进行评估，以区分轻重缓急，确定先抢救什么后抢救什么，做到从实际出发，保证重点，统筹兼顾。一般来说，危机评估有三个衡量标准，即事情的严重性、紧迫性和未来发展趋势。严重性是指影响民众安全与健康的严重程度；危机应急处置人员应当集中力量解决这些问题；紧迫性主要指的是发生危机事件时，时间要素对于危机中需要处理的各项事宜的影响程度，有些事宜是需要立即采取措施加以解决的；未来发展趋势指的是很多危机事态的发展是没法控制的，需要我们对其做一个大概的预测和估计，分析危机潜在的威胁。通过对危机中需要处理的各项事宜进行评估，危机应急处置人员可将面临的问题依轻重缓急理出头绪，找出最重要的问题，抓好关键环节。如有必要，危机应急处置小组可聘请有关方面的专家，协助进行技术鉴定、事故分析和财产损失评估等工作。

（四）启用危机管理机构

一旦突发性危机事件发生，组织应立即启动危机应急计划，让危机管理专职人员依照分工采取措施以应对已经发生的各类危机，使危机的蔓延得到有效控制。基于此，任何组织都必须建立一支素质过硬的突发事件处置小组，以便进行危机的响应、处理、恢复、跟踪工作。启用危机管理机构，让一些专职人员从事危机控制工作，让其他人继续维持组织的正常运转，如此可使组织不会因意外事件而中止日常工作的开展。

---

[1] 薛澜，张强，钟开斌. 危机管理：转型期中国面临的挑战[M]. 北京：清华大学出版社，2003.

94

（五）决定主要人物的介入程度

很多突发性危机事件的影响范围较大，可能导致组织的生产和生活陷入瘫痪和混乱状态。在此情况下，仅仅依靠危机应急处置小组的力量很难完成危机的应对工作，因而必须让组织的主要领导参与其中，以确保危机应对的权威性、强制性，更利于组织内部各职能部门、组织成员之间的协调运作。同时，根据危机事态发展的具体情况，在一些必要的时候由组织主要人物出面担当危机应急小组的领导，还可保证组织和外界通信的畅通，表明组织应对危机的信心和决心，维护组织在社会公众中的地位和形象。

（六）保证组织部门的正常运转

很多突发性危机事件会危及组织的某一个职能部门，需要组织的危机应急处置小组积极应对。但是，处理某类危机事件的行为不应影响整个组织的正常运转，除非危机发展到致使整个组织陷于无序、瘫痪和严重混乱的状态（如大规模社会动乱）。要充分保证危机状态下组织各部门的正常运转，很重要的一点在于提前储备好各种备用资源。组织的应急方案必须对系统中所有的关键资源进行备份，备用资源要根据运行中的资源情况随时进行更新。当危机事件发生或故障出现时，出现故障的资源退出工作状态，备用资源即可取而待之。因此，当危机仍在发展时，要始终掌握一定的备用资源，并设法增加备用资源，以保证组织的正常运转。

（七）各种信息的及时收集与反馈

危机发生后，信息便成为影响危机处理成效的决定性因素。各种危机相关信息的及时收集、反馈和相关数据的分析等，往往都会影响危机应急处置的成效。因此，组织应当及时向所有组织成员及利益相关者通报信息，而不要让他们仅仅从公众媒体上得知有关组织的消息。危机处置的内部信息通报和外部信息沟通都极其复杂和难以控制，特别是在信息技术高度发达的现代社会，大众传媒的影响力日益增大，危机信息庞杂且瞬息万变，导致组织决策层对信息的了解和把握程度也会不一样。因此，为确保危机信息发布的连续性、一致性，组织应当指定固定的发言人。这样做不仅可使谣言止于权威传播渠道，同时也能让更多人了解灾情，以便有所预防而免于伤害。

（八）人员调度与协同运作

危机情境下，人力资源成为一个重要的约束条件。首先，组织的最高领导层应亲赴危机事发现场，不仅表明组织对危机事件的责任和重视，而且可以稳定民心，同时还利于危机现场的各种资源的调配和各方的积极沟通，保证应急措施的有效实施。其次，危机事件应对也需要组织各部门和人员的协同运作，动用组织的各种资源争取迅速控制危机局势。此外，对于公共安全事件的应急处置过程，则应当特别注意科学性、技术性，切忌盲目行事，这就需要大批技术专家的参与，以科学的方法应对技术性危机。

（九）实时决策模式

危机的发展极具变化性和潜在破坏性，危机状态下很多相关决策都要在特别短的时间内作出，而时间是稀缺资源，机会稍纵即逝。因此，无论是安排组织工作的优先次序，还是主要人物亲赴危机现场，都必须强调快速决策，争取时间尽快控制危机事态。首先，要做到快速决策。对于组织高层决策者和危机应急处置人员而言，决策能力是维持组织运作所必须具备的素养。这些决策能力包括快速判断、快速反应、快速决策、快速行动及快速修正的综合能力。当解决危机的机会出现时，组织应在科学的危机信息调查和准确的危机预测基础上迅速作出决策，把握机遇及时控制、解决危机。其次，尽量避免过度分析。在危机状态下，要在信息有限的条件下迅速作出决策，组织决策者和危机应急处置人员必须避免优柔寡断和过度分析的现象，否则就有可能使灾害扩大而造成更大的生命和财产损失。

（十）媒体沟通方式

新闻媒体作为危机应急机构的主要合作对象之一，在危机状态下发挥着极其重要的作用，承担着多重任务。处理危机首先要面对媒体的无情批判，因而处理危机的主要工作之一即为平息媒体的批评，以维护组织的信誉。Chester Burger 之《如何与媒体应对》（How to Meet the Press）文章指出组织发言人应对之原则，即从攸关大众利益的角度出发而非公私利益，尽可能使用人性化的语气与措辞，以及即使后果不堪想象也要说实话等。媒体的角色扮演在报导不同事件时会有所不同，意外事件中的空难最容易成为媒体焦点所在，伤亡人数愈多，媒体关心程度愈高；突发事故属于自发性行为，因难以掌控而成为媒体的最爱，例如大屠杀事件；揭发内幕的新闻报道，媒体则掌握操控新闻的主导权。危机应急处置组织从控制社会秩序、防止危机升级、避免不必要的恐慌等实际出发，当然要有目的且有选择地控制信息源和信息传播渠道，此即涉及妥善利用新闻媒体力量的问题。危机应急处置组织要妥善利用新闻媒体的力量必须把握几个原则：首先，要和媒体合作，做媒体的盟友和合作者；其次，要恰当处理好和敌对媒体的关系；第三，要控制谣言的误导，保持一个权威的、主流的声音。

三、国外危机应急处置机制

突发事件之发生具有不可预测性与结果的不确定性，危机应急处置机制在于如何将形形色色的突发事件所造成的伤害降至最低水平，而研究分析其他国家与城市之危机管理机制，则有助于我国经验学习。随着经济发展和科技进步，现代社会应对公共危机的能力显著增强，但是日趋复杂且愈益频发的自然灾害、事故灾难、公共卫生事件和社会安全事件等公共危机仍然对我国的政治、经济和社会发展造成严重影响，甚至灾难性破坏。政府必须构建开放的、有机的、合理的、协同运作的危机应急处置系统，以便尽可能地吸纳各种社会资源参与危机管理；应急处置机制的核心是建立常设性危机管理部门，制定权责明晰的危机反应机制，构建完善的危机处置体系，并且这些机构和相应的职能都必须以法制化的形式固定下来。公共危机应急处置体系的建设是一个集中统一的过程，它使应急管理中分散的部门管理和队伍建设转化成集中管理和统筹规划；注重常态管理与非常态管理相结合，纵向管理（条）与横向管理（块）相结合；突出政府应急管理职能的综合协调性和集中统一性，减少部门间协调的困难，明确职责权限，优化队伍结构，提升管理效能和救援水平。

世界各国高度重视应急管理体系建设，美国、英国、日本、俄罗斯等国均建立了全方位、多层次的应急处置管理网络，常设集中管理、统一负责的应急管理机构。

（一）美国

作为当代危机应急处置机制建设的典型代表，美国应急管理体制的形成主要经历了三个阶段，即分散管理、统一管理和整合发展。分散管理阶段主要是分部门应对由自然灾害引起的危机；统一管理阶段是建立联邦应急管理局（FEMA），整合零散的、有救灾责任的机构来集中处理联邦政府紧急事务；整合发展阶段是 2003 年 FEMA 同其他 22 个联邦机构、项目组织、办公室共同组建国土安全部，实现了综合性应急管理。美国应急管理体系层次清晰，每个层次均有一个在危机状态下具有相当职权的运行部门（应急运行调度中心），用以调集、协调、指挥救援力量。

美国 FEMA 是中央设置的一个专门管理防灾救灾的应急处置部门，它于 1979 年由各机构中管理紧急事务的部门集中在一起组成，有约 2500 名工作人员，每年有 8 亿美元的预算，在全国有 10 个分支机构（地区或州紧急活动中心）。1995 年 FEMA 制定之"国家缓和灾难策略"（National Mitigation Strategy）为重要的灾难管理里程碑，它强调要创造与强化伙伴关系，包括灾难认定与风险评鉴，应用研究与科技移转，公共认知、训练与教育，诱因与资源，领导与协调五方面，其主要核心观念认为灾难处理应为地方政府之责任。

除了灾前的预防工作外，FEMA 在应急救灾行动时也表现出强大的作用。在灾害发生后，FEMA 通过国家警报中心或它设在各地区和州的紧急活动中心，以及国家地震情报中心、有线通信服务和新闻媒介等获得关于灾害的实时情况，必要时派出侦察飞机到现场考察。然后，或派出协调官及工作人员到灾区协助地方政府组成救灾指挥机构，或成立重大灾害反应小组负责指挥和协调地方各部门的抢险救灾工作。

由于 FEMA 是法律上规定的防灾救灾的国家级指挥机构，有人，有物，有权，所以能在灾害发生后立即发挥作用，这种作用在比较严重的灾害发生时显得尤为突出。美国危机管理体系之所以能有机协调、高效运作，关键在于其拥有全面的危机应变网络，该网络不仅包含决策者、政府部门，还包括志愿者组织、私人机构、公民介入，以及信息通信等丰富资源。

2001 年在美国发生的 9·11 事件揭开了世界性关注危机管理之新纪元。通过 9·11 事件检视美国危机管理体制，可以从以下六层面分析之。

1. 决策者之应变行为

联邦政府之最高决策者为总统布什与副总统钱尼，纽约市之最高决策者则为纽约市长朱利安尼。他们在危机发生后迅速且准确地判断事件类型，并承担起各自的领导职能，有效地控制事态之发展，避免政策失误。朱利安尼更是亲临现场指挥，参与协调救援之各个部门，减低灾难更加惨重的可能性。

2. 各级政府部门采取应变行动，联邦政府采取强制性政治干预

美国危机管理体系不仅设置关键部门，更从政府的立法角度对相关事务形成制度性的设计，大量的操作计划与运作纲要保证危机应变时各机构与部门之职责明确、行动统一协调，使各部门间得以协同运作。由于 9·11 事件超乎纽约市及纽约州之能力范围，所以事件发生后 FEMA 立即开启应急指挥中心，卫生与服务部（DHHS）启动全国医疗紧急系统，以及其他联邦相关机构的应变工作。纽约市消防局、警察局和卫生局则是救援行动的主要力量，他们的表现保证了现场救援的及时性和有效性。

3. 信息系统之功用

在 9·11 事件中，911 报警电话、政府网站以及媒体均发挥了重要之作用。

4. 非政府组织与志愿者之作用

非政府组织对危机管理也有着非常重要的辅助作用。例如美国红十字会提供物资、医疗等应急救助，以及募集捐款等；私人企业亦为应变管理过程之重要参与者，提供设备、设施与人员等协助。

5. 公民个人之作用

在 9·11 事件中，训练有素且具有较高灾难应对素质之民众不仅是灾害防治之主体，更是灾害救援的主体；美国许多危机管理机构为市民提供培训与教育机会，培养公民自救与互救之知识与意识。

6. 强大的社会恢复功能

在 9·11 事件中，美国除积极展开救援外，尤其重视危机发生后之正常社会秩序的恢复。政府领导者积极应对危机的表现起到了稳定民众心理的作用，使得政府与社会生活得以快速恢复正常运作。此外，美国设立 9·11 事件独立调查委员会，此形式的问责机制避免了将责任归于个人，而是反思制度上的错误。同时，此问责机制与突发事件应对之特点相互呼应。

（二）英国

针对中央层面缺乏强有力的应急处置组织协调，应急管理部门和应急队伍之间缺乏协同、配合等问题，英国以强化中央层面协调和各部门协同为重点，整合了各方面应急资源，从而增强了应对公共危机的合力。

（三）日本

2003 年以来，日本建立了以内阁府为中枢，通过中央防灾会议决策，公共危机部门牵头，相对集中管理的全政府式危机应急处置管理体制，最大限度地整合了政府各部门的力量，提高了处置危机事件的效率。

（四）俄罗斯

俄罗斯应急处置管理体制的特点是强权集中的"大安全"，即设有包括应对现代社会可能导致国家危机的所有紧急事态的常设性机构——联邦安全会议，实行以紧急状态部为主体，其他有关部门协调配合的垂直管理体制。

总体来看，各国应急处置机制重要且突出的共同点是综合性和应急管理机构的常设化和实体化。在公共危机逐渐趋于各种类型复合化的发展形势下，在政府层面建立统管各项应急事务的实体性机构是必要的。这不仅有助于政府救援力量的统筹规划和协调发展，也有助于指导并激励全社会的力量参与危机管理。

四、国外城市公共危机应急处置机制

城市公共危机应急处置机制的设计不同于常规操作，它需要一个运作良好的反应机制来整合政府部门、私营部门甚至城市居民个人之资源。

（一）加拿大多伦多市

加拿大第一大城市多伦多市为安大略省首府，为北美第五大城市，其危机管理组织体系主要由两部分组成，一是多伦多市应急管理项目委员会，二是多伦多市危机管理办公室。多伦多市应急管理项目委员会为多伦多市危机管理之最高机构，负责拟定城市危机应对方案，并作为危机发生时之最高综合性指挥机构协调各个部门工作，可充分利用城市资源以最大限度地减少危机事件的影响。

多伦多市危机管理办公室则为多伦多市危机应急处置体系中的日常协调机构，其主要工作包括危机确认、危机预防、危机准备、危机应对与危机复发。该市危机管理体系之重要特色乃是要求市民做好充分自救的准备，包括家中张贴紧急求救电话、家中物品放置规范、学习急救知识以及准备急救包等具体要求。此外，该市亦设计了一套危机事件危害性与严重性评估框架，以危机事件发生概率与危机负面影响为评估要素，力图通过此评估降低危机概率与负面影响。该计算公式为：

$$危机严重性＝危机发生的概率×危机的影响$$

（二）日本东京市

东京为世界级现代化大都市，累积战后五十余年之防灾减灾经验，无论是基础设施建设，还是政府危机管理机制与能力，甚或市民意识，均有高水平之发展。东京已从战后单项灾害之防灾管理转向多项灾害的综合防灾应急处置体系，进而建立国家危机应急处置体系。2003年东京都建立知事直管型危机管理体制，设置综合防灾部，以及局长级之"危机管理总监"。此为全政府危机应变体制，以重视市民生命财产安全为核心，对政府全体行动进行一元化管理，同时作为行政改革之一环，以进行循环管理为危机管理理念与原则。此危机管理机制不同于以往以防灾部门与健康主管部门为主的部门管理方式，而是整合整个政府行动的管理体制。"危机管理总监"之职责为发生紧急事件时直接补助知事、强化协调各局功能、快速做出向相关机构请求救援之决策与行动。综合防灾部之组织制度则强调强化信息统管功能、提高危机事态与灾害应对能力、加强首都圈大范围之区域合作等三项功能。

东京都防灾会议则为该市防灾减灾与危机管理之行政最高决策机构。东京都防灾与危机管理机制具有三项特点：一为建立完善的法规制度，一旦国家制定法律，随即制定相应之条例、实施规则或细则；二为订定相互援救之协议，为保障灾害发生时各组织间的有效合作采取了灾前签订契约的制度，如此可达到平时相互交流及危机时井然有序救援的目的；三为法定之灾害救助基金，东京都每年度需依法划拨税收作为灾害救助基金（以前为三年度地方税收平均值之千分之五）。

（三）日本横滨市

横滨市为日本第二大城，亦为世界重要之国际港口城市。2004年该市制定的《危机管理方针》规定了危机与危机管理之定义与范围，政府、企业、市民各自职责与三者间的协力运作方式，危机事前对策、应变措施与事后处理之危机管理基本原则；还规划编制了市危机管理推动会议、危机管理对策室等组织机构。危机管理对策室为该市主要之危机管理机构，设置于副市长主管之总务局下，设有防灾课、紧急对策课、信息与技术课；"危机管理推动会议"则为该市危机管理之最高决策机构，负责促进与强化市府危机管理能力与机制运作，对市府各局处进行综合协调。

（四）英国伦敦市

伦敦为英国政治、经济、文化与交通中心，为世界十大都市之一。英国在危机管理中常使用应急规划（Emergency Planning）和民防（Civil Defense）两个概念，前者是针对平时可能发生的爆炸、重大交通事故的反应；后者则为当外敌入侵时对全体国民的保护。地方政府有制定民防规则的义务，而日常紧急规划则非地方政府之义务，但却由其负责执行。

英国应急规划政策主要依据《资源条例》《2004 年国内应急法》两部法律。伦敦的主要应急管理机构包括：应急服务联合会、消防应急规划署（LFEPA）、应急小组、市长办公室、大伦敦政府、市政府及议会办公室；而作为中央政府所在地，伦敦的地位极为特殊，因而英国内阁中另设立专门之伦敦应急事务大臣，负责监督伦敦重大危机事项的准备工作及危机应对工作。概括而言，伦敦市应急管理系统具有明确界定应急事件、以救援为宗旨、强调部门间的合作、信息公开透明等特点。

（五）德国柏林市

德国为一个联邦制共和国，其民事与军事紧急事件之管理职责被分配给联邦各州、立宪各州、乡和县，以及自治地方政府四个不同级别的政府。具体而言，联邦在战争时期负责民事保护，在平时则负责紧急事件的管理和计划；平时之应急计划属立宪各州的职责，战争时期的扩展应急计划则为联邦各州的职责。柏林市为德国首都，其危机应变管理机制主要由城市应急组织机构与应急响应程序两大部分组成，公共安全与秩序厅为柏林市危机管理的主管机构，负责全市危机事件的预防和处置工作。

赵成根等人（2006）归纳了东京、纽约及新加坡三城市之危机管理所具备的六项特性：[①]

（1）三个城市均强调在其危机管理体制中超越危机应对主体之跨层级配套、互动与网络化的结构，即从中央政府到各级地方政府，以及企业、非营利性组织与社区家庭等，从宏观到微观层面环环相扣之网络结构。

（2）紧急状态下的指挥命令与各单位、部门、个人之目标与任务均十分具体明确，且简洁易懂，并多有替代方案。

（3）三个城市均格外重视推动立法，几乎所有的危机应对程序中有明确之相关法律框架作依据，明文授权危机管理体制所涉及之组织机构。

（4）着重相关政策法规之程序化落实，以及各项政策法规之间的相互配套。

（5）详细且周密地考虑应对整体与细节，整体面是指将危机管理纳入持续发展的宏观体系中，而非单一地就危机而应对危机，或作为偶发事件来处理；细节面则为全方位地思考各种紧急应变事宜，包括物资贮备等要求。

（6）着重策略、规划、配套之管理，具体预案演练，以及网络间快速有效地沟通与协调。

综合前述三城市之危机管理经验，具有以下八项启示。

（1）建立一个市长负责制的全政府型危机管理机制。

（2）确保首都安全功能，建立首都圈的应变合作体系。

（3）建构城市危机管理之社会整体联动系统。

（4）强化信息管理与技术支持系统，建设城市信息共享平台。

（5）重视应变管理中的事项型合作协议制度。

（6）完善与健全城市公共危机应变地方法规体系。

（7）处理好危机状态下的危机管理和常态下危机管理体系的关系，提倡"循环型危机管理"模式的可持续性发展。

（8）强化城市社会共同应对危机之理念，培育长期稳定的城市社会之危机学习机制。

---

① 赵成根. 国外大城市危机管理模式研究[M]. 北京：北京大学出版社，2006.

五、我国公共危机应急处置体系概况

我国应急处置与管理工作经历了从分部门应对单一灾害到多部门协同应对复合灾害的发展变化，基本已建立分类管理、分级负责、条块结合、属地管理为主的应急处置与管理体系。通过近年来应对重大公共危机的实践，我国逐步形成了在政府主导下多力量整合的应急救援力量管理模式，各应急救援力量获得了迅猛发展，军队系统和专业救援队伍的应急管理组织体系与指挥协调机构均得到了整体加强。

我国把公共危机分为四大类：自然灾害类、事故灾难类、公共卫生事件类和社会安全事件类。对应各类公共危机，以不同的法律法规和应急预案为保障，由不同的公共组织负责形成的公共危机处置与管理体系如表7-1所示。[1]

表7-1 我国公共危机处置与管理体系

危机类别	法律体系	公共职能部门	应急预案体系
自然灾害	防洪法； 防震减灾法； 军队参加抢险救灾条例； 气象法； 公益事业捐赠法	民政部； 水利部； 国土资源部； 中国地震局； 国家林业局	国家自然灾害救助应急预案； 国家防汛抗旱应急预案； 国家地震应急预案； 国家突发地质灾害应急预案； 国家处置重、特大森林火灾应急预案
事故灾难	安全生产法； 消防法； 煤炭法； 国务院关于预防煤矿生产安全事故的特别规定/煤矿安全监查条例	安全监管总局； 交通部； 建设部； 民航总局； 电监会	国家突发环境事件应急预案； 国家核应急预案； 国家通信保障应急预案； 国家处置城市地铁事故灾害应急预案； 国家处置电网大面积停电事故应急预案
公共卫生事件	突发公共卫生事件应急条例； 食品卫生法； 传染病防治法； 动物防疫法	卫生部； 农业部； 食品药品监管局	国家重大食品安全事故应急预案； 国家突发重大动物疫情应急预案； 国家突发公共卫生事件应急预案； 国家突发公共事件医疗卫生救援应急预案
社会安全事件	国家安全法； 民族区域自治法； 戒严法； 行政区域边界争议处理条例； 中国人民银行法	公安部； 外交部； 中国人民银行； 民航总局； 新闻办； 国家粮食局	国家金融突发事件应急预案； 国家粮食应急预案； 国家涉外突发事件应急预案

说明：此表由"中国政府网 http:gov.cn/yjgl/flfg.htm"提供的相关资料整理而来。

---

[1] 朱晓霞，韩晓明. 对我国政府公共危机应急管理体系的系统分析[J]. 学术交流，2009(3).

六、我国公共危机应急处置管理体系完善方法

实施有效的公共危机处置和提供公共危机管理，是现代政府的两项基本职能。加强应急管理工作，提高国家保障公共安全和防灾减灾能力，是政府公共安全体系建设的重要内容，也是当前我国保持发展稳定、建设和谐社会面临的紧迫问题。而通过体制创新，建设综合协调的公共危机应急救援力量管理体系，为提高应急管理水平创造必要的体制条件，则有利于政府更好地履行社会管理和公共服务职能，对维护国家公共安全、保障社会和谐稳定具有重要意义。我国对突发事件的危机应急处置是从事故处理、安全管理和灾难救治的基础上发展而来的，其管理与转变政府职能和改革行政管理体制的研究实现了从规制型政府向服务型政府的转变。

虽然多年来在应对地震、台风、洪涝、干旱、泥石流、火灾、沙尘暴、"非典"等危机事件的过程中，我国政府已逐渐形成了一些应对灾害危机的机制，但正式提出建立政府危机管理体系则是在 2003 年抗击"非典"取得阶段性胜利后。因此，借鉴国外政府危机应急处置的基本经验，对我国建立危机应急管理体系具有重要的启示意义。应从现阶段政府应对危机的实际水平出发，针对存在的问题制定相应的措施，努力建立健全我国政府危机应急处置管理体系。以下基于应急管理理论和国内外应急救援力量管理实践，依据整体设计与分步实施相结合，全面推进与重点突破相结合的渐进式发展策略，从五个方面提出完善我国公共危机应急处置力量管理体系的思路。

（一）组建危机应急处置管理体系

建立并完善应急救援力量管理机制，可为危机应急处置体制创新提供支撑和保障，有利于提高管理体系运转效率，确保公共危机应急处置科学、合理、高效。公共危机的公共威胁性、紧急性和扩散性，以及各种不确定性因素的偶然性，使我国应急处置工作面临新的挑战。公共危机应急救援力量管理体系建设的重点是从国家层面理顺应急救援力量管理体系，推进机构及其职能调整，明确职责分工，加强应急管理工作的综合协调性；难点是依据我国国情，采取分步骤的渐进式发展策略，逐步实现公共危机应急救援力量的集中统一管理。目前我国的应急处置体系仍然存在主动预防少、被动应付多等难以适应公共危机处置要求的诸多关键问题，主要表现为"分而治之，各自为战"的管理体系，"应急处理多，应急管理少"的管理理念，"分地区、分部门、分灾种"的队伍建设模式等。在应急救援力量管理分散和整合不足的情况下，这些问题易导致紧急情况下难以快速形成强大合力，从而直接影响救援效能。因此，急需对应急救援力量进行统筹整合和集中管理，建立统一的应急救援力量管理体系，构建综合协调的应急救援力量体系和国家及各省、市、县政府反危机管理机构，并促进各组织成员的综合协调与合作。

从国际上看，一些发达国家对建立强有力的危机应急处置与指挥协调系统都非常重视。目前我国有些地方已经开始设置专门的危机应急处置管理机构，并将危机应急处置管理作为政府的重要工作来抓。如深圳市建立了紧急事务管理体系，设立"深圳市处置紧急事件委员会"，将其作为全市最高的危机事务管理机构，并颁布了《深圳市处置紧急事件总预案》。但是，这些工作只是部分经济发达的大中城市在做，对于我国中央政府及广大中

小城市和中西部地区来说，仍没有建立起常设性的、具有决策功能的应急管理综合协调部门。

为完善应急处置体系的建设，本着符合我国国情、分阶段渐进发展的原则，可从以下两方面发展应急处置体系。[①]

1. 设立常设性议事协调机构

在完善相关法律法规的基础上，整合并加强政府应急管理职能，设立高层次议事协调的常设性机构。例如成立国家危机应急处置管理委员会，专门负责各类重大危机事件的预测分析、政策的制定、各种措施的落实。这符合我国积极稳妥推进大部门制改革的基本方向和要求。国家应急管理委员会应被纳入政府机构序列，隶属于国务院，采取行政首长负责制，由国务院总理或主管副总理担任第一负责人，由各应急救援相关部门的第一负责人组成委员会，联合协商制定应急管理的发展规划和各项政策。为了便于调动和协调各种资源，国家应急处置管理委员会由党政军各部门主要负责人组成。在危机应急处置管理委员会内部可以设立不同职能的专门委员会，如经济危机管理委员会、社会危机管理委员会、国际危机管理委员会、生态环境危机管理委员会等，不同的委员会由相关部门的主要领导人组成。专门委员会需定期召开形势和问题分析会议，对目前本领域存在的问题和可能发生的危机开展讨论，并提出预测和对策，还可根据需要设立专门的咨询机构。另外，国家危机应急处置管理委员会可以随时根据形势发展设立新的专门委员会。

2. 组建统管应急处置事务的实体管理机构

为将分散在各部委的应急管理和应急救援职能加以集中整合，明确隶属关系，划分职责权限，使应急管理工作逐步由多部门分散管理向集中统一管理发展，可成立国家应急管理总局。国家应急管理总局应被纳入政府机构序列，隶属于国务院，并按照危机管理流程下设各职能部门。在垂直管理上，应急管理总局设置省、市、县三级管理机构，各级应急管理机构指挥和协调辖区的应急救援管理工作。一致化的从中央到地方的应急管理机构，规范了应急管理制度，有助于各级政府机构间的沟通与协调。各省、市、县可以参照以上办法，组建地方政府危机应急处置管理机构。机构调整的目标则是朝向专门化、常设化、集中化以及制度化、规范化的指挥调度授权。危机应急处置管理体系创新是在省级和县级层面以推动队伍建设全面发展、依托消防重点突出为方向，管理体系建设目标则是政府主导、依托消防、军地协同、专兼结合、全民参与。

国家应急管理总局负责应急管理过程中的各项事务，主要包括以下内容。

（1）起草或修改国家应急管理法规和规章，完善应急救援法律体系；制定公共安全和应急管理中长期发展规划；统筹规划各种应急救援力量的建设和发展。

（2）设置或调整应急管理局组织框架体系，设计和规划应急管理运行机制，综合协调国家相关职能部门参与应急管理工作。

（3）按照危机管理流程，负责准备、预警、处置、恢复和评估等工作。

---

① 朱晓霞，韩晓明. 对我国政府公共危机应急管理体系的系统分析[J]. 学术交流，2009(3).

（4）编制或修订应急救援预案，制订培训、演练计划。

（5）指导、监督和考核各省(自治区、直辖市)的应急管理工作。

（6）指导社会救援力量的发展，建立公共安全知识培训教育体系。

（7）统筹规划和调度物资装备等应急保障资源。

（8）公共危机爆发时，转为国家应对危机的具体指挥与协调机构，有权调动和指挥各种应急救援力量。[①]

（二）建立应急处置突发性事件的统一法律规范

以法律手段来处理与突发性紧急状态有关的公共事件，是世界各国普遍采取的对策。除美国和日本外，土耳其、加拿大等国也制定了应对各种公共紧急状态的统一的《紧急状态法》，并将其作为危机应急处置的基本行动纲领。统一规定政府在危机管理中的职权和职责，确定依法对抗危机事件的法制原则，不仅有利于增强政府应对危机事件的能力，还有利于最大限度地维护政府在紧急状态时期的合法性和权威性。

近年来，我国虽已制定了一些有关处理公共紧急事件的法律，例如处理重大灾害的《防震减灾法》《防洪法》《消防法》等，但这些法律本身的部门色彩较浓，缺乏政府各部门之间、政府和社会之间的协调合作。因此，在应对现代社会高频度、多领域的紧急事件时，危机应急处置的法制建设往往显得相对滞后。虽然我国宪法有危机事态处理的规定，但缺乏全局性的《国家安全法》和《紧急事态法》，致使全国性的危机管理还是缺乏专门性的法制保障。这就需要制定一部能够统一规定所有紧急状态下的政府行为，以及政府职责和权力的法律。因此，建议国家把涉及危机管理的不同部门各自独立的应对法律加以归纳、汇总，尽快出台一部全国统一的、居于核心权威地位的《紧急状态法》。通过立法手段确立不同职能部门之间应急处置危机的法治原则，改变我国目前实际运作中应急处置危机事件时各项法律部门色彩太浓的现状。

（三）积极培育和发展公民社会组织

公民社会组织是指各种非政府所属的公民组织，主要有非政府组织、公民的志愿性社团和协会、社会组织、利益团体和公民自发组织起来的运动等。平时它们可以成为及时、积极疏导社会不良情绪的"减压阀"和提示突发事件到来的"预警器"，而当突发事件真正到来时，又可以协助政府进行社会管理和紧急救助。由于我国长期形成的"大政府、小社会"的格局，使得我国公民社会组织还不够壮大，所以危机应急处置时的社会自我动员能力仍然十分薄弱，公民社会组织在危机应急处置中所起的作用微乎其微，从而也就加重了政府的负担。这就需要在政府的指导下，积极培育和发展公民社会组织，形成政府和社会共同管理危机的治理结构。

首先，要积极发展社会基层组织。在城市尤其要高度重视社区管理委员会的作用，通过社区自治组织，发展社区教育、社区医疗，提供社区服务，实施社区管理；在农村则要高度重视村民委员会建设，充分发挥农民自我管理的积极性，通过对村民委员会的指导，把政府的各项措施贯彻落实到各家各户。其次，要积极培育和发展志愿性的、不以盈利为目

---

① 夏一雪，郭其云. 公共危机应急救援力量管理体系研究. 中国软科学，2012(11).

的的非政府组织。政府要全面营造鼓励非政府组织发展的社会氛围，尽快建立支持非政府组织发展的制度和机制，以充分发挥其在危机管理中的重要作用。

（四）加强国际合作以提高危机应急处置能力

总结世界各国政府面对的各种危机，其前因和后果往往都具有国际性。特别是随着国际间交往的增多，发生在一国的危机可能会迅速波及他国，造成对全球经济、政治等方面的连带性冲击，需要全球共同应对。近年来，我国政府先后参加了许多国际性组织，在打击恐怖主义、金融犯罪、贩毒、维护地区安全等诸多方面与众多国家和国际性组织展开了前所未有的合作。今后在不损害国家安全利益的前提下，我国要继续加强与他国和国际组织的合作，要积极争取国际组织在资金、人员、技术、教育和培训以及道义上的支持，并加强与国际组织的信息沟通。

在加强国际合作的同时，我国还必须大力推进危机管理研究。虽然在现实的触动下，我国已开始对国外危机管理理论有所引入，但是关于这方面的研究还显得十分匮乏。因此，各级政府部门要加强与科研机构的合作，组织有关专家对危机管理机制问题开展深入研究，总结国内外危机管理机制建设方面的经验教训；特别要对国内外发生的危机事件和其处理过程进行系统分析，逐步探究出适合我国国情的危机处理方案，为今后的危机管理提供理论支持。[①]

第三节　实　验　设　计

一、实验目的

通过对理论概念的梳理与经典案例的剖析，可使学生掌握公共危机应急处置的相关知识与具体实践，同时锻炼学生对危机管理应急处置阶段的思考与分析能力等。

二、实验步骤

（1）通读实验技术方法等材料，以掌握分析公共危机应急处置的理论与实际操作的相关知识，并弄清政府危机应急处置的相关步骤与做法，以提升学生应急处置公共危机的能力。

（2）通过经典案例剖析，找到个案在公共危机应急处置过程的相关分析。

（3）对于我国危机应急处置体制建设进行扩充，以形成多项可供选择的意见。

三、实验要求

（1）为学生确定角色：在个案情境中，扮演各决策机构与决策成员。

（2）为学生确定任务：鉴于原有战略的实施过程严重受阻，需要马上决策。

（3）为学生确定题目：根据实验个案材料，提供三个思考题作为小组讨论方向。

（4）为学生确定时间：开始讨论后，需在30分钟内达成一致意见。

（5）实验时间为2小时。

---

① 朱晓霞，韩晓明.对我国政府公共危机应急管理体系的系统分析.学术交流，2009(3).

四、实验成绩

序号	实 验 要 求	分值
1	能否进入个案危机决策机构成员的角色	20
2	讨论是否积极认真	20
3	能否决策出解决难题的答案	30
4	是否语言流畅、文字简练、条理清晰	30

五、思考题

(1) 根据实时决策模式，就案例二分析其危机应急处置存在哪些问题？

(2) 根据实验方法与技术，通过案例二思考对我国应急处置与防震处置的启示？

第四节　实 验 材 料

危机应急处置阶段的最终目标是拯救民众的生命与财产以及保护机关与个人的信誉，其危机应急处置原则是迅速解决危机，避免二次危机，避免朝令夕改，加强"危机沟通"之角色与沟通注意事项。危机发生后，当事人应当保持冷静，先采取有效措施隔离危机，防止事态继续蔓延，再迅速找出危机发生的原因并进行化解处理；危机管理机构则需以最快的速度启动危机应变计划，如果初期反应滞后，将会造成危机的蔓延。要想取得长远利益，组织在控制危机时就应更多地关注消费者的利益而不仅仅是公司的短期利益；应把公众的利益放在首位，善待被害者，尽量为受到危机影响的公众弥补损失。

对于组织高层决策者和危机应急处置人员而言，决策能力是维持组织运作所必须具备的素养。这些决策能力包括快速判断、快速反应、快速决策、快速行动及快速修正的随机应变综合能力。当解决危机的机会出现时，组织应在科学的危机信息调查和准确的危机预测基础上迅速做出决策，把握机遇，及时控制、解决危机。

危机应急处置是以保护生命安全为中心，救援活动的时间限定在灾害发生后最初的72小时。中央和地方的防灾体系和制度是一个国家应急处置的组织保证。灾害发生前和发生后，由谁来管理、组织和实施防灾救灾行动，根据哪些法规来实施，所需的经费从何而来，这都是危机应急处置工作最重要的环节，唯有政府的指挥系统有效运转，才能保证将灾害损失减小到最低程度。除了人为灾害外，自然灾害亦严重威胁人类社会的生存与发展。1995年日本阪神淡路发生芮氏规模7.3级的大地震造成严重损失，日本政府及民间社会展开全面之抗灾救灾工作，其危机应急处置经验对我国极具参考价值；另在当今食品药物事件频发的公共危机环境中，2000年康泰克PPA事件的应急处置与管理等做法，也具有危机应急处置的参考价值。

以第一节的"2000年康泰克PPA事件"与"日本阪神淡路大地震"两个经典案例为实验材料，应用第二节的实验技术——公共危机应急处置管理体系方法，从危机应急处置管理体系、应急处置突发性事件的法律规范、公民社会组织、危机应急处置能力四个层面，进行案例在相应危机应急处置阶段的分析。

第五节 实验报告

院系		专业	
班级		学号	
姓名			
实验名称			
实验成绩			

一、实验目的

二、实验原理

三、实验步骤

四、实验数据

五、实验结果

六、讨论分析(完成指定的思考题和作业题)

七、实验总结及实验改进建议

备注:

实验教师:

实验日期:

第八章　公共危机善后与恢复

公共危机容易导致人员伤亡，生活境况恶化，个体和社会心理失衡，组织遭破坏甚至瘫痪，社会失序，社会、经济和生态环境破坏等问题。公共危机的恢复具有内容繁杂、形式多样、难度大、公众期望高、时间紧迫等特点。政府在应对大规模危机造成的各种问题以及善后恢复时，需要重点促进人的恢复，维护公共秩序，把握契机机会，鼓励企业、非政府组织等社会力量有序参与，明确危机恢复的步骤并采取相应的策略，从而实现由危机状态复原到正常状态。如何通过公共危机善后与恢复工作的经验进行组织必要的变革，是危机管理的重要任务。

第一节　经典案例

2003 年"非典"时上海市的"抗非"工作

一、案例背景[①]

2003 年，骤然而降的"非典"，让上海同全国一样处于一场猝不及防的危机中。聚集了 1600 万市民和 300 万流动人口的上海市，从 4 月 4 日发现首例"非典"病例后，在较短时间内迅速将"非典"防治导入平稳可控状态，最终将病例控制在 8 例，可谓是一个奇迹。为了提高城市抗灾御险的能力，2002 年上海市就组建了体现统一指挥、整合资源优势的综合减灾领导小组，把可能发生的灾害事故分为 19 类 25 个灾种，实施灾害分级管理制度，并聘请了一批知名专家、学者组成专家委员会，参与危机处理的决策和研究。此举从政府到企业、专家到市民，所有的人员组织和资源整合都相得益彰。

"非典"发生后，上海市迅速启动了"上海市公共卫生突发事件应急处置体系"，建立起了行之有效的监测、预防、报告和指挥系统。上海市"抗非"领导小组运筹帷幄、高效决策，"抗非"指挥部将各种危机信息整合处理，协调调度各种社会、经济资源；通过"上面一根针"理顺"下面千条线"，从医疗卫生部门到其他各工作部门，从前方到后方，每一方面都协同作战，形成了全社会共同参与的"非典"防治格局。

2003 年 2 月初，广东等地发生"非典"疫情后，上海市委书记就多次批示要密切关注，未雨绸缪，尽快做好上海市的"防非"预案，并连续召开会议研究防范措施及如何落实，上海的危机应急管理体系随即进入临战状态。2 月中旬以来，全市召开各种"防非"会议 60 多次，以把握态势，分析形势，研究趋势，并针对疫情可能出现的种种情况和发展趋势，准备

① 吴江.公共危机管理[M].北京：人民出版社，2004.

了 10 多套处理预案。

市民防办一直密切关注着全国"非典"疫情的发展动态，进入 4 月份，及时召开市减灾领导小组成员单位和各区县联络员会议，加强"防非"工作的信息交流，明确相应的应急指挥、协同程序；对已制定的应急指挥中心启动方案进一步细化，明确启动程序、步骤以及各单位的应急职责和具体措施；加强应急信息报告，做好每天向市防病办的情况汇总报告，主动与市卫生局沟通，全面掌握本市 110 个监控点的工作信息、相关医疗机构和专家的研究成果、药品储备、科研攻关等情况；确保应急通信通畅，800 兆无线通信系统和已建成的音频、视频通信（会议）系统处于应急待命状态；进一步明确民防应急召唤网络，确保相关人员在职在位且随叫随到。

2003 年 4 月 4 日，上海市出现首例"非典"病例，"上海市公共卫生突发事件应急处置体系"立即启动。当天下午，上海防治"非典"联席会议制度建立；4 小时内，承担综合协调功能的 18 个小组到位，通信、信息、交通、后勤等保障设施悉数开通运行；专司防灾抗灾的民防大厦被紧急启用，成为上海市"抗非典"的指挥中枢。此次危机管理做到了早早追踪疫情，早早准备预案，及时向公众通报，将千头万绪的"抗非"工作始终掌控在预案设计的管理流程中，临阵不乱。

4 月 25 日下午 3 时，上海市委、市政府做出重大决定，即在市防病办基础上成立市防治"非典"指挥部，进驻民防大厦市救灾应急指挥中心，并要求 24 小时内做好启动市救灾应急指挥中心的各项准备工作。不到 24 小时的时间里，指挥部的 2 个办公室、9 个小组将近 100 人要进驻民防大厦市救灾应急指挥中心。在时间紧迫、任务繁重、人手不足的困难情况下，市民防办各部门迅速行动起来，投入紧张的准备工作中。两小时后即下午 5 时，计划、方案制订完成，从办公设备采购、办公场所安排布置到制作席卡、胸牌、通行证等，事无巨细一一落实。下午 5 时 30 分，《上海市灾害事故应急处置总体预案》和 19 类 25 种《上海市灾害事故应急处置分预案》的启动准备工作完成。这些预案对可能影响和侵袭本市的 19 类 25 种灾害事故划分了灾害等级，明确了灾害的主管和责任单位、应急救援单位、协助处置单位、应急处置规程、应急通信联络等要素。

4 月 26 日凌晨 2 时，信息和通信要素的配置与开通工作仍在紧张进行中。4 月 26 日中午 1 时，指挥、通信、预案、勤务、后勤等各项保障工作就绪，市防治"非典"指挥部顺利进驻。早在 4 月 4 日上海市委常委会就决定：主动公布疫情和政府措施，以稳定民心；加强疫情评估。宣传、卫生等部门仅用 4 天时间，就完成了《防范非典市民手册》的策划、撰稿、印刷和出版全过程。这本图文并茂的《防范非典市民手册》，首批印数高达 100 万册。随即，各类新闻媒体一齐开设"防非"专题，相关宣传资料和画报广为发放和张贴，街头巷尾、社区里弄，随处可以看到宣传防治"非典"知识的宣传画、贴报栏等。市民对非典防治知识的知晓率接近 100%。政府采取了哪些"抗非"措施？疫情进展怎么样？市民应该配合政府做些什么？……这些热点问题都定期或随时向市民通报。

4 月下旬，上海市进入防治"非典"的关键时刻。市委决策层再次严正明确：以块为主，建立属地化管理体制，切实把"防非"工作覆盖到上海市全境。全市 3500 多个居委会迅速设立了"防非"监督员，各自快速对就近的宾馆、饭店、网吧等人员密集单位展开"防非"培训。

5 月上旬，上海相继出现两例"非典"病例，随后又检查出需要隔离、防控的千余名相关接触者，情况十分危急。此刻，以块为主的属地化管理模式顿时显现出极高的工作效率，这些人员所在社区的街道和卫生机构立即履行通风消毒、健康登记、体温监测等一系列医学观察，以最快速度阻断了"非典"的传播渠道。5 月 26～28 日，世界卫生组织（WHO）的专家小组再次来沪考察。WHO 顾问希拉里·佩雷拉女士说："这次考察使我们确信上海的防范措施是严密而有效的，上海所报的 SARS 病例数是准确的，上海是安全的、令人放心的，上海的经验应该为全球共享。"

二、案例分析

上海市成功处理危机的关键在于：一为反应快速——迅速启动了"上海市公共卫生突发事件应急处置体系"；二为资源整合——上海"抗非"领导小组及指挥部是各种危机信息的整合处理中心和各种社会、经济资源的协调调度中心。上海市应对"非典"危机的具体经验可归纳以下几个方面：

1. 未雨绸缪，预警成熟的操作方案

近年来，上海市民防办大力推进战时防空、平时防灾的两防一体化建设，并在做好人防战备工作的同时，积极参与城市综合减灾工作。围绕建立上海城市综合减灾体系的总目标，市民防办提出了通过推进组织整合、信息整合、资源整合的三项整合，建立灾害事故的应急指挥体系、应急保障体系和应急防范体系三个体系。2002 年实施的"四个一"建设，在这次抗击"非典"的斗争中发挥了重要作用。这"四个一"分别是：

(1) 一个基于 GIS 的减灾基础平台。这个平台应用"数字上海"建设中已取得的先进成果，在高水平的城市地理信息系统上建立起反映各类灾害特征和灾害环境的基础信息库，改变了长期以来各灾害管理部门所使用的电子地图和基础平台不一样、信息资源不能共享、不利于统一指挥和集中决策的现状。

(2) 一个各类灾害事故辅助决策预案数据库。在应急处置预案的基础上，用仿真和模型的方法，提供在各种情况下灾害事故发生时的辅助决策意见和解决方案。

(3) 一套减灾信息和数据的管理维护机制。各相关责任单位信息分系统的建设不仅要统一基础平台，还要统一数据标准。只有技术标准统一，才能真正实现互联互通和资源共享，有利于建成覆盖全市的减灾综合信息管理系统。

(4) 一个覆盖全市的灾害事故应急处置联动系统。整合现有的通信、信息网络，为协调全市灾害事故应急处置提供了统一的指挥调度手段。同时，市民防办秘书处还及时编印了《非典防治动态》，以简报的形式收集、汇总、分析世界各国各地区"非典"防治形势，供指挥部领导掌握情况，开阔视野，借鉴参考。

2. 透明公开的信息和家喻户晓的宣传

"非典"病例在上海刚一露头，体现快速反应的 1 号通告及举城"抗非"的 10 项具体措施迅即被广而告之；紧接着，市政府又通过媒体颁布通告，做出上海市"防非"八项规定，并建立发言人制度，每天通报疫情，每周举行新闻发布会，及时让市民获取信息以加强防范。这些工作不仅让普通民众心里踏实，更形成了强大的社会凝聚力，有利于政府的危机处理措施发挥出最大效应。

3. "以块为主"，建立属地化管理体制

早在 2002 年上海市就打破传统以条为主的单灾种防御体系，建立起适应市场经济条件和特大型城市发展规律的危机应急处置机制，其充分运用了党和社会主义制度的组织优势，借鉴了先进城市的危机管理经验。"防非"工作从一开始就明确实行属地化管理，依托现有的"两级政府、三级管理、四级网络"的城市管理体系，由各区县政府负责领导辖区内的"非典"防治工作。一是条块结合，纵向到底；二是以块为主，横向到边；三是细分网格，密不透风。各区县对辖区内的"非典"防治工作负总责，辖区内的所有单位，不分行政隶属关系，接受各区县政府的统一领导、统一指挥、统筹协调。市、区县、街道乡镇，以及各委办局，都相应成立了指挥部或联络组、工作组。职责分明、条理清晰的危机应急机制，顿时显现出极高的工作效率，实现了公共卫生系统与社会支撑体系的"无缝对接"。

随着工作的不断深入，监测点不断扩大，真正实现了群防群控。尤其加强了进出口岸、道口的防范，确保阻断病源；不断完善应急处置预案，根据疫情的变化确定不同的处置方法，做好防大疫、打持久战的准备等。一些管理学者十分赞赏上海市较早确立"以块为主"的"抗非"模式，认为这完全契合现代公共危机管理注重信息管理和分级管理的要求，有利于将全市各方置于社会整体中，群防群控，形成合力，改变了过去防病抗灾中"多龙治水"的体制性弊端，大大提升了危机处理的效率。

4. 郊区的防治工作被纳入全市统一格局

为严防"非典"向农村地区扩散，上海市"抗非"领导小组认真落实 2003 年 5 月 6 日国务院召开的电视电话会议精神，针对农村居民居住分散的基本特点，在郊区建立规模更大的监督员队伍，仅松江区就组建了 3900 多人的监督员队伍。市农委还编印了 55 万份宣传资料发送到郊区农村，用于加强对干部和农民群众的宣传教育，在郊区初步形成了防范"非典"的指挥、信息、监督联络和医疗救治网络。

5. 出台针对"非典"的若干政策和若干规定

"非典"期间上海市还出台了两个"12 条"政策，即降低"非典"对本市部分行业影响的若干政策和进一步做好"非典"防治时期社会保障工作的若干规定。这两个"12 条"，是上海市政府为妥善解决"非典"对经济发展和社会稳定造成的负面影响而制定的。前一个"12条"政策主要包括两方面的内容：1～6 条是支持"非典"一线防治工作的政策（如对于防治"非典"有关的收入免征个人所得税等）；7～12 条是扶持受影响行业或企业的措施（包括对旅馆、公交和长途客运取消或暂免征收有关费用等）。后一个"12 条"政策更是与市民个人利益直接有关，如病人或医学观察者在接受治疗和医学观察期间，用人单位不得与其解除劳动关系，在隔离期间按出勤处理，享受原有的工资福利待遇等，体现了政府对群众生活的关心。

第二节　实验方法与技术

本节通过实验法和技术的描述，帮助学生理解并掌握公共危机善后与恢复工作的具体实践，包括公共危机善后恢复的基本概念内涵、善后恢复工作的思考方向，并特别针对公共安全危机的善后恢复介绍了详尽的原则和步骤。

一、公共危机善后恢复的基本概念

公共危机的发生会干扰社会的正常运行，影响社会运作的连续性，而公共危机善后恢复即尽力减轻危机造成的损害和损失，将社会的各种活动恢复到危机发生之前的状态。概括来说，公共危机的善后恢复有两个方面，一是要促进人的恢复和公共秩序的恢复，这是公共安全危机恢复中的首要目标和基础，也是衡量整个危机恢复成效的主要标准；二是要促进经济、社会、生态环境的恢复。一般来说，公共安全危机的恢复是指公共安全危机发生后，由政府及社会各方利用各种措施进行复原和重建的过程，它既包括经济、社会、生态环境等内容的恢复，也包括对受到影响的组织和个体的恢复。

公共危机恢复可分为短期恢复和长期恢复两种。短期恢复往往在危机发生后立即开始，并常与前一阶段的危机应对工作交叉。短期恢复时常包括维护现场秩序，提供必要的公共安全和健康服务，恢复中断的公用事业及其他必要服务，重建交通路线，为流离失所的人提供食物和庇护场所等内容。虽被称作"短期恢复"，但其中有些工作也可能会持续数周。[①] 长期恢复可能涉及一些与短期恢复相同的工作，其时间长度取决于危机的严重性、破坏程度和受影响对象的特点，可能持续数月或数年不等。比如，美国遭遇"9·11"恐怖袭击后，纽约世贸大厦周围的清理恢复用了将近 9 个月时间，期间共清除废墟垃圾 164 万吨。

公共安全危机的恢复管理也是西方国家不得不面对的问题，它们在公共安全危机的恢复中，大都强调围绕社区（Community）开展恢复工作。英国内政部（Home Office）在《公共安全危机恢复指南》中指出：恢复是在危机发生后的社区复原和重建过程。美国国土安全部（DHS）2008 年发布的《国家反应框架》中认为，在恢复的范畴内，就是采取行动使社区、个体、国家回到正常状态。新西兰民防和应急管理部的研究认为，危机发生后，恢复是短期和中长期对社区整体有效再造的各种努力和过程的协调。总的来看，公共安全危机恢复过程就是以人为中心，以人的生存环境为重点，积极开展社会、经济、生态等环境的复原和重建过程。

原则上，在危机情境规划阶段制定计划时，就应该同时包括危机复原计划，即早在危机爆发前就有复原的准备，危机爆发后才能按部就班地根据计划执行危机恢复。复原计划就是如何让新的组织结构与功能持续、稳定地运作。组织通过体制转型，运行于新的环境之中，将创造新的利基，以达到永续发展。当然，危机造成的实际损失与预期可能的损失会有一些差距，但至少复原工作不会产生慌乱的情况；在复原管理上，这个差距会影响复原的速度及进度，管理者必须根据实际情况开展复原工作。

危机处理工作告一段落后，善后工作仍不可轻视。就如同企业要讲求良好的售后服务才能赢得消费者的信赖得以继续经营一样，政府组织也必须在公共危机发生后重拾社会的信任，并再度凝聚组织内部的向心力，才能继续实践其使命。政府组织对危机所产生的后续问题，如组织内外部人员的安抚与照顾、组织架构的重建及形象口碑的再造等，皆需作适当的规划处理，以期能尽快摆脱受创后的阴霾，迎接未来。对危机的发生应有客观深入的调查与了解，并针对相关问题确实检讨改进；对危机处理的过程有无缺失、是否适当等问题，亦应一并检讨，并将此经验纳入危机管理的范畴，以防杜下一个危机的发生。

在危机发生后的善后恢复阶段，政府应当立足于现实的危机，明确大规模危机事件发生之后组织工作的目标取向和政策取向。为此，政府需了解、确定和解决两个重要任务。

① 游志斌. 公共安全危机的恢复管理研究[J]. 风险管理，2008(12).

第一，处理好危机善后工作，即组织以危机的解决为中心和契机，配套解决和控制一些与危机问题相关且可能导致危机再度发生的社会问题，巩固危机管理的成果。第二，从危机中获益，即组织通过对危机发生原因和危机应急处置过程的细致分析，总结经验教训，提出组织在技术、管理、机构设置及运作程序上的改进意见，并进行必要的组织变革。

妥善的复原工作可以使危机造成的损害程度降到最低，而妥善的复原工作也可以增强组织内部的自信及外部对组织的信任，并有助于巩固组织内部的团结。

在危机事件结束后，对所发之事及处理方法进行评价是非常重要的，因为这样做有助于辨别所发之事——这是认知目标；寻找可以防止危机再次发生的措施——这是抑制目标；制订可以完善应对和重建行动的计划——这是准备、应对和恢复的目标。

在危机事件结束后，政府需要成立一个调查及评估小组，对整个危机管理活动进行调查及评估，以便总结经验教训。该总结工作分两个层次进行：

第一个层次是针对所发生的危机本身进行总结，即调查危机是怎样发生的，查明引发危机的原因，并采取必要的步骤以防危机再次发生。

第二个层次是针对政府危机管理的总结，即反思政府应对危机事件的全过程，评估政府应对危机时所做的决策与所采取的行动，从中发现政府危机管理的不足之处，以进一步完善政府的危机管理程序与制度。

二、公共危机善后恢复工作的重点

就政府组织而言，可从组织内、外部环境来分析其在危机善后恢复工作中应注意的重点与具体做法，以下从四点进行说明。[①]

（一）变危机为机遇

公共安全危机恢复阶段面临诸多困难，如果忽视危机恢复，或者危机恢复的方式、措施不当，还容易引发新的危机。同时，危机恢复工作也可以提供一个至少能弥补部分损失和控制混乱的机会。在危机结束后，以恢复为契机，通过总结教训可以修订区域发展计划，改善公共基础设施，提高国民安全意识，创造新的产业复兴机会。另外，危机后的恢复过程也常会给社会公共安全管理和服务带来一些新的机会。无论发生的是何种类型的危机事件，组织都应当在危机发生后及时利用这些经验，培养民众的危机意识，提高其危机应对能力，增强社会整体的防灾水平。

为此，组织需保持危机处理的机能，平衡环境的挑战及冲击，维持环境的稳定状态，透过教育训练将新的结构、程序与功能制度化（Institutionalization），使危机转化为转机。不应当以单纯某一个危机事件的终结为目标，而应该结合此次危机事件处理过程的各种契机，将危机转为机遇，顺利进行观念更新、产品革新，重新塑造组织在公众心中的良好形象，以维持组织和社会系统的正常运作；通过实际的分析工作如 SWOT 分析策略，会有助于将威胁或危机转化为机会，以及将主体本身的弱点转化为优势。简单地说，公共危机管理机构应通盘检讨危机应变处理策略，累积应变经验，化危机为转机。

除了要让组织快速恢复正常运作，还要让组织具备鉴往知来的能力，不再重蹈覆辙。事实上，很多成功的危机善后都是借由危机的冲击进行体制转型，透过危机对组织成员的

① 薛澜，张强，钟开斌.危机管理：转型期中国面临的挑战[M].北京：清华大学出版社，2003.

冲击和刺激，唤起其共同的生存意识，重新凝聚力量，改进工作流程及提升质量标准，营造更大更好的反弹效应。这就是危机所能创造的利基，一般称之为"劣势转型"。

（二）危机后的恢复重建

危机会影响社会或组织的生存和稳定，特别是自然灾害和工业安全危机事件，往往会造成组织或社会一定程度的失衡和混乱。因此，政府及其他组织要在危机发生后尽快帮助受灾群众进行生产自救，以便尽快恢复社会正常的生产和秩序，包括给予企业必要的经济援助以弥补危机损失，及时提供民众生活日常与急需物品，以及解决社会矛盾等。实施这些措施的主要目的是为了稳定政局，恢复经济和秩序。一般而言，组织可通过分析损害程度、提供医疗服务、提供临时住所和制订重建计划等，开展恢复重建工作。

首先，人的恢复和公共秩序的恢复是公共安全危机恢复的首要问题。危机爆发后，人的生命最有可能受到威胁，只是受威胁的程度有所区别而已，因而公共安全危机恢复要以维持和保障人的生命安全为首要任务，努力促进包括生理和心理等方面的全面恢复。例如，2006年日本警察厅专门制定了《国民保护计划》，对危机恢复中如何保护国民生命安全作了明确安排。另外，危机发生后，由于社会各组织机构运行不畅，公共管理和服务功能失调，可能导致一定程度的社会失序，进而引发政局动荡和经济萧条，甚至导致社会发展停滞。从公共管理和服务功能来看，危机容易造成单个或多个社会组织无法正常开展业务，使公共组织的功能和服务出现障碍，因而需要对这些部门或机构进行重构或重建，以维持公共部门的完整性，促进社会秩序的恢复；从社会运行角度来看，危机会造成人员的伤亡和心理障碍、生命线系统受损、工作和社会环境失序，使整个社会的运行出现障碍，因而需要恢复社会运行的整个链条，以保证公共秩序的恢复。

（三）受灾人员的安排

在大规模公共危机事件发生后的恢复期，政府及其他组织必须面向公众，争取广泛的社会支持，即进行危机事件相关者的善后安排工作。

第一，建立与健全被害人援助制度，使危机造成的社会震荡降至最低限度。一方面，危机管理者应当保护直接被害人，并向其亲属提供真实信息，同时还应对所有潜在被害人加以保护，通过有力的防范措施避免新的危害；另一方面则是避免危机造成社会民众的恐慌，即危机管理者需建立健全灾害后的心理援助机制，以稳定民众情绪。

第二，区分危机的相关者。危机相关者的范围比较广泛，可能包括领导、参与危机管理的人员、危机直接受害者与危机间接受害者等。危机管理者除针对前述第一种情况采取相应措施外，对于其他危机相关者也必须谨慎采取应对政策和策略。

第三，恰当处理参与危机管理者。一般而言，参与危机管理者的善后原则需依据危机性质与其造成的社会影响而定，对于参与群体的核心人员与多数群众应根据不同情况给予不同对待，并掌握分寸。在组织成员的信心重建方面，领导者或管理者应透过危机管理计划的呈现与说明，促使成员形成"新环境、旧冲击"的经验意识，使其能够以平常心去面对日后的工作；与此同时，还要使组织成员通过复原计划的参与，在潜移默化中形成对组织功能的承诺。简而言之，恢复管理在信心重建上就是让成员认知新环境和旧冲击，进而形成对组织的承诺。

（四）独立调查制度

在危机处理阶段，政府及其他组织需设立第三方独立性质的调查制度，以便公正甄别事件诱因并吸取教训，防止类似灾难事故的再次发生。另外，独立调查委员会还应当进行责任归属、纠纷处理及补偿分配等工作。需要说明的是，在建立权威的独立调查制度的同时，政府及其他组织应当强化行业协会的自律和监管，建立和完善行业质量监督体系，充实行业监管队伍，建立行业调查委员会、惩戒委员会、技术鉴定委员会，提高行业监管的权威性。第三方独立性质的调查委员会必须从政治、经济、文化等多方面公开甄别危机事件的诱因，并提出事故处理及防止类似事故再次发生所采取措施的处理建议；相关调查报告也应尽快公之于众，使民众了解危机事件的真相，以正视听，并使组织在总结经验教训的基础上，能在技术、管理、组织结构及运作程序上加以改进，以避免类似危机事件的再次发生。

三、公共安全危机善后恢复的基本原则[①]

公共安全危机的恢复实际是通过提供专业服务和各类资源，使个人、家庭和社区尽可能恢复到危机前水平的运作流程。恢复工作需要社区、危机管理机构、军队等参与方能够理解恢复规划和管理安排，重视恢复工作系统性、复杂性、动态性和长期性的特点，了解受影响的个体、家庭、群体甚至整个受影响地区内的需求变化；鼓励广泛有序的社会参与，不仅要让受影响的基层社区和政府社会福利机构积极参与，还要让其他公共部门和民间组织共同参与，同时要尽可能地吸纳公共危机管理方面的专业人士予以指导。

在公共危机发生后，要争取第一时间开展恢复工作，如果条件允许，则要迅速成立恢复协调小组。同时，要尽快制定恢复规划，并要指导和帮助相关组织机构开展针对恢复工作的培训和演练，加强风险管理工作，建立适合当地需要的整合风险管理框架，充分考虑危机恢复阶段各种可能遭遇的风险。

1. 以人为本的原则

以人为本是公共安全危机恢复中最重要的原则。以人为本，就是在公共安全恢复中以保障人的生命安全为基本，以最大限度拯救人的生命、救助危机中的个体和保障其应有的社会福利作为危机恢复工作的出发点和落脚点。

2. 政府救助、社会救助和公民自助相结合的原则

政府救助、社会救助和公民自助相结合是公共安全危机恢复的客观需要。公共安全危机恢复中常常遇到由于受损程度、时间、人力、后勤保障等条件的限制，出现短时间内恢复困难甚至难以恢复的情况。这就需要在发挥公民自助的基础上，结合当地的社会、经济、环境等实际情况，鼓励民间组织积极参与配合，以促进恢复工作的开展。

3. 时效性和成本效益相结合的原则

时效性和成本效益相结合是公共安全危机恢复工作的特点，以及公共部门的社会管理和公共服务职能的内在要求。传统的公共安全危机恢复往往忽视成本效益的问题，这容易在重大危机恢复中造成公共资源的严重透支和浪费。时效性和成本效益相结合原则要求在以人为本的基础上，充分考虑恢复工作的特点，加快施救的速度，同时科学规划和有效利用公共资源，加强对包括恢复工作绩效评估在内的危机恢复研究，并通过有针对性的培训和演练等形式，最终促进社会的尽快恢复和可持续发展。

---

① 游志斌. 公共安全危机的恢复管理研究[J]. 风险管理，2008(12).

4. 恢复与规划、系统防范相结合的原则

将恢复与规划、系统防范相结合，是以公共安全危机的恢复工作为契机，加强全过程危机管理能力的客观需要。这就要求在恢复工作中充分汲取危机教训，总结实战经验，切实着眼于危机预防、应对和恢复的整体需要，系统地加强危机管理工作。

四、公共安全危机恢复中主要的参与者

在公共危机恢复中，通过广泛有序的社会参与，体现了政府救助、社会救助和公民自助相结合的原则以及时效性和成本效益相结合的原则，有助于提高公共危机解决的效率，节约政府的人力、物力，促进社会可持续发展。现代政府承担着公共服务和社会管理的职能，但各级政府所拥有的资源和能力又都受到不同程度的限制，特别是在遭遇大规模公共安全危机时，往往需要在较短时间和特定空间内聚集大量各类资源，这对政府甚至一个国家的公共危机恢复能力提出了更高的要求和挑战。

2001 年"9·11"恐怖袭击事件发生后，纽约市政府不得不请求联邦政府的恢复支持；1995 年日本神户大地震发生后，神户市的恢复工作得到了中央政府的全力支持，全过程总共耗时近十年。不难看出，公共安全危机的恢复客观上要求政府在平时建立必要的资源储备，加强跨部门协调与协作的同时，还必须促进社会组织广泛参与恢复工作，整合和借助社会力量，推动危机后恢复工作的深入开展。

1. 政府

作为参与公共安全危机恢复的主体，政府往往在整个恢复过程中发挥着主导作用。在重特大公共安全危机中，常需要政府在组织相关专业技术人员，调派装备、器材以及提供金融和财政等方面作大规模协助和支持。从制度层面来看，政府的危机管理制度设计水平和危机决策能力是做好公共安全危机恢复管理工作的前提和基础。在具体的危机恢复工作中，政府不仅要处理好内部横向部门间的配合工作，还要顾及纵向上下层级间的协助，同时还要考虑与外界的联系与沟通；另外，要建立与相关组织的互动协同机制，促进企业、非政府组织和志愿者在危机恢复中的有序参与，这些都直接影响着危机恢复工作的成效。

2. 企业

企业在公共安全危机恢复工作中的作用多样且关键，有的企业直接提供资金、物资支持，有的通过商业保险业务对受灾人员和财务予以补偿。从公共安全危机恢复的角度看，保险可分为以市场机制为导向的商业保险和以社会福利为导向的社会保险，前者通常是企业和市场行为，后场常常是政府和公共行为。商业保险由于可以直接缓解政府的财政压力，所以备受推崇。换一个角度来说，遭遇或受公共安全危机影响的企业能够继续开展业务，本身就已经是对整个恢复工作的贡献。2001 年"9·11"恐怖袭击事件发生后，美、日、欧等国和地区的政府及企业都在积极探索遭遇危机后业务可持续性管理的问题，即在企业遭遇重大公共安全危机后，不停止或能在最短时间内恢复重要业务活动的问题。

3. 非政府组织和志愿者

非政府组织和志愿者的有序参与，可以有力推进公共危机的恢复工作，找到甚至清除被政府和企业"遗忘"或迟迟得不到解决的"死角"。近些年，非政府组织在公共危机管理中的作用越来越受到各国各地区政府的重视。非政府组织和志愿者通过社会募捐和宣传等手段和渠道对个体和某一社会群体的救助，直接促进了危机恢复工作的顺利开展。一些志愿

者还成立了促进危机恢复工作的专业组织，提供直接恢复服务，如英国的志愿者组织就已经开展了针对受害者及其家属的感情和心理方面劝慰的服务。

五、公共危机善后恢复的方法

公共安全危机的恢复具有内容繁杂、形式多样、难度大、公众期望高、时间紧迫等特点。仅从恢复对象来看，既有实体的，如人、企业、建筑物、信息系统等，也有虚拟的，如心理、制度等；既有针对社会、政府、组织的，也有针对个体的；在地理范围上，有时是一个小的区域，有时则超出一国的范围。这就需要理顺公共安全危机恢复的基本步骤，主要的善后恢复方法与策略如下。

（一）建立危机恢复的领导机构

公共安全危机的处理进入恢复阶段后，危机形势已经相对比较稳定，为了便于对公共安全危机恢复工作的组织协调和综合管理，可以在恢复期间设立专门的危机恢复管理领导机构。目前，世界上一些国家都在探索恢复阶段的组织领导工作。中国政府在 2008 年南方地区的低温雨雪冰冻灾害中，依托国家发展和改革委员会设立了应急指挥中心，用以加强危机管理，组织开展灾害恢复工作；美国的联邦政府、州政府可以在危机应对中根据需要决定是否成立灾害恢复中心（Disaster Recovery Center）；英国政府在公共安全危机恢复阶段成立专门的恢复协调小组（Recovery Coordinating Group, RCG），其负责人通常来自警务部门，可下设财政、沟通（媒体/公共关系）、业务和经济恢复、环保和基础设施、科学技术顾问组、当地恢复委员会、社会福利和医疗卫生等部门，对推动整个恢复工作有效开展发挥了重要作用。

（二）收集信息，开展前期评估

危机恢复管理领导小组应全面收集信息，因为只有了解危机的破坏性和严重程度，并对危机的损害做出全面、客观的评估，才能确定恢复的具体内容和对象。在危机恢复的前期评估工作中，一方面要通过对危机影响的调查来了解与之相关的第一手信息，另一方面要通过专门人员进入危机现场对损失进行现场调查和评估。最后，综合两方面的调查结果，形成对危机损失的全面认识。

为保证危机恢复评估工作的质量和进度，前期评估要注意三个方面。一是应尽可能运用系统的分析方法，统筹考虑和筛查危机恢复中各环节、各类型的损害和风险评估，特别要加强动态性的评估。比如在群体性事件平息后，要随时掌握有关人员的动态信息，追踪了解其诉求解决的进展情况，评估事件再次恶化的风险。二是要充分发挥包括恢复小组在内的多部门、多学科专家，以及其他社会力量的作用，运用现代科学技术与方法开展恢复评估工作。三是需要充分考虑各种危机导致的次生、衍生问题等对恢复工作的影响，并注重运用综合手段进行分析。

（三）确定所有可能需要恢复的对象和内容

公共安全危机造成的损害不仅只有那些显而易见的损失，还有其对社会心理等方面造成的损害。危机恢复前，危机恢复小组要根据所收集的信息，对危机造成的损害进行全面评估，以了解所有需要恢复的对象。确定所有潜在的恢复对象，需要紧密结合本地区恢复的实际情况，并围绕预防和危机处置的客观需要，同时还需要全面地了解信息和进行广泛的讨论，参与讨论的人员可以来自公安、民政、医疗卫生、交通、市政等部门。

（四）对危机恢复对象和内容的重要性排序

公共部门在特定时间和特定空间内，受到资源、环境等因素的制约，其恢复能力往往受到一定限制，因而需要分清恢复工作的优先次序，特别是恢复对象的优先次序。2008 年中国南方地区发生低温雨雪冰冻灾害，温家宝总理提出了"通路、保电、安民"的工作纲领，实质上是把"通路、保电、安民"作为危机恢复工作的最优先内容。

（五）制订恢复计划

通过损害评估确定危机恢复的目标和对象后，公共安全危机恢复管理的领导机构则需制订危机恢复的计划，以便增强危机恢复工作的规划性、统一性和指导性。《国家突发公共事件总体应急预案》针对恢复重建提出，根据受灾地区恢复重建计划组织实施恢复重建工作；《中华人民共和国突发事件应对法》第 59 条要求，在突发事件应急处置工作结束后，履行统一领导职责的人民政府应当立即组织对突发事件造成的损失进行评估，组织受影响地区尽快恢复生产、生活、工作和社会秩序，制订恢复重建计划，并向上一级人民政府报告。

2008 年中国南方地区的低温雨雪冰冻灾害中，设立在国家发展改革委员会的应急指挥中心就制定了《低温雨雪冰冻灾后恢复重建规划指导方案》，明确了灾后恢复重建的主要任务和领域，为做好灾后恢复重建工作提供了有力保障。当然，如果危机前的恢复规划或相关预案仍可适用，则应结合其开展危机恢复行动。危机的恢复计划通常包括以下几个方面：

1. 危机恢复计划中的常规项目

实际上，公共安全危机恢复规划或相关预案最好在危机发生前就拟定完成，且能在危机发生后尽快完善，并迅速实施。在制订计划的过程中，相关部门应结合具体的危机类型、受损情况、有关公共设施所属机构的权责及公众愿望等因素，以促进人的恢复和维护公共秩序为目标，以增强公共安全危机抗御能力为标准，修订或制订恢复重建计划。此过程要注意进行科学论证，以提高恢复计划的可行性和可操作性。首先，确定危机恢复的目标，要在恢复计划中详细说明危机恢复所要达到的目标和确立危机恢复目标的原因，以及目标实现的可行性分析等。其次，分析危机恢复所面临的情势，既包括恢复中的有利条件，也包括不利条件。再次，确立危机恢复的指导思想和恢复思路，其中恢复思路通常包括恢复的方式方法、阶段划分、步骤、进度等。然后，明确恢复的重点、任务和政策措施。最后，制定实现恢复的保障措施，以便于开展恢复工作，其通常涉及组织领导、信息安全、通讯保障、资金、人力资源等方面。除此之外，恢复计划还包括恢复工作中相关责任人的联络方式、计划的执行单位、计划的阅读对象、计划的监督等。

2. 危机恢复计划中的常见内容

危机恢复计划中的常见内容包括实体重建和心理重建。实体重建主要是指对危机中受损的基础设施、信息网络、居住区域和生态环境等实体对象进行复原和重建。如大型公共场所发生火灾后，安全管理等相关部门应对其周围的区域环境开展安全评估，为受损的建筑物、构筑物和环境的复原提供准确依据，并为重建工作提供帮助。心理重建是指危机发生后，相关部门必须采取相应措施，对经历危机后的公众进行适时、正确的心理疏导和干

117

预，以避免其心理危机和心理问题的发生。

3.人员的疏散和安置

人员安置可分为短期安置和中长期安置。短期安置可考虑划定专门的疏散区域、线路和转移场所，必要时还可成立危机收容中心，以收容灾民。收容中心应具备基本的生活设施，收容时应尽量保持原有社会、生活的单位，使灾民在心理上能互相支持。中长期安置应针对无法回家的居民，以其原居住地为中心向外围疏散，或是安置在临时住所，或是兴建临时住宅；与此同时，对房屋受损情况进行调查。

4.资源管理

公共安全危机往往会在短时间内给人员、物资需求等方面的管理带来沉重压力，此时恢复工作的领导机构需要厘清不同部门间相互冲突的要求，评估和核查恢复工作对各类资源的实际需要，协调内部各部门开展恢复工作。

5.形象管理

危机发生后，公共部门的公信力容易受到质疑。在恢复阶段，公共部门应对自身的形象进行客观评估，找出需要改进的措施或紧急补救的手段，不但要注意受灾区域内的公众对公共部门的评价，还要注意社会舆论甚至国际舆论带来的影响。

（六）总结整改和监督落实

在危机恢复计划的指导下，各相关公共管理部门在全面展开危机恢复行动的同时，也要从危机中总结经验和教训。相关单位和部门，特别是主要的管理人员要认真反思危机应对的全过程，并加强危机恢复工作的监督落实。

1.追踪调查和相关责任人的奖惩

依靠客观公正、及时高效的追踪调查机制，实时掌握危机的发展状况，分析其可能的动向，并及时做好应对工作。以1995年3月20日在东京发生的沙林毒气案为例，事后日本警方立即展开调查，迅速断定是奥姆真理教所为，并于3月22日与自卫队防化部队包围了富士山脚下的奥姆真理教总部；同时在全国范围内对该教25个据点进行调查，并以维护治安和查处刑事犯罪为由，对200多名嫌疑人进行逮捕讯问，如调查失踪人口、指控该教人员无照驾驶车辆、违反交通规则，涉嫌绑架等。此外，对于公共管理部门中明显的、重要的责任单位和责任人，应在危机处置过程中给予必要的惩罚；对于次要的责任单位和责任人，如果在危机处置中没有及时处分，应该在恢复阶段予以处理；同时，在恢复阶段还应该对危机应对中尽职尽责、表现优异的部门和个人给予奖励或表扬。

2.整改

整改工作主要包括以下三个方面：

一是体制和机制的调整。在危机恢复的实际工作中，容易发现哪些体制需要改变，哪些机制需要加强，如2003年中国遭遇"非典"后，中央政府开展了应急管理的"一案三制"（预案、体制、机制、法制）建设。

二是部和机构的调整。通过危机事件能够发现相关公共管理部门中哪些机构是合理的，哪些是不合理的，然后做出适当的调整。2001年"9·11"恐怖袭击事件发生后，美国国会独立调查委员会建议成立"国家反恐中心"，统一负责打击伊斯兰恐怖主义相关工作的国内、国外战略情报收集和行动策划。

三是人员的调整。危机事件是检验主要管理者能力的试金石，通常可以通过危机事件找到部门和人员调整的新凭据。"9·11"后，美国国会独立调查委员会建议中情局局长的职位由国家情报总长担任，以对美国政府负责的各个情报中心进行监督，并管理国家情报计划，监督相关情报机构；同时，建议改组美国国内防务部门，并建议联邦调查局成立一个由探员、分析员、翻译和监控专家组成的专业化综合国家安全队伍。

3. 加强监督

恢复阶段并不意味着危机处置工作的结束，这个阶段容易出现单位和人员松懈的情况。相关部门和管理人员，还应该进一步加强恢复计划的监督和落实，督促恢复工作的深入和积极开展。"9·11"后，美国国会独立调查委员会曾建议，要加强国会对情报系统和国土安全机构的监管，以提高其危机管理各阶段的工作质量。

（七）进行后期恢复评价

恢复工作结束后，要对恢复工作的效果进行全面评价。恢复评价的目的是通过回顾、反思来总结经验教训，优化类似危机的处置模式，提高公共安全危机的预防和处置能力。

后期的恢复评价可以从两个方面来进行，一是对恢复阶段进行评价。以2008年中国南方地区的低温雨雪冰冻灾害为例，恢复评价的内容包括公共服务需求是否恢复到正常水平（包括健康），水、电、气等生命线工程是否恢复，交通基础设施运转是否正常，当地的企业营运是否正常，危机的教训是否得到真正汲取等。二是对危机管理的全过程进行评价。全过程评价不仅限于危机处理，还可以包括危机管理机构、危机预防措施、危机管理基础工作、组织形象等方面。

1. 危机前开展恢复准备工作

做好危机恢复准备工作是顺利进行危机恢复的重要前提条件。在公共危机恢复准备工作中，要注意通过多种渠道广泛收集并掌握各种信息，争取能及时发现和预警可能的不安全因素，并密切追踪其动态变化；要事前分析爆发危机的可能性，危机的性质、规模、范围和时间等情况，危机爆发后谁将受到影响以及影响程度如何；确定如何领导恢复，建立和完善相应的危机管理机制，并视情况制订、修订、启动紧急恢复计划或预案，动员社会力量参与危机恢复。

在危机发生前，要注意培养危机恢复意识，全面、系统、高效地做好恢复准备工作。通过制定公共安全危机现场恢复的标准（如爆炸现场的警戒线标准、火灾现场的污水处理监测和排放标准等），在大型公共场所周围划定疏散路线、疏散区域和人员安置场所，制订、调整和完善相应的恢复计划和演练预案，来增强危机恢复规划的针对性和实用性，提高恢复准备工作的可行性。

2. 充分发挥有益于危机恢复的所有社会成员的力量

充分发挥有益于危机恢复的所有社会成员的力量，是做好危机恢复工作的重要基础。相关危机管理部门应尽可能了解公众对受损位置、区域或环境等方面的恢复展望，增强公众对恢复工作和重建努力方向的认同，形成目标共识；促进更广泛的社会有序参与，并使参与恢复者了解恢复计划或规划的步骤、路径、进度等。志愿者组织是恢复重建的重要人力资源。危机发生后，一些志愿者可能就在现场附近，甚至可能已经卷入危机中，他们往往熟悉当地的情况，并可能已了解危机事件的前期处置情况。公共部门平时应掌握基层和民间的志愿者组织，建立联系渠道，建立受理志愿者协助制度，以保障志愿者在恢复重建中能够充分发挥作用；还要建立有效的工作协调机制和安全保障制度，以促进与志愿者的沟通和交流，保障志愿者的安全和健康。

3. 因地制宜地开展现场紧急恢复工作

危机管理部门在组织快速修复遭遇公共安全危机的公共设施时，应着眼于防范再度发生类似危机，进行快速改良和修复，还要根据简化、持续、安全的原则，立即修复关系公众安全和生活的基础设施，如交通系统、生命线工程等。现场恢复时要重视危机现场的安全保卫工作，特别是现场还存在一定的危险因素时，应部署公安、武警执行相应的安全警戒任务，以保障人员的生命安全，并预防危机后犯罪行为的发生。在一些公共安全危机的现场恢复过程中，公共部门还应制定废弃物、垃圾、瓦砾等的处理方法，设置临时放置和最终处理场所，循序进行搜集、搬运及处置，并对现场进行清理，避免造成环境污染；同时，采取适当的措施维护和保障居民、工作人员的健康。

4. 及时有效的联络沟通

公共部门进行危机恢复时，要及时与内部人员和恢复工作的其他参与者进行沟通，使他们了解涉及公共安全危机恢复的必要信息；同时，要加强外界对自身工作的了解，促进其对恢复工作的支持。这也要求公共部门在危机恢复阶段和参与恢复工作的其他公共部门、企业或志愿者组织建立相应的恢复联络小组，加强沟通和交流，共同讨论优先行动，及时确定相关的优先恢复事项，以避免重复劳动，提高恢复工作的效率；在恢复的过程中，还要注意增进媒体对恢复工作的支持和配合，充分利用互联网、广播等不同媒介方式与外界进行交流和沟通，了解公众对危机恢复工作的意见，进而及时改进和调整恢复工作。

5. 开展政府危机公关工作

经历危机后，政府的公信力受到质疑，民众对事件的关注度提升，因而需要改善政府形象，增强恢复工作的透明度，减少对恢复工作不利的谣言。比如，危机平息后，受害者及其家属往往会成为媒体关注的焦点，其言行和态度都会对组织产生巨大的影响。这就需要政府加强与公众的互动，以获得公众的谅解、重新信任和支持。

危机发生后，政府公关可采取多种形式，借助各类媒体，如定期召开新闻发布会、记者见面会、专题发布会等，迅速传播政府关于恢复工作的态度、理念、工作方针和努力方向，消除公众的疑虑。可以开展领导者公关，即设计领导人活动，通过其亲临危机现场一线的感人行动和出色指挥，向公众展示政府对恢复工作的决心和管理能力，争取更多公众的理解和支持；可以通过快速的社会动员，向受到危机影响的人员提供物资等方面的支持和救助，增强社会凝聚力；同时，也可以发挥"意见领袖"的作用，注意联系各相关团体的负责人或代表，增强他们对危机公关的认同，进而增强危机公关的效果。

总之，公共安全危机的恢复工作就是力图在最短的时间内恢复秩序和修复整体环境，让公众尽快回到正常的生活轨道，并能进一步总结和完善危机的抗御机制。重大危机后的恢复工作往往漫长而艰巨，需要政府与社会力量共同努力。一方面，公共部门应不断加强危机协调机制和能力的建设，整合各类资源，适时高效地开展恢复工作；另一方面，鼓励民间的参与，借助社会组织的力量会使恢复工作更加符合实际，更加适应公众的需求；同时，也要明晰和优化恢复工作的步骤与策略，才会使恢复的过程更加顺利。

第三节　实　验　设　计

一、实验目的

通过对理论概念的梳理与经典案例的剖析，可使学生掌握公共危机善后恢复的相关知识与具体实践工作，同时锻炼学生对危机管理善后恢复阶段的思考与分析能力。

二、实验步骤

（1）通读实验技术方法等材料，掌握分析公共危机善后恢复的理论与实际操作的相关知识。

（2）通过经典案例剖析，找到个案中公共危机善后恢复的具体做法。

三、实验要求

（1）为学生确定角色：在个案情境中，扮演各决策机构与决策成员。

（2）为学生确定任务：鉴于原有战略的实施过程严重受阻，需要马上决策。

（3）为学生确定题目：根据实验个案材料，提供三个思考题。

（4）为学生确定时间：开始讨论后，需在 30 分钟内达成一致意见。

（5）实验时间为 2 小时。

四、实验成绩

序号	实验要求	分值
1	能否进入个案危机决策机构成员的角色	20
2	讨论是否积极认真	20
3	能否决策出解决难题的答案	30
4	是否语言流畅、文字简练、条理清晰	30

五、思考题

（1）在公共危机善后恢复工作中，有哪些运用策略和环境分析方向？

（2）根据实验方法与技术，简述"非典"发生后对于我国应对该疫情有哪些善后恢复的启示。

第四节　实　验　材　料

公共危机的善后恢复与重建主要体现在九个层面：

（1）社会、经济和健康问题应该得到特别的关注，有关部门应展开社会调查，确认灾害的利益相关者及潜在的损失。

（2）吸纳利益相关者共同参与决策过程，向公众提供所有灾害的相关信息。

（3）以市场为基础，实行适当的补偿政策。

（4）补偿政策应当覆盖所有受灾害影响的公众。

（5）补偿政策应准确清算所有损失，包括土地、住房、商业、收入来源和迁居费用。

（6）补偿应提供多种选择模式，如现金补偿、土地重新安置、小企业赠款、临时或永久的就业。

（7）特别关注社会弱势群体，如单身母亲、残疾人以及少数民族。

（8）建立强有力的组织，争取社区团体和NGO（非政府组织）的援助。

（9）为补偿和重新安置建立有效的监督和评估制度。[①]

按照《突发事件应对法》的相关规定，公共危机管理中事后恢复与重建的内容与措施主要包括五个方面：停止应急处置措施；进行损失评估；制订恢复重建计划，支持恢复重建工作，恢复正常社会秩序和公共设施，制定优惠政策；开展救助、补偿、抚慰、抚恤、安置、心理干预等工作；进行事后调查与总结，并形成书面报告等。与国外公共危机发生后的重建相比，我国的恢复重建工作具有自身特点，具体表现为三个"兼顾"：一是紧急恢复性重建与长远发展性重建兼顾；二是快速重建与高质量重建兼顾；三是复原性重建与升级性重建兼顾。[②]

以第一节中2003年上海市"抗非"工作的经典案例为实验材料，应用第二节的实验技术——公共安全危机善后恢复的方法，即从建立危机恢复的领导机构、收集信息和开展前期评估、确定所有需要恢复的对象和内容、对危机恢复对象和内容的重要性排序、制订恢复计划、总结整改和监督落实、进行后期恢复评价七个步骤，对案例中相应的危机善后恢复工作进行分析。

第五节　实　验　报　告

院系		专业	
班级		学号	
姓名			
实验名称			
实验成绩			
一、实验目的			
二、实验原理			

---

① 王宏伟. 国外地震灾害恢复重建的经验与借鉴[J]. 国家行政学院学报，2008(5).

② 蓝定香. 从国外地震灾后重建特点看我国"5·12"灾后重建经验[J]. 成都大学学报：社科版，2011(4).

三、实验步骤

四、实验数据

五、实验结果

六、讨论分析(完成指定的思考题和作业题)

七、实验总结及实验改进建议

备注:

实验教师:

实验日期:

第九章 公共危机管理绩效评估

政府危机管理的绩效评估主要是针对政府危机管理的能力及其在一定时期内的危机管理绩效进行考核考评，发现存在的问题以期进行改进。在许多情况下，危机的发生并不是偶然，从发生危机这件事情本身可以反观政府管理体制的健全程度、政府管理活动的有效性，以及政府管理能力的现状。

我们生活在一个危机四伏的世界，危机无时不在，无处不在，这不是危言耸听。在今天的社会里，危机管理必然会成为一个个体、一个组织、一个国家最基本的职能，它不再是一个处理突发性事件的临时项目，而是一项已经影响一个组织乃至一个国家生死存亡的长远性工作。更令人震惊的是，危机很少产生单一的影响，危机超负荷状态会造成资源的稀缺，从而衍生另一类或几类危机的产生。这些问题提醒我们，各级政府在危机处理中应该本着以人为本的原则，公开危机的真相，启动应急预案，快速决策；当危机过后，虽然危机管理行动基本结束，但危机管理事后绩效评估却仍然是必需的。危机结束后系统、全面、综合地评估和反馈危机处理部门工作的得失，将公共管理绩效评估的理念运用于政府危机管理之中，能够帮助政府危机管理部门从以往的绩效中总结经验、吸取教训，有助于提升其未来危机管理的绩效，也为下一步的危机舒缓、准备、回应与恢复工作打好基础。如果评估工作能够做到公正、客观，则会产生积极效果，如完善政府的危机管理机制，使政府的管理工作更加有效。

第一节 经典案例

本节通过剖析"温州动车相撞事件"的经典案例，以之作为公共危机绩效评估的实验材料，进而深化实验过程中危机管理绩效评估的实际运作流程，把握危机管理绩效评估的各种特点，发现当前危机管理绩效评估中存在的问题以供后期借鉴。

"7·23温州动车相撞事件"

"7·23温州动车相撞事件"发生在连接浙江省宁波市和温州市的甬温客专线上（250 KM/H级别）。2011年7月23日晚上8时左右，从杭州开往福州南的D3115次列车与北京出发开往福州的D301次列车在行驶至温州双屿路段时追尾相撞（如图9-1所示）。

图 9-1 "温州动车相撞事件"沿线图

这起列车追尾事故导致D301次列车的1、2、3节车厢瞬间全部脱离轨道，并坠下高架桥，毁坏严重，其余4节车厢悬挂在桥上，D3115次列车的15、16两节车厢也因撞击太强转眼间便支离破碎。所有的中国人都想不到象征着时代发展和便捷的高速铁路，在2011年7月23日20时30分左右瞬间吞噬了以它为骄傲的中华儿女的生命，原本平平常常的一次旅途使几十个家庭顷刻间支离破碎。据官方统计，事故造成包括 3 位外籍人士在内的 40 位乘客当场死亡，约 200 人受伤，29 名乘客下落不明。"7·23 温州动车相撞事件"是我国自新中国成立以来规模最大、影响范围最广、伤亡人数最多的重特大铁路交通事故。

一、案例背景

据调查，事发当晚温州附近电闪雷鸣，巨雷击中温州附近的铁路引起了电接大地，并通过空间或大地耦合作用使控制中心的电源保险丝 F2 因为温度过高而熔化断裂。保险丝熔化断裂带来的直接结果是控制系统始终显示保险丝熔断前的无车占道的信号，实际上此时持续有车在占用轨道，但调度中心却仍然按照无车辆在轨道上进行调度。在控制中心的保险丝熔断的同时，轨道与控制系统台的线路阻抗下降，致使通信出现严重故障，使原本正常的显示码发码不规律，最终在相连的终端计算机上显示"红光带"。动车值班人员看到异常的"红光带"后立刻向上级部门汇报情况，并紧急召集专业维修人员前来检修，此时为 2011 年 7 月 23 日 19 点 45 分。检查人员发现控制中心内西侧有大部分红灯警报，经检查有 3 个信号接收器、15 个电路发射器出现问题。于是工作人员立即采取了应急措施，经过十多分钟的恢复，才使"红光带"消失。然而正当工作人员准备销记时，"红光带"又重新闪动，维修人员不得不继续进行第二次检修，并留在控制中心留心观察进一步情况。20 点 12 分，晚点 36 分钟的 D301 次列车停靠在离温州约 15 公里处的永嘉站等待可以通行的信号。两分钟后，列车 D301 再次开动，驶离永嘉站，开动后司机得到指令：区间如遇到红灯以低于正常速度行驶并转为目视行车模式。几分钟后，D3115 次列车因电路故障导致防超速功能开启，司机紧急呼叫动车控制人员但没有回应，当多次呼叫后终于有回应时，信号却在一瞬间中断，通话结束。20 时 30 分，最悲惨的时刻到了，D301 次列车以每小时近百公里的速度与每小时 16 公里低速行驶的 D3115 次列车发生追尾，灾难就在一刹那间发生了。

事故发生后，党中央、国务院高度重视，时任总书记的胡锦涛、时任总理的温家宝等中央领导同志在第一时间分别作出重要指示，要求把救人放在第一位，全力以赴组织好抢险救援工作。浙江省和温州市的党委、政府，以及交通部等国家有关部门（单位）迅速启动应急响应，成立应急救援指挥机构，紧急开展抢险救援及应急处置工作。7 月 24 日上午，时任副总理的张德江率有关方面负责人紧急赶赴事故现场，指导抢险救援、伤员救治、善后处理和事故调查工作。7 月 25 日，国务院批准成立了国务院"7·23"甬温线特别重大铁路交通事故调查组（简称事故调查组）。事故调查组由国家安全监管总局局长任组长，国家安全监管总局、监察部、工业和信息化部、电监会、全国总工会、浙江省人民政府各派一名负责同志和三位曾担任过国家有关部门（单位）或地方政府主要负责人且熟悉铁路工作的老同志任副组长。事故调查组下设技术组、管理组、综合组，聘请了 12 名铁路运输、电力、电气、自动化、通信、信号、安全管理、建筑等专业领域的专家组成专家组（其中有全国人大代表两名、全国政协委员一名、"两院"院士两名），并邀请最高人民检察院派员参加事故调查工作。7 月 27 日和 8 月 10 日，时任总理的温家宝先后主持召开国务院常务会议，专题研究事故调查处理和铁路安全工作。

经过国家特别调查小组近八个月的科学严谨、依法依规、周密细致的调查和研究，于 2011 年 12 月 28 日，即事故发生后第 159 天，国务院召开会议给出最终结论：导致该起重大事故发生的直接原因是信号灯存在严重的设计缺陷，同时审查把关不严密，调度不完善，处置无力度，在遭受自然灾害天气之后没有及时有效地处理设备故障及应急措施不到位是造成该事故的人为原因。调查小组基本认定了此次事故的主要负责人，三名主要负责人被免职，54名相关人员被处理。同时，调查小组针对国家危机管理中的漏洞和缺陷要求相关部门进行整改，并提出了切实可行的意见。

二、案例分析

1. 可供借鉴的方面

危机事件的发生总让人猝不及防，这无疑考验着危机管理部门的应急处理能力，在这次的动车事故中，政府在危机管理方面有一些可圈可点的地方。

（1）公共危机管理应急预案在第一时间启动。

事故发生后，国务院发出重要指示，即要用最短的时间抢救受伤乘客，不惜一切代价挽救更多人的生命。交通部的公共危机管理应急预案在第一时间启动，调动部门所有力量和闲置资源全力赶赴救援现场，并与上级领导沟通以申请更多的救援力量加入危机抢险中。温州交运局、卫生局也竭力投入救援中，周边各大城市医护人员和专家在接到上级命令后以最快速度组成一支抢险队伍奔赴温州；省血液中心和各市血液中心全协同救援，从全国紧急调剂20万毫升血液以供挽救伤员生命。

（2）媒体及时报道事故相关信息，掌握话语权。

在本次事故发生之后，各媒体以空前的姿态参与到报道和评论当中，从多角度追问、质疑和分析此重大事故的前因后果。在事故发生初期，媒体多次重申国务院发出的重要指示——要用最短的时间抢救受伤乘客，不惜一切代价挽救更多人的生命。对"生命至上"理念的阐释，是媒体评论最初的焦点，也因此汇聚了社会各方面的资源；在救助工作全面展开时，对于事故原因的分析是媒体的新关注点；当事故处理接近尾声时，如何善后反思是媒体评论提出的新问题。这每一个环节实质都是对政府公共危机管理部门实施危机管理的实时评估。

（3）针对危机管理中的漏洞和缺陷提出整改意见。

这次事故后，交通部和上海铁路局乃至全系统针对危机管理中的漏洞和缺陷提出了整改意见，具体包括六个方面：认真贯彻执行《突发事件应对法》《安全生产法》和有关安全生产应急预案，全面加强铁路安全生产应急管理；建立健全各级各类事故应急预案，进一步明确设备故障的等级、严重程度、响应程序、责任分工等，完善并严格执行非正常情况下的应急措施等；经常组织各类有针对性的单项、多项和综合性应急演练；加强铁路系统生产安全事故应急救援体系建设，系统研究并建立应急救援队伍、应急救援基地；建立健全事故预报预警、应急响应、伤员救治机制，以及同地方政府的应急联动机制；配备大型特殊救援装备等。

2. 需要改善的方面

"7·23温州动车相撞事件"发生后，政府有关危机管理部门第一时间启动应急预案，国家主要领导人也亲自赶赴事故现场，紧急开展抢险救援及应急处置工作，指挥调动组织内外的各种资源，和各方积极沟通，并实施有效决策。这些无疑对危机发生后民心的稳定、危机局势的控制等起到了一定的积极作用，但这次危机事件的处理仍然存在着一些让人遗憾的问题。

（1）危机预警机制存在某种严重缺陷。

调度所的列车调度员虽然不知道信号升级的情况，但未进一步了解电务人员维修下行三接近"红光带"的情况和工务人员检查线路的情况，更没有及时提醒 D301 次列车司机注意运行安全，并且故障发现后没有在第一时间处理且上报不及时，可以避免的事故没有避免，最终酿成了大祸，这反映了有关部门的危机预警机制存在某种严重缺陷。

（2）没有形成训练有素的、高效的、全覆盖的从预警到赔偿的整套机制。

危机发生后，政府虽然做出救人第一的指示，各级领导也在第一时间奔赴现场，以最快的速度抽调全社会可利用的资源和力量，在一定程度上缓解了事故造成的巨大伤害；但由于平时缺少有针对性的、适时的演练，所以无法形成高效的、全覆盖的从预警到赔偿的整套机制，这在一定程度上耽误了动车事故的救援进程。

（3）政府职能和绩效评价体系存在很大缺陷。

在"温州动车事故"中，某些官员对救援工作处理不当，在人员救援还在进行时就试图清除现场残骸，欲将 D301 动车车头放入已经挖好的坑中掩埋，幸亏被现场指挥的张德江同志及时坚决制止，保护了现场车辆的完整性，为后续的调查研究保留了证据。尽管做了及时的补救措施，但某些官员的不当处理还是在百姓心中留下了负面影响。

一直以来，无论是从经济学还是政治学角度去认知政府，其基本职能都是引导市场向正确良性的方向发展，并为社会提供公共产品和公共服务。我国是一个逐渐从计划经济到市场经济转型的国家，从十一届三中全会以后，我国政府在社会转型发展、解决人民温饱、生产力大幅提高，以及实现高就业率等方面做出了许多努力，成绩硕果累累。但在处理某些突发事件时，我国政府却不能很好地处理效率与公平之间的关系，不能发挥政府的基本职能，这与我国危机管理部门的绩效评价体系存在很大缺陷不无关系。

这场动车事故刚一发生，网络在传播真实消息的同时，众多未经确认的谣言也肆意传播，形成了负面舆情。但有关部门没有进行及时的舆情监控，更谈不上及时准确的回应，应对举措甚至颇为迟滞，导致一部分公众对政府部门产生了猜疑和误解，这值得我们去多多反思。一直以来，我国危机管理部门的绩效评价体系存在着这样那样的缺陷，比如有些政府部门在危机发生前采取了特殊措施避免了危机的发生，却由于无人知晓而未得到应有的奖励；而有些直接或间接引起危机的人在高调解决了危机事件后，不但没有受到应有的惩治反而得到奖励。这种不合理、不科学的危机绩效评价体系，可能致使危机管理部门或地方官员在危机发生后的第一想法就是隐藏实情以逃脱应有的责任；如果实在瞒不住，也首先是想尽办法撇清自己的关系，而不是思考如何解决问题和救援。

公共危机往往是突发性的，有些危机事件发生前所能获得的相关信息是极其有限的，甚至是毫无预兆的，因而政府必须在最短的时间内以最快的速度制定出最优方案并加以实施。即使某些危机事件爆发前已经有先兆，但由于危机的发展速度、规模和危害性具有不可预测性，所以政府也只能根据危机的实时情况展开应急性措施。完备且训练有素的危机管理部门能在危机发生后快速反应，通过已经了然于心的全套危机管理方案很快就能找到解决危机的着力点。因此，公共危机管理部门要在危机爆发前做好必要的准备、检测和预防工作，比如配备好人、财、物等资源，制定危机管理的各种应急预案，成立危机预警机构，对可能引起公共危机的一些现象做科学的识别和分析等，这些都是非常必要且重要的。"7·23 动车相撞事件"发生后，第一时间发声的是网友，他们利用微博在网络中传播最新消息；而政府部门因为措手不及，没能及时发布相关信息，使得坊间各种谣言肆意流传。就危机管理的前期阶段而言，有关政府部门的危机管理是不合理、不科学的。

危机爆发后，政府急需建立一个权威的、统一的危机应对指挥系统，一般由来自不同部门的人员组成，涵盖政府部门、公安消防、医疗急救、心理咨询等多个领域。统一的指挥系统一旦建立就必须具有权威性，政府将通过它综合协调各部门和其他职能组织，动员和统一调配多方面的资源，快速、有效地应对危机，最大限度地减少公共危机带来的损失。公共危机具有突发性、紧急性和危害性等特征，时间紧张，局势紧迫，根本容不得丝毫的拖延，而"7·23动车事故"中，相关危机管理部门的做法显然太仓促且不科学的。相关媒体称："……从事故发生到现在已经有8个小时了，在这8个小时里共进行了6次人员搜救。到目前为止，整个人员搜救行动已经结束了……"事实上，这并不代表全面救援工作的结束。然而由于政府危机管理部门没能很好地协调与媒体的关系，没能及时发布有利于事态发展的相关信息，结果导致媒体的此言论一出，民众对有关部门尚未全部搜救就放弃救援的做法提出了质疑和不满。大约在7月24日5点30分，上海铁路局有关负责人准备按照惯例把遭到严重破坏并无法修复的车头和一些零部件就地掩埋处理。虽然此行为后来被有关领导制止，但在网上却引起了网民的一片漫骂和责难，致使负面信息进一步扩散。7月24日下午被困20多小时的小伊伊被救出，交通部发言人王勇平答记者问时说，"只能说这是生命的奇迹……施救人员把车头埋进土里，主要是为了便于抢险。"这样的言论在网上、网下引起民众一片哗然，经过两天的发酵，公众的负面情绪已不仅仅聚焦于质疑高铁技术，更上升为指责官员腐败和政治治理不力。新浪微博对政府事故处理情况满意度的调查结果显示，有12205名网民参与了投票，其中93%的网民认为政府处理得非常差劲，令人不满意，这使得政府被置于舆论的旋涡。

在这起危机事件处理中，由于新闻发言人的失误和交通部掩埋车体的错误做法导致危机沟通进行的不顺畅，引起了网络舆情的恶化。后来源于时任总理的温家宝要求事故调查的全过程要公开、透明，给群众一个负责任的交代，网民的情绪才开始稳定和缓和，网络上正面、有公信力的舆论开始引导事态向理性的方向发展。在危机善后处理阶段，尽管危机已经消除，但有关政府部门需要认真分析危机事件产生的原因、条件，及时总结经验吸取教训，建立健全完善的危机管理绩效评估系统，科学地评估各种危机应对预案和危机处理措施，不断加以总结和完善。"7·23动车相撞事件"发生后，在政府的引导下，从7月29日开始，网上的质疑和漫骂声逐渐减弱，公众开始对事故进行反思以及为未来铁路事业的安全发展进行思考。这时，一系列公开、透明、顺应民意的措施开始实行，危机事件也逐步接近尾声，人们对事件的关注也进入逐步消退期。危机终将过去，然而人们还在围绕着"7·23动车事故"不停地追问，尤其是对政府有关危机管理部门在此次危机处理中得与失的追问，说到底就是追问政府危机管理的绩效。

第二节　实验理论与技术准备

一、危机管理的绩效评估

（一）危机管理的绩效评估

危机管理的绩效评估是公共危机管理的最后一个环节，是指对以政府为主体包括非政府公共组织在内的公共部门在实施公共危机管理的过程中，在讲求内部管理与外部效应、数量与质量、经济因素与伦理政治因素、刚性规范与柔性机制相统一的基础上，对公共危机管理的产出进行的评审界定，是对危机处理过程中的危机舒缓、准备、回应和恢复工作的绩效进行的评估[①]。

　　公共危机管理是一个完整的、有计划的动态管理过程，危机的绩效评估是对公共危机管理的整个过程进行科学有效的绩效评估，它是反映政府危机管理是否真正有效的一个最重要环节。全面有效的评估方案可以引起危机管理人员对各个阶段工作的高度重视，为后期总结公共危机管理经验、吸取公共危机管理教训提供保障，并针对危机管理中可能引发的其他情况进行及时补救，提高危机管理中资源的有效利用率；同时能进一步改进与提高公共危机管理的绩效，科学有效地应对危机，最大限度地减少损失，降低负面影响，为政府在未来的危机恢复和重建工作积累宝贵经验。

　　全面危机管理是强调以绩效为基础的管理，绩效评估是公共危机管理的重要组成部分。就像人们需要一系列指标来衡量自己的健康状况和工作的绩效水平一样，公共危机管理部门也需要用一系列指标来衡量其发展状况和绩效，并通过经常性的绩效评估来提高公共危机管理部门应对危机的能力。对公共危机管理的绩效进行评估，有利于评判公共部门在公共危机管理过程中使用、管理、配置各类资源的效果及其危机管理的效率，从而有助于公共危机的有效管理；而且危机管理者及其他相关参与者也可以根据绩效评估的结果，深化对公共危机管理的认识，提高决策的科学性和有效性，从而改善其危机管理能力，减少危机造成的人员伤亡和财产损失。

（二）危机管理的绩效评估机制

　　公共危机管理的绩效评估是一个完整的评估，将公共部门处理危机的整个过程按照时间序列进行划分，可分为三种不同时间段、不同类型的危机管理；相应的危机管理绩效评估机制也对应地分为三部分，即公共部门在危机发生前的风险评估与预警管理机制设计、公共部门在危机处理过程中的实时监控与评估机制设计、公共部门在危机后的评估与反馈机制设计[②]（如表9-1所示）。

表 9-1　危机管理各阶段绩效评估表

危机管理各阶段	绩效评估内容	评估目的
危机事件前	风险评估与预警管理	预防、规避危机
危机事件中	适时监控与评估	提高处理危机绩效
危机事件后	事后评估与反馈	总结经验，吸取教训

　　公共危机发生前的风险评估与预警管理机制设计（即公共危机事前风险与预警评估），主要是为了提前发现潜在的危机风险，进行危机风险识别、确认和评估，进而排除潜在的危机风险，最终预防、规避危机；而对于那些没有被排除的潜在危机风险，要进行监测、预

[①] 张成福，唐钧. 公共危机管理理论与实务[M]. 北京：中国人民大学出版社，2015：267-268.

[②] 张小明. 公共部门危机管理[M]. 北京：中国人民大学出版社，2013：278-279.

测和预警、预控，构建公共危机预警管理机制，并进行公共危机预警评估，从而将危机消灭在萌芽状态或者尽量将危机造成的损失减少到最小。避免危机发生或者将危机消灭在萌芽状态是成本最小、最经济，也是最成功的公共危机管理方法。因此，公共危机事前风险与预警评估主要涉及公共危机事前风险管理与预警机制设计，以及风险评估与预警指标体系构建。

公共危机处理过程中的实时监控与评估机制设计（即公共危机事中实时评估）和公共危机管理的事后评估与反馈机制设计（即公共危机事后评估），两者的评估内容都指向公共危机管理的绩效，两者所测度与衡量的都是公共部门在危机状态下的管理水平。公共危机事中实时评估的主要目的是通过公共危机发生时进行快速、有效的实时监控与评估，改进与提高公共危机处理的绩效，从而及时、有效地应对危机，减少损失，恢复社会稳定和公众对公共部门的信任。由于公共危机的处理过程具有时间的高度紧张性、信息的有限性、资源的极度匮乏性，以及管理目标的动态权变性，所以公共危机事中实时评估只能采取快速评估的形式，全面、系统的评估只能待公共危机处理完毕后进行。公共危机事中实时快速评估，旨在强化公共危机决策系统的快速决策能力，避免过度分析，提高危机决策的科学性、及时性和有效性，以便积极有效地应对公共危机。

公共危机事后评估的主要目的是通过公共危机结束后系统、全面的评估与反馈，总结公共危机管理的经验，吸取公共危机管理的教训，进一步改进与提高公共危机管理的绩效，从而有效地进行危机后的恢复与重建工作，并不断完善公共部门的危机管理系统，为以后的危机管理活动构建持续不断的学习和创新机制。因此，公共危机事中实时评估与公共危机事后评估两者主要涉及公共部门绩效评估理论，更准确地说，它们是危机状态下公共部门绩效评估的理论，是公共危机管理绩效评估机制设计与指标体系构建的主要组成部分。

（三）危机管理绩效评估的指标设计

公共危机管理是以绩效为基础的管理。为了实现有效的危机管理，政府必须设立危机管理的绩效指标，绩效指标必须能够与政府管理工作有机整合，并能被政府部门和社会接受；此外，还要进行绩效管理，包括对绩效的衡量、监控，以及持续不断的改进等。公共部门绩效评估的实质是以结果为本，以目标为准，以低成本取得高效益，设立一系列办法（评估指标）来评估行政过程。

著名的危机管理专家罗伯特·西斯用4R模式系统阐述了危机管理（见图9-2），4R即四个核心内容——预备（Readiness）、缩减（Reduction）、反应（Response）、恢复（Recovery）。4R模式不仅表明了危机管理者的主要任务和功能活动，同时也规定了如何应对危机及各阶段的管理职能定位[①]。

在危机预备阶段主要进行危机发生前的功课，如危机处理计划、危机管理人员的专业培训、危机模拟实验等。通过模拟实验使管理人员处理突发问题的能力形成习惯和正确的反射，以便最大程度地控制危机，降低损失。

---

① 熊卫平.危机管理：理论·实务·案例[M].杭州：浙江大学出版社，2012：65-66.

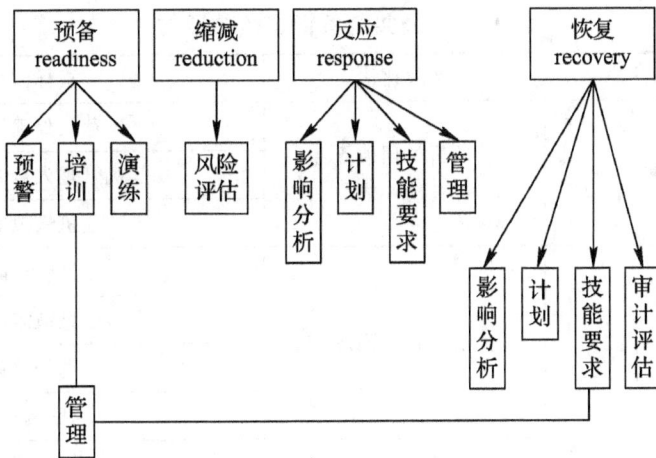

图 9 - 2　危机管理的"4R"模型

危机缩减阶段是指危机发生的初级阶段，此时危机最容易得到控制并且花费也最小，此阶段的主要任务是控制事态发展，防止危机继续扩散。罗伯特·西斯认为缩减是有效进行危机管理的核心，因为初级阶段的危机还只是在局部范围内，只要处理得当，事态控制得好，就可以防微杜渐，防止其他连带危机事件的发生。反应阶段是指危机爆发后，有关部门以最快的速度整合出最有效的解决方案，运用各种资源，协调各部门积极主动地处理危机事件，防止危机进一步恶化。这里统一将危机缩减阶段和危机反应阶段合并为危机事件中，危机管理绩效评估也将其视为一个整体进行评估。

罗伯特·西斯认为危机恢复阶段不是独立存在的，它与反应阶段有时是并存的。当危机事件的大势头得到控制后就应该进行恢复重建工作，包括通过媒体传播正面的影响，帮助受难群众重建家园，也包括对危机处理的总结评估，以及对危机管理计划进行合理修订等。

本章根据《中华人民共和国突发事件应对法》的相关规定和政府公共危机管理的实践经验，把突发事件应对的过程划分为预防与应急准备、监测与预警、应急处置与救援、事后恢复与重建四个阶段。基于这样的阶段划分，结合政府绩效评估的原则和方法，实验中将重点从预防与应急准备、监测与预警、应急处置与救援、事后恢复与重建四个维度构建我国危机管理绩效评估的框架模型，进而对政府绩效评估指标进行设计。

危机管理绩效评估指标是一个量化的过程，或是对一个程序、项目或其他活动的运作指定的一个数目。它是反映机构、项目、程序或功能如何运作的重要指标，能使公共危机管理中的不确定因素、活动、服务、结果及其他对绩效具有重要意义的因素量化。危机管理绩效评估指标体系是由一系列指标构成的一个指标体系，是用来测定公共危机管理绩效状况的标准，它关系到整体绩效评估的科学性、公正性和可操作性。按照公共危机管理的基本理论架构和具体内容，实验部分的绩效评估将重点指向公共危机事件中实时评估和危机事件后评估。为此，我们构建了公共危机管理绩效评估表，如表 9 - 2所示。

表 9-2　公共危机管理绩效评估表

危机阶段	绩效评估	指标体系
危机事件前	危机处理预备行动评估	危机处理计划
		危机管理人员专业培训
		危机模拟实验
危机事件中	信息管理评估	信息管理能力
		信息披露机制
		电子政务
		互联网技术
	公关管理评估	媒体管理
		媒体控制
		形象管理
		新闻发言人制度
	沟通管理评估	信息沟通
		三角互动沟通
		沟通顺畅度
		雄鹰式沟通策略
	决策分析评估	权责划分
		决策者素质
		决策信息系统
		决策中枢系统
		决策咨询系统
		决策监控系统
		决策方法
		决策理论准备
	应变管理评估	危机情境管理
		危机反应管理
		危机经营决策
危机事件后	恢复管理评估	善后管理
		形象管理
		从危机中获利
		反馈管理

注：公共危机管理绩效评估维度

从表 9-2 可知，为更全面、科学地评估公共危机管理部门的工作绩效，将着重从危机事件前、危机事件中和危机事件后三大模块来进行绩效测评，这三大模块又被细分为危机处理预备行动、信息管理、公关管理、沟通管理、决策分析、应变管理、恢复管理七个评估维度。更准确地说，作为一级指标的公共危机管理绩效评估指标体系，下设危机处理预备行动、信息管理、公关管理、沟通管理、决策分析、应变管理、恢复管理等二级指标，在这七个二级指标下，又分别下设若干三级指标。其中，在信息管理二级指标下，设信息管理能力、信息披露机制、电子政务、互联网技术共四个三级指标；在公关管理二级指标下，设媒体管理、媒体控制、形象管理、新闻发言人制度共四个三级指标；在沟通管理二级指标下，设信息沟通、三角互动沟通、沟通顺畅度、雄鹰式沟通策略共四个三级指标；在决策分析二级指标下，设权责划分、决策者素质、决策信息系统、决策中枢系统、决策咨询系统、决策监控系统、决策方法、决策理论准备共八个三级指标；在应变管理二级指标下，设危机情境管理、危机反应管理、危机经营策略共三个三级指标；在恢复管理二级指标下，设善后管理、形象管理、从危机中获利、反馈管理共四个三级指标。上述每一个三级指标均按照其对于危机管理的影响力设置相应的权重，整个评估指标体系的分值为200。当然，每个三级指标下还可以分别下设若干四级指标，用以具体详尽地评估公共危机管理各个方面、各个层次的工作绩效。例如，在权责划分三级指标下，设政府组织纵向权责划分、政府组织横向权责划分、政府组织与非政府公共组织权责划分三个四级指标。这样，运用层次分析法（简称 AHP），就可以构建相对严密的公共危机管理绩效评估四级指标体系。

（四）危机管理绩效评估分析

通过危机管理绩效评估指标权重分析，将每一个危机管理分项指标的分值统计起来，分值越高说明危机管理绩效越好。就危机事件前预警管理的评估而言，预警责任是否明确，危机警报是否准确，预警信号是否简单、易懂，公众对警报信号的接受能力如何，都能直接通过有关数值的大小反映出来。如果发出正确的危机警报信号，能得到危机管理部门的重视，危机管理者能够快速做出处理反应，那么危机事件前评估绩效就是比较理想的。在危机处理的演练中，暴露的问题是否能得到及时优化解决，危机风险评估如何，管理部门和公众对危机的反应如何；在危机风险的预防措施中，是否能够最大程度地充分利用资源，资源配置是否最优，风险控制措施是否有效等，通过危机管理绩效评估指标分值都可以一目了然。

公共危机管理绩效评估是一个持续进行的、周期性的循环过程。它能够发现政府应对重大公共安全事件的成功经验和不足之处，通过总结经验教训和对评估结果的运用，进一步发挥优势，改进不足，克服短板，推动政府应对重大公共安全事件工作的持续改进，建立并完善应政府的应急管理制度。

第三节　实验设计

一、实验目的

通过对理论概念的梳理与经典案例的剖析，可使学生熟悉公共危机管理绩效评估的设计流程，了解并掌握公共危机管理绩效评估的有关依据和方法；锻炼学生评估危机管理绩效的能力，并能够以相关知识与具体实践为依据，全面、客观地衡量公共部门的危机管理水平。

二、实验步骤

（1）通读实验材料，了解公共危机管理绩效评估的整个设计流程。

（2）了解并掌握公共危机管理绩效评估的理论与相关知识，厘清政府危机管理绩效评估的特点，以及公共危机管理绩效评估的相关步骤与方法，以提升对公共危机管理绩效评估的认识与能力。

（3）通过经典案例剖析，找到个案在公共危机管理绩效评估中的相关分析。

（4）对于公共危机管理绩效评估过程可能存在的困境与特点进行扩充，以形成多项可供选择的意见。

三、实验要求

（1）为学生确定角色：在个案情境中，扮演某一公共危机事件管理的绩效评估员。

（2）为学生确定任务：鉴于正发生的某一公共危机事件，公共危机管理部门采取了相关的危机管理操作；作为一名危机管理绩效评估员，需要对这次危机管理事件中有关部门的危机管理作出科学合理的评估。

（3）为学生确定题目：根据实验个案材料，通过绩效评估测评并发现危机管理实际效果与危机管理目标的差距，建立绩效评估指标体系，并对绩效进行持续性的监测、记录和考核。

（4）为学生确定时间：危机管理绩效评估以小组为单位进行，小组在对案例进行分析时，可以先用 10 分钟时间准备，开始讨论后，需在 30 分钟内达成一致意见。

（5）实验时间为 3 小时。

四、实验成绩

序号	实验要求	分值
1	能否进入个案危机管理绩效评估员的角色	20
2	讨论是否积极认真	10
3	能否客观评估危机管理环节的亮点与不足	30
4	能否针对危机管理环节的不足提出建设性的意见	30
5	是否语言流畅、文字简练、条理清晰	10

五、思考题

（1）结合经典案例，谈谈其中有哪些危机管理举措是值得今后借鉴的。

（2）结合经典案例，分析当前我国公共危机管理部门绩效评估的困境。

第四节　实验材料

"8·23"菲律宾劫持人质事件

2010年8月23日，一辆装载23名(包括22名香港游客和1名香港领队，其中包括3名儿童)乘客的旅游车在菲律宾马尼拉市中心的基里诺大看台附近被菲律宾前警察门多萨劫持。经过谈判，6名香港游客于中午前获释。据相关消息指出，绑匪曾经是菲律宾的一名高级警官，因为涉嫌抢劫、勒索，以及参与和毒品有关的犯罪活动而被解雇。在谈判过程中，劫匪提出两个要求，一是复职，二是政府补偿他在去职期间的物质损失。

8月23日晚7时40分左右，菲律宾警方实施突击解救行动，香港游客中8人死亡，6人受伤。香港特区政府于2010年8月24日下半旗向遇难同胞志哀，8月25日菲律宾全国哀悼香港遇害游客。"8·23人质事件"发生后，香港公众对菲律宾当局和警方表示了强烈的愤怒。菲律宾警方承认参与营救行动的警察团队训练不够，团队领导无能，营救行动计划不周。菲律宾政府已经下令对这起事件展开全面调查，并且将派遣一个高级代表团访问香港，对此次劫持人质事件作出解释。

（资料来源：财新网 2010 年 10 月 12 日 17：06 ）

第五节　实 验 报 告

院系		专业	
班级		学号	
姓名			
实验名称			
实验成绩			
一、实验目的			
二、实验原理			
三、实验步骤			

四、实验数据

五、实验结果

六、讨论分析(完成指定的思考题和作业题)

七、实验总结及实验改进建议

备注:

实验教师：

实验日期：

第十章　公共危机管理中的舆情监控

舆情监控其实就是重视危机的监测、预防和准备，将危机管理的关口前移。时下，我国正处于经济转轨、社会转型的关键时期，在社会发展序列谱上恰好对应着非稳定的危机频发阶段，经济容易失调、社会容易失序、心理容易失衡、社会伦理需要调整重建。加之随着改革力度的不断加大，社会在向市场经济体制整体推进的形势下，正在或将要暴露出来的深层次的矛盾和问题都有可能构成引发突发性危机事件、危害社会稳定事件的直接或潜在因素。

近年来，我国群体性危机事件呈现出数量逐渐增多、利益性矛盾突出、危害性大、复杂多变的趋势。从现实层面看，由于众多重大公共危机事件的发生导致舆论危机，甚至出现了失控的现象，官方舆论场和民间舆论场之间进行着激烈的对抗，政府由于缺乏经验而无法有效监控和引导舆情。因此，从战略判断的高度对中国社会整体稳定态势以及信息时代下针对公共危机事件频发的态势作出及时的预测和预警，探索研究公共危机事件中政府对于舆情的监控，并提出相应的危机处理对策，对于现阶段我国政府的危机管理是非常必要的。

几百年来的信息传播一直是一种典型的沙漏模式，在这种传统的信息传播模式下，新闻记者、主编们都拥有新闻信息资源传播的特权，而政府、权势者们则拥有大众媒体资源及其控制下的新闻信息资源传播的绝对优势。在这种条件下，突发事件的舆情监控相对来说是比较简单的。然而随着 21 世纪互联网的迅速发展，在网络虚拟空间中，信息传播的沙漏模式已经不可能继续存在了。在互联网空间里，所有的人都是信息的传播者、拥有者、批判者，此时政府及公共危机管理部门的舆论监控相比之前沙漏模式下的舆论监控难度更大，这对政府公共危机管理部门的舆情监控能力、干预危机能力以及危机导向能力提出了更高的要求。

过去，我国政府在公共危机管理中的舆情监控都是针对实体空间，而现如今由于媒介融合，虚拟空间逐渐兴起，在很大程度上挑战了政府原本的实体控制本位制度。政府的公共危机管理不仅要针对传统的实体空间进行舆情监控，还要对新兴的网络空间、媒介空间进行监控。如果不妥善管理公共危机事件的舆情，就会引发广泛的舆论讨伐以及媒介恐慌，会对现实空间造成极大的冲击。通过研究舆情监控与公共危机事件之间的关系，加强政府对舆情的监控，有助于引导舆情向着公共危机事件处置的积极方向发展；也有助于维护国家社会的长久稳定，为建设中国特色的社会主义政治、经济、文化创造良好的环境，最终实现具有中国特色的社会主义和谐社会这一远大目标。

第一节　经典案例

一、2003 年 SARS 危机事件[①]

自古以来，重大恶性传染病都是人类发展之大敌，人类健康之恶魔。尤其是在全球联系日益紧密的今天，发生在一国的恶性传染病往往具有典型的负外部性，即它会跨出国界向世界各地传播，给这些地区甚至全球带来巨大灾难。2003 年我国爆发的大规模 SARS 病毒事件在极短的时间内扩散，波及范围广泛，一时间造成了全社会的恐慌，这样突发的危机事件无时无刻不在考验着国家公共危机管理部门的危机管理能力。在整个危机管理中，舆情监控犹如危机管理的第一道关口，守住了第一道关口也就意味着危机管理已经成功了一大步。

（一）危机初爆发

SARS 事件是指 2002 年 11 月 16 日在中国广东顺德首发的严重急性呼吸系统综合征，我们习惯称其为"非典型性肺炎"，简称"非典"。"非典"在 12 月最早爆发时，广州市和广东省政府一直没有发布相关信息。2003 年 1 月 2 日，中山市同时出现了几起医护人员受到感染的病例，广东省派出专家调查小组到中山市调查，并在 1 月 23 日向全省各卫生医疗单位下发了调查报告，要求有关单位引起重视，认真抓好该病的预防控制工作。

（二）危机蔓延和扩散阶段

截止到 2003 年 2 月，广州市已经有一百多例"非典"病患，其中不少是医护人员。此时国家卫生部对广东省的病例开始关注，派出了专家组到广州协助查找病因，并指导防治工作。

2003 年 2 月 11 日，广东省主要媒体报道了部分地区先后发生非典型性肺炎病例的情况。

2003 年 2 月 11 上午，广州市政府召开新闻发布会，公布了广州地区非典型性肺炎的情况。同日下午，广东省卫生厅举行情况通报会，中国工程院院士钟南山表示，市民到公众场所进行正常活动是不会受到感染的。

2003 年 2 月 12 日，中国疾病预防控制中心负责人在接受记者采访时预测，全国近期内不会发生大范围呼吸道传染病的流行，但局部地区可能会出现小范围病例的流行。由于疫情没有充分展现，中国政府在 2003 年 2 月之前并没有每日向世界卫生组织通报广东地区的疫情。2 月 10 日中国政府将该病情况通报给了世界卫生组织，在最初提供的数据中只列出了疫情广东省的发病情况。这时正值中国春节前后，由于春运的大量人口流动导致了疫情的扩散，但比疫情扩散更快的是谣言和恐慌。

2 月 4 日，媒体报道广州旅游市场淡季不淡；2 月 12 日中国足球队和世界冠军巴西足球队的友谊赛正常进行，超过 5 万人现场观看了这场比赛；2 月 18 日在天河体育场举行的"2003 罗大佑广州演唱会"也正常举行，有几万人参加了演唱会。3 月 5 日出席人大的广东代表提出议案，建议传染病预警治疗方面在不影响国家安全的前提下考虑寻求国际援助。

3 月 12 日，世界卫生组织针对"非典"疫情发出全球警告；3 月 15 日后，世界多个国家和地区都出现了非典型性肺炎病例。3 月 19 日卫生部部长张文康会见了世界卫生组织驻

---

① 孙梅. 危机管理：突发公共卫生事件应急处置问题与策略[M]. 上海：复旦大学出版社，2013：13 - 15.

华代表，向其介绍了广东省部分地区非典型性肺炎的有关情况。3月31日中国推出了《非典型性肺炎防治方案》，并于当天在互联网上公布，称非典型性肺炎的病原目前尚不明确。

4月2日，中国政府承诺会与世界卫生组织全面合作。随后，中国向WHO申报了所有案例，到4月上旬中国官方媒体对SARS的病例报导已经开始逐渐增多。

4月3日，卫生部部长张文康还在表示疫情已经得到有效控制，在中国工作、旅游是安全的。当然他也指出SARS在中国大陆只是得到有效控制，并不是彻底消灭，也没有说SARS在世界各地得到有效控制和完全消灭。在解释卫生部为什么不通报疫情时，张文康说，非典型性肺炎并不是法定报告传染病，而且疫情只发生在局部地区。很多人认为张文康的言论对国内外的民众和政府都有很大的误导，使得他们因此对疫情不够重视。

在北京解放军301医院的退休医生蒋彦永看来，张文康并没有透露实情，至少北京当时的情况远比张说得严重。他认为张文康公布的数字被严重缩小，是对中国民众、卫生部门的误导，是对人民健康不负责。4月4日蒋彦永给中央电视台4台和香港凤凰卫视写电子邮件反映情况，但都没有结果，直到4月8日他被美国时代周刊驻中国的记者找到，才接受了采访。第二天，《时代周刊》在网络发表了《北京遭受SARS袭击》的报道，引用了蒋彦永提供的信息。至此，公众才真正了解到北京市的疫情远比中国官方公布的严重。

（三）国际合作和公开防治

在隐瞒北京市疫情被揭露后，中国面临国际社会的指责。为此，中国接受世界卫生组织的协助调查，进一步调查当地疫情的发展情况，世界卫生组织于2003年4月2日进入广东省进行协助调查。

4月12日WHO将北京列入疫区，北京邀请WHO的5人专家组参观北京的医疗机构和了解北京的SARS疫情。

4月15日世界卫生组织将中国广东省、山西省以及香港等地列为疫区。随着SARS病例的日渐增多，4月18日教育部决定将全国硕士研究生复试时间推迟到5月底进行；4月19日，教育部动员外地学生"五一"期间不离校，避免疫情扩散。

4月17日中央政治局召开会议之后，高层已经充分认识到了非典型性肺炎的严重程度和潜在威胁，开始全力以赴应对，采取了包括人事任免在内的各种必要紧急措施。4月19日，时任中华人民共和国国务院总理的温家宝正式警告地方官员，瞒报少报疫情的官员将面临严厉处分。

2003年4月20日政府再度召开记者会，公布的疫情病例从原先有所隐瞒的37例突然暴增至339例。记者会结束后几个小时，中共中央宣布撤销北京市市长孟学农和卫生部部长张文康的党内职务，提名王岐山担任北京市代理市长，任高强为卫生部党组书记，并宣布实行"疫情一日一报制"；同时宣布原定于5月1日开始的"五一黄金周"暂停施行一次，确保疫情不会进一步扩散，北京多所高校也宣布停课。

4月22日国家旅游局副局长在新闻发布会上说，鉴于目前非典型性肺炎还没有得到有效控制，各地旅游部门近期不得组织到中西部地区和农村旅游，防止疫情通过旅游向农村和边远地区扩散。

4月23日，财政部公布中央财政20亿"非典"防治基金的用途。北京宣布全市的中小学从4月24日起停课两周，以确保疫情不会在校园扩散。时任中共中央总书记的胡锦涛动用军方力量，在北京紧急建设了中国人民解放军小汤山"非典"医院。

139

4月26日民政部与卫生部联合发出紧急通知，要求死于传染性非典型性肺炎患者的遗体要及时火化，不得举行遗体告别仪式和利用遗体进行其他形式的丧葬活动。

5月3日，《钟南山谈"非典"防治》科教片向全国公开发行。该片由中共广东省委宣传部、省卫生厅、省教育厅联合摄制，是全球唯一的且最具权威性的有关普及"非典"防治知识的科教片。

5月7日政府决定推迟10项全国专业技术人员资格考试，并要求各地近期不要举办大型人才招聘会，并明确规定不得歧视因"非典"被隔离治疗、留验和医学观察的人员，其工资、福利待遇由所属单位按出勤照发。

5月9日，时任总理的温家宝签署国务院第376号令，公布施行《突发公共卫生事件应急条例》，劳动和社会保障部也要求将民工纳入"防非"统一管理。同日，北京宣布义务人员的"非典"感染比例已呈明显下降趋势。

5月21日，北京最后一名"非典"病患从北京地坛医院出院，意味着北京"非典"患者的救治工作已经全部结束，"非典"传播链完全切断。6月1日，卫生部宣布北京市防治非典型性肺炎指挥部撤销。6月4日，WHO解除对河北、内蒙古、山西和天津的旅游警告。6月24日，WHO和卫生部宣布解除对北京的警告，将北京从疫区名单中删除，标志着我国抗击SARS工作取得了重大进展。

二、案例分析

回顾SARS事件的整个处置过程，每一个环节都有很多值得慢慢品读和思考的细节。由于突发性公共危机本身的特性，如果对其处理不当则会带来不可挽回的极大灾害。下面将从公共危机事件处理的原则理念、程序和措施等方面，分析我国政府对SARS疫情的态度及处理过程中体现的优缺点。

（一）SARS疫情危机处理中的亮点（主要体现在事件处理中后期）

1.政府决策果断，体现了"科学有序"的理念

当中国政府隐瞒疫情实情的行为被揭露后，中国政府受到了国内外舆论的批评与责难，同时也引起了国内群众的恐慌。2003年4月17日，中央政府作出果断决策，带领全民抗击"非典"；在处理SARS疫情的中后期，政府与军方医护人员始终坚守在一线，对患者及时进行隔离观察和治疗。4月18日，教育部决定将全国硕士研究生复试时间推迟到5月底进行；4月19日，教育部动员外地学生"五一"期间不离校，避免疫情扩散。国家旅游局副局长在新闻发布会上要求各地旅游部门暂时不得组织到中西部地区和农村旅游，防止疫情扩散到农村。5月7日，政府决定推迟10项全国专业技术人员资格考试，并要求暂不举办大型人才招聘会。时任中共中央总书记的胡锦涛动用军方力量在北京紧急建立小汤山医院用以隔离收治"非典"病患，并调配军区医护人员前往医院医治病患。另外，中共中央宣布撤销北京市市长孟学农和卫生部部长张文康的党内职务；北京市的中小学从4月24日起停课两周，以确保疫情不会在校园扩散。上述种种防治"非典"的举措，体现了我国政府决策的果断性与科学有序性。

2.危机处理中树立权威，分级管理

由于前期对危机事件的不当处理，我国政府的权威面临着国内外的质疑与挑战。针对相继而来的舆情危机、信誉危机，中国政府多次公开道歉并表示会积极配合世界卫生组织

展开防治工作，张文康、孟学农也相继被免职。国家领导人亲临一线，胡锦涛动用军方力量在北京紧急建立小汤山医院用以隔离收治"非典"病患，并调配军区医护人员前往医院医治病患；温家宝要求各地区积极展开疫情防治工作等。这些举措让世界人民看到了我国政府应对"非典"的积极态度及坚定决心，重新树立了权威，并做到了分级处理，有步骤、有条理地处理危机事件。

3. 疫情信息及时沟通，体现了"协调一致"的理念

当中国"非典"疫情的实际情况被披露后，我国政府积极配合世界卫生组织开展工作。温家宝警示各地方政府，瞒报假报者一经查出将受到严厉惩处，随后又召开记者会公布中国疫情的实际情况，并要求各地方政府对疫情一天一报；同时，引导传媒通过各种渠道向广大群众解说正确的"防非"办法及相关专业知识，以缓解群众的恐慌情绪。

4. 及时公布疫情信息

危机处理的中后期，政府开始注重信息的真实迅速传播，通过及时公布疫情信息，遏制谣言，使民众了解事件真相。中国疫情的真实情况被披露后，中央政府立即召开记者会，警示地方政府如实报告疫情，并要求各地对疫情一日一报。这样做，既很好地利用了中央权威发布消息，遏制谣言，争取主动地位，同时还正确引导了媒体，激励全民抗击"非典"。

5. 危机善后处理得当

2003 年的 SARS 事件过后，中国政府深刻认识到了自身公共危机管理机制的缺失。在"非典"事件平息后，当局者除了抚慰国民、惩办相关责任人外，还采取积极有效的措施建立了公共危机预警机制及信息披露和处理等相关机制，吸取教训，以史为鉴。

（二）缺点体现（主要体现在事件处理前期）

政府虽然成功处理了此次"非典"危机，但是从整个处理过程来看，我国公共危机管理中仍然存在不少问题，主要有以下几个方面。

公共危机事件发生后，当局者应在第一时间成立专家组和决策组，对危机事件进行控制与把握。专家组对事件进行科学理性的分析，预测其发展的可能性及危害性；决策组则根据专家组分析的结果果断做出科学有效的决策。二者各司其职，相互帮助。然而，当广东出现疫情后，当地政府并没有采取这一有效措施，因而出现了决策上的失误。

1. 危机监测预警机制缺失，危机反应速度慢

公共危机预警机制的缺失使得当局者的应急管理能力不足，响应速度慢。2002 年 11 月广东省出现第一例 SARS 病例时，当局者及医疗人员等并没有意识到事态的严重性，因而没能及时采取有效措施控制、减缓疫情，最终造成了重大危害与损失。第一例 SARS 病患出现以及后期接连不断有人感染时，政府没有一个专门的中枢指挥系统来密切关注这种新传染病，更谈不上及时应对。对危机的密切监控和及时管理应当是政府常态事务的一部分，但当 SARS 疫情形成全国性危机时，政府并没有立即组建统一的指挥协调系统。"非典"爆发后，有关部门首先想到的是隐瞒实情，捂着不报，2 月 11 日广东省主要媒体甚至还故意轻描淡写地称所有病人的病情均在控制当中。同日，中国工程院院士钟南山表示，市民到公众场所进行正常活动是不会受到感染的。2003 年 2 月 12 日，中国疾病预防控制中心负责人在接受记者采访时预测，近期内全国不会发生大范围呼吸道传染病的流行，但局部地区可能会出现小范围的流行。2 月 11 上午，广州市政府召开新闻发布会公布广州地区非典型性肺炎的情况，并解释了 2 月前没有公布病情的原因——感染非典型性肺炎的

300 多人对于广州千万人口来说是个很小的比例，非典型性肺炎只是在局部发生，河源、中山等地的患者经过治疗已大多康复或好转且没有再发病；另外，政府认为非典型性肺炎并不是法定报告传染病。紧接着春节到来，由于对疫情监控不够重视，舆情预控严重缺失，以至人流量如此巨大的春运几乎没有做任何积极的疫情应对措施。在这场重大传染病疫情中，我国政府有关部门对舆情监控的思想认识不足，监管缺失，措施不力，忽视危机事件爆发后出现的大规模舆情井喷现象，以至错失了守住危机管理第一关口的绝佳时机，致使疫情快速蔓延开来。

2. 危机管理信息体制不完善，信息披露不充分

当疫情已经有逐渐扩散的趋势时，有关政府部门的舆情监控仍然缺位，甚至连最起码的重视都谈不上，信息披露更是无从谈起。2003 年 4 月上旬，在中国官方媒体对 SARS 病例的报导已经开始逐渐增多的情况下，卫生部部长张文康仍然对外宣称疫情已经受到控制，在中国工作、旅游是安全的。在解释卫生部为什么不通报疫情时，张文康说，非典型性肺炎并不是法定报告传染病，而且疫情只发生在局部地区。很多人认为张文康的言论对国内外的民众和政府都有很大的误导，使得他们因此对疫情不够重视。然而，事实并不像有关人员所描述的那么乐观。4 月 9 日网络上刊登了美国时代周刊发布的《北京遭受 SARS 袭击》的报道，该报道引用了北京解放军 301 医院退休医生蒋彦永提供的信息，至此公众才真正了解到北京市的疫情远比中国官方公布的要严重。当时，信息管理体制基本是复制行政管理体制，即逐级管理、对上负责、随意性强、共享性低。这种体制与应急管理的要求不符，是发生信息瞒报、缓报、漏报现象的体制性原因，且不能使广大群众及时了解实情，不利于群众配合危机处理工作(目前某种程度上也是如此)。"非典"事件前期，政府对信息的处理态度与方法正体现了这一体制的缺点。2002 年 11 月首例"非典"病例出现，直到2003 年 5 月有关部门才真正意识到疫情的严重性，随后出台了有关规定禁止举行大型集会，防止疫情扩散，实际上已经错过了防止疫情扩散的最佳时机。

3. 危机管理法制体系不完善，缺乏责任追究

关于疫情披露方面，当局者应该严格按照相关法律条例及时如实公布真实信息，并采取积极的防治措施。但是在面对疫情时，广东省政府和北京市政府却选择了瞒报、少报，并限制相关信息的传播，这违反了国家相关法律，最后相关责任人被罢免职务也正说明了这一点。产生这种行为的根本原因是危机管理法制体系的不完善，没有明确规定当局者在公共危机事件管理过程中应履行的职能和应承担的法律责任，这才使得当地政府敢于以群众安全做赌注，隐瞒疫情实情，结果给人民造成了极大危害。另外，我国公共卫生防护体系也由于财政困境已经纷纷向市场"缴械"，由"预防为主"转变为"重医轻防"。应对 SARS这种新型传染病的爆发流行，职能偏废的公共卫生体系表现出了明显的预警监测能力不足、信息披露机制误区，以及应急预案适用性差等问题。

4. 没有遵守"生命第一"的原则，忽略了"以人为本"的理念

对于公共危机的处理，坚持保护人民的人身安全是第一要务，任何其他利益都不能与这一条相冲突。处理突发性公共危机事件必须按照以人为本的要求，保持群众利益诉求渠道的通畅，深入实际了解群众意愿、倾听群众呼声，尊重群众正当的利益诉求，严格依法办事，努力做到有诉求必回应、有问题必解决，切实维护群众的正当合法权益。但是自2002 年 11 月广东发现首例"非典"病例到 12 月疫情在广东爆发，当地政府一直采取隐藏瞒

报的态度，且禁止媒体报道相关新闻，并限制网民在网络上议论此事，以至于疫情全面爆发后引起了民众恐慌，造成了严重的后果，这便是政府漠视人民生命的一个体现。倘若当地政府始终把人的生命安全放在第一位，坚持以人为本，就不会冒着如此大的风险瞒报SARS疫情。

5. 没有遵守"第一时间"的原则，忽视了"效率优先"的理念

"第一时间"原则是处理突发性公共危机事件的准则。建立并完善应对突发性公共危机事件的快速反应机制，明确快速反应事项的内容、程序、时限要求，是提高行政效率，增强工作主动性、时效性和针对性的必然要求，是有条不紊地应对突发事件的保障机制。广东省和北京市的地方政府在面对突如其来的疫情危机时，思想认识不足，瞒报实情，以为传统的"把关"方式就可以把危机信息封堵住，忽视舆情引导，没有及时采取有效措施对事态加以控制，错失了控制事态的第一有效时间，结果导致互联网传言漫天飞。2003年2月，广东民间出现了关于一种致命怪病的传言，甚至有传言称一些医院的病人因此怪病而大批死亡。"怪病"导致当地抢购药品成风，相关的评论比较混乱，有关熏醋和喝板蓝根可以预防此怪病的传言四起。从2月9日开始，市面上出现抢购米醋和板蓝根的风潮，10日抢购风达到高潮，平时一大包10元以下的板蓝根一下子飙升到三四十元，白醋价格也节节攀升，从10元至80元、100元，甚至有记者拍到白醋1000元一瓶的天价。随后，有关预防怪病的其他防护品也遭到抢购，市面上出现了一轮又一轮的抢购潮，抢米醋、板蓝根、消毒水、口罩等。由于在市面上买不到可以自保的用品，很多人转而致电在香港的亲友协助购买，这使大陆的疫情得以为外间知悉。当真相被揭露后，中国政府又面临着舆论危机和形象危机，中国人民陷入到恐慌之中，加大了后续疫情防治工作的难度，不利于"抗非"工作效率的提高。

6. 没跟上舆情监控的时代变化

舆情即舆论发展的情况。随着多媒体时代的到来，舆情传播从传统的单向传播模式向多向传播模式转变。危机事件发生时，在传统媒体环境下，大众传播媒介掌握着社会最主要的信息，并掌控着整个传播过程，他们是传播行为的发起者，亦决定着信息的质量、数量、流量及流向，对信息的把控优势十分明显。传统媒体环境下的信息传播受时空的限制，具有很强的地域性，因而风险信息的传播是有时间差的。传媒组织形成了一道"关口"，通过这道"关口"传达到受众那里的新闻只是众多新闻素材中的少数。也就是说，传媒组织决定着大众所接受的信息的种类和数量，任何进入大众传播渠道的信息首先要经过传媒组织的把关与筛选，即传媒组织根据其具体的价值取向和原则标准，选择一部分信息，经过编码再传播给大众。

在这场重大传染病疫情中，我国政府有关部门对舆情监控的思想认识不足，监管缺失，措施不力，忽视突发性危机事件爆发后出现的大规模舆情井喷现象，以至错失了守住危机管理第一关口的绝佳时机，使疫情快速蔓延开来。比疫情扩散更快的是谣言和恐慌，它们为危机事件的处理埋下了隐患，甚至造成了部分地区较大范围的社会失序，严重影响了国家社会稳定和政治安定[1]。舆情监控得当与否直接关系着危机管理的整个过程，舆情监控的目的是为了有效预防和避免危机的进一步恶化。在某种程度上，危机状态下的舆情监控以及危机升级的预防比单纯解决某一特定危机事件更加重要。因为如果舆情监控及

① [美]诺曼.R.奥古斯丁.危机管理[M].北京：中国人民大学出版社，2001：123.

时，能够在危机大规模爆发前就及时把产生危机的根源消除，政府就可以节约大量的人力、物力和财力，更重要的是社会秩序也能够得以有效保障①。

第二节　实验理论与技术准备

本节通过实验法和对技术的描述，帮助学生理解并掌握公共危机舆情监控的基本概念和注意事项，以及公共危机舆情监控技术和具体实践方法；同时，全面了解我国公共危机舆情监控的概况，并针对目前我国舆情监控存在的问题进行详尽的介绍和分析。

一、"把关人"理论

美国社会心理学家、传播学奠基人之一的库尔特·卢因提出了"把关人"理论。卢因认为，在群体传播过程中存在着一些"把关人"，只有符合群体规范或"把关人"价值标准的信息才能进入传播渠道。1950年，传播学者怀特把这个概念引入新闻研究领域，明确提出了新闻筛选过程的"把关"模式。这个模式说明：社会中存在着大量的新闻素材，大众传媒的新闻报道不是也不可能是"有闻必录"，而是一个取舍和选择的过程。"把关人"理论是基于传统的信息传播模式，是一种以传者为起点和中心的单向线性传播。然而在新媒体环境下，新媒体的数字化技术突破了时空的局限，"把关人"的作用被弱化。从时间上看，信息从传者到收者，通过手机和网络实现了瞬时传播；从空间上看，信息无处不在。在此基础上衍生出来的博客、微博等新媒体形态，更是优化了传播速度。同时，新媒体的超文本和超链接还实现了不同信息形式在文字、声音和图像之间相互转换，从而使信息的内容和形式更加丰富多样，且被更加完整地传递。这使危机信息和舆论在网络上得以更加迅速、更大范围地传播，从而大大减少了政府的反应时间，危机管理工作则更为紧迫和复杂。相比较传播主体单一的传统媒介，网络传播主体呈现出多元化的特点，新媒体环境下传播模式由单向传播变成了双向传播，传、收双方的身份界限被模糊。在新媒体的信息传播链条中，普通人既是信息的接收者，也是信息的发布者，他们都有可能操控舆论，影响社会。另外，由于网民群体数量大，而且受技术条件的限制，所以网络把关人很难从技术上做到实时监控。这使得政府试图通过大众传播工具对传播内容进行控制的行为变得越来越不可行，也加大了其对危机信息传播监控的难度。

二、舆情监控

舆情监控是一个系统工程，它运用各种技术手段对互联网信息进行获取、分类、归纳，实现对网络舆情的检测与预警，并能自动实现舆情监控以及提供预处理和效果评估等功能。危机舆情监控就像危机的前哨，充当了危机事件的"把关人"。戴维·奥斯本和特德·盖布勒认为，政府进行危机管理的目的是"使用少量钱预防，而不是花大量钱治疗"②。

舆情监控通常是针对整个危机管理过程，但在不同阶段中舆情监控的重点和所采取的措施

---

① 薛澜，张强. 危机管理[M]. 北京：清华大学出版社，2002：56.

② [美]戴维·奥斯本，特德·盖布勒. 改革政府：企业精神如何改革着公营部门[M]. 周敦文，译. 上海：上海译文出版社，1996：205.

也各有侧重。按照危机管理的时间顺序，可将舆情监控分为三个阶段，如表 10 - 1 所示。

表 10 - 1　舆情监控阶段表

舆情监控时间段	应 对 措 施
舆情爆发前	重视舆情预警、收集、整理，并及时发布真实信息以正确引导舆论
舆情爆发中	高效利用舆情发展的"黄金 24 小时"，对负面信息作出回应，及时召开新闻发布会
舆情爆发后	总结经验教训，收集民意，及时整改不足

1. 舆情爆发前，重视舆情预警

危机管理部门必须意识到网络舆论可能是舆情爆发的"导火索"，如果管控不当，可能朝着不良的趋势发展，损害政府与媒体的公信力，甚至危及整个社会的和谐稳定。政府与媒体应发挥"把关人"与意见领袖的作用，引导网民正确认识危机，做到及时公开信息，在满足公民知情权的同时澄清谣言，引导舆论回到正确的轨道上。网络世界纷繁复杂，它赋予了网民自由表达的权利，但难免有个别网民利用网络的公开性和匿名性发布虚假信息，散布谣言。

2. 舆情爆发时，强化舆情处理能力

网络舆情传播的速度快、范围广，其快速形成与扩散在很大程度上与网民所掌握的信息不对称有关。因此，政府、媒体等除了要加强危机公关，建立自己的官方网络平台外，还必须在第一时间对突发的负面舆情作出回应，高效利用舆情发展的"黄金 24 小时"，避免危机事件恶化而影响社会稳定。突发事件是舆情的一种特殊反应方式，而舆情的本质是民众的社会政治态度。无论何种类型的突发事件，如果危机管理部门反应缓慢或处置不当，都会引起民众的极大不满，甚至敌视，进而演变为信任危机[①]。政府和媒体应加强合作与沟通，共同应对网络舆情危机事件；政府或企业应及时召开新闻发布会，并通过官方网络平台针对负面新闻发表声明，作出回应。媒体则应跟进事态发展，利用传统媒体公信力在其官方网络平台及纸媒上发布信息，使更多人理性客观地看待网络舆情事件，最大限度地减小负面舆论的影响。"非典"事件中，随着"非典"疫情的揭露，中国政府多次公开道歉并表示会积极配合世界卫生组织展开防治工作。4 月 17 日，中央终于作出果断决策，动员全民抗击"非典"；4 月 20 日，中国迎来抗击"非典"的历史性转折点——"非典"被列入法定报告传染病，张文康、孟学农被免职，全国"非典"疫情要求一天一报。政府也果断宣布，原定的"五一黄金周"暂停施行一次；4 月 23 日，北京市宣布全市中小学停课；胡锦涛动用军方力量在北京紧急建立小汤山医院用以隔离收治"非典"病患。至此，全国形势开始明朗，抗击"非典"取得最终胜利。

3. 舆情爆发后，做好舆情善后工作

舆情发生后，政府和媒体要做好经验教训的总结与交流。政府相关部门应收集调查网络民意并对此次舆情危机处理中的不足进行改正，不断完善网络舆情应急处理方案及相关法律法规，投入更多人力物力，加强网络舆情研究。媒体则应发挥舆论影响力，针对事件进行反思和经验总结，并对舆情影响力进行评估，发表评论或报告，引导人们正确看待危

---

① 汪大海．公共危机管理实务[M]．北京：中国人事出版社，2013：80 - 81．

机事件，弘扬正确的价值观。

三、舆情监控的原理

危机具有不确定性，其规律还没有完全为人类所知，但随着科技的进步和人类认知能力的提高，人们在实践中认识到危机发生前往往会有一些征兆，这些征兆与危机具有一定的相关性（见图10-1）。因此，可以监测这些可预报和不可预报的信息，并通过分析筛选出真正有用的信息，最终以其他形式发布出去，比如声音、图像等，以警示人们，使人们能够在危机发生前采取一定的应对措施。通过关注危机征兆来预报潜在的危机，这对预防危机的发生和防范危机进一步恶化有一定的积极作用[①]。但这些征兆与危机的相关性有强弱之分，并不构成绝对的因果关系，因而有些舆情监控不是十分准确，有时甚至还会出现误报。舆情监控对于危机管理有着重要的意义，即使不能完全阻止危机的发生，也能通过一些危机信息和危机征兆提前做好预防和应对的准备，而且随着知识和技术的进步，这种舆情监控的准确性和有效性将会不断提高。

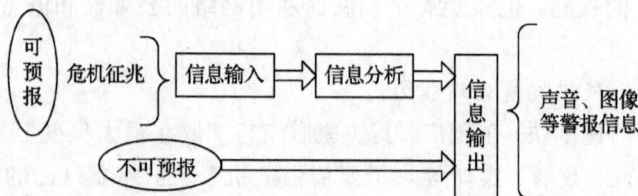

图10-1 舆情监控的原理

舆情监控伴随着整个危机管理过程的每一个阶段，根据舆情发展的时间顺序，我们通常将其分为舆情爆发前监控、舆情爆发时监控和舆情爆发后监控三个阶段。具体来说，对于突发的危机事件，舆情监控有如下几个步骤。

舆情监控步骤一：获取大量数据，建立过往事件数据库和实时事件数据库（见图10-2）。

危机管理部门要注重培养大数据分析意识。身处于信息爆炸的今天，"得数据者得天下"已成为业界共识。政府、媒体等舆论引导机构，应提高舆情监测和分析能力，调控主体应更多借助于舆情监测技术。

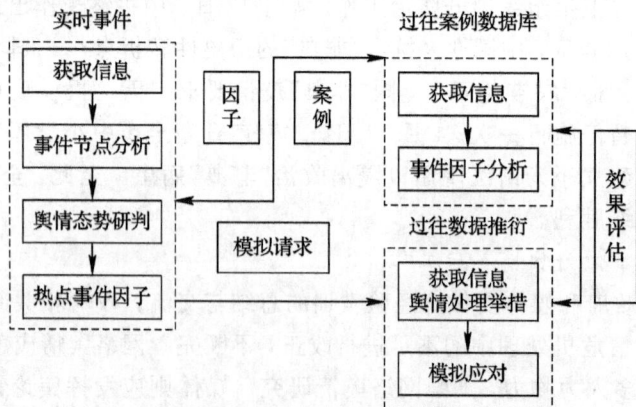

图10-2 舆情监控示意图

---

① 张成福，谢一帆. 公共危机管理理论与实务[M]. 北京：中国人民大学出版社，2015：120-123.

通过海量信息采集、智能语义分析、自然语言处理、数据挖掘，以及机器学习等技术，不间断地监控并掌握微博、微信等社交平台的数据，在此基础上发掘事件苗头、归纳舆论观点倾向、掌握公众普遍态度、预测网络发展动向。信息源可分为三类：一是媒体信息，如新闻网站、手机报；二是网民信息，如微博、贴吧、论坛、博客；三是混合信息，如搜索引擎。信息来源越丰富，舆论场中社会阶层越丰富，舆情监测的结果也就越接近现实状况。国内主流舆情监控预警系统的信息来源主要是新闻网站、论坛与博客，对于搜索引擎、手机报、贴吧、微博以及群聊天内容少有涉及。单一、集中的信息来源很难覆盖整个社会网络，以及自媒体时代下网民独立获取信息并对事物做出判断后表达的复杂且分散的看法，同时也必然会影响舆情监控预警系统对舆情事件评估、应对、分析的有效性和全面性。"非典"事件中，起初由于有关部门出于种种考虑试图隐瞒信息，要求媒体不要过度渲染该地区的疫情，禁止媒体报道有关病情并禁播香港电视台的新闻片段，甚至在国内封杀了关于疫情的讨论，所有论坛关于非典型性肺炎的消息一律消音，结果导致互联网传言漫天飞。正所谓，防范贵在及时，恐慌止于知情。从2003年4月21日起，卫生部开始实行疫情一天一报，包括确诊病例和疑似病例，既能让群众对本地疫情的传播、防治和控制情况心中有数，又能避免由于不明情况而引起的各种猜测和传言，从而使人们在知情的前提下不恐慌且能积极应对，保持了正常的生活和工作秩序。

步骤二：对信息进行分类，并分析事件节点。

舆情事件的发展大致分为潜伏期、爆发期、持续期、终止期。潜伏期即事件并未引起较大范围的关注，但是由于其涉及热点因子，所以极易演化成热点舆情；爆发期即事件在网络引起大规模关注，自媒体开始纷纷跟进，结合人肉搜索、科学分析等方法，网民开始探究事件始末；持续期即由传统媒体跟进报道，并不断深度挖掘，与自媒体形成互动，推动事件衍进。终止期即事件结束或关注度被其他热点事件取代的时期。不同的事件节点，应当给予不同的关注度，处置的手法也应有所不同。"非典"事件中，当广东顺德最初出现"非典"病例时，有关部门应该第一时间跟进报道，媒体也应配合报道相关进展，并向社会普及有关疫病的知识和预防办法，化解社会公众的不安情绪。相反，广州市和广东省政府一直没有发布相关信息，隐瞒的结果就是进一步引发了社会恐慌。

步骤三：推衍趋势预测。

事件进入数据库后都会进行因子标注，因而过往案例数据库、实时事件数据库中的事件均为标注好的事件。当某一具体事件向过往案例数据库发送比对请求时，过往案例数据库则会自动返回具有相同因子的过往案例。通过研读过往案例，查看其舆情因子、应对因子、效果因子，能够基本掌握不同应对措施对于同类型事件的不同影响效果。

步骤四：决策举措。

舆情监控预警系统面对的对象非常特殊，每一件舆情事件都像一个孩童，有共性更有个性，其会如何发展，会展现什么样的特点都跟成长中的各种因素息息相关。因此，要使舆情监控预警系统保持长久的生命力，就必须建立富有生命力的评估体系。对舆情监控预警系统的评估要把握时效性、全面性、可操作性、有效性四个原则。时效性是指舆情监控预警系统必须紧贴网络的发展步伐，紧贴网友的心态和情绪变化；全面性指舆情监控预警系统所囊括的案例和应对措施必须是全方位的、涵盖面足够广的；可操作性和有效性是指舆情监控预警系统提供的应对措施必须是可操作的、有效的。只有符合了这四个原则，舆情监控预警系统才算有效，才能为用户的决策提供切实可行的支持方案。

舆情监控过程中，值得关注的是实时事件数据库和过往案例数据库的建立。实时事件数据库 24 小时收集网络数据，通过新闻网站、贴吧、论坛、微博等记录信息来源，监控日常数据，结合定期的线下调查、实地采访、听取专家意见等方式，实现对传统媒体、自媒体的信息全方位掌控；通过事件节点和因子分析把握舆情平衡状态，对于失衡情况及时进行预警和追踪。实时事件数据库获取的数据能够按照时间、地区、部门等多种方式分类，便于反馈与后期利用。过往案例数据库够提供经验，方便危机管理部门查阅以往同类型危机事件中舆情处置的方式方法，对现阶段舆情态势进行预测和预警。因此，过往案例数据库对于数据库样本容量、样本细腻度、丰富度的要求很高，尤其是大量国内外政府颇具代表性的舆情事件一定要收集，比如有关外交、国防、文化、安全、生产、卫生等涉事主体，详细记录各相关舆情事件中的时间内容、影响范围、受众群体成分构成、意见走向、事件各阶段的变化、应对措施、效果评估等内容。当发生危机事件时，关注事件的舆情走向，并将舆情发生因子与过往案例进行比对，以吸取经验，对舆情态势进行研判；同时进行模拟应对测试，通过系统提供或者用户自选舆情处理举措，与过往案例进行比对并进行效果评估，使得舆情处置更有预见性。

过往案例数据库用于与实时舆情事件进行比对，得到可提供给用户的多种决策措施，并对每种措施的应对效果打分，供用户参考。实时事件数据库记录实时事件的具体数据，包括网民意见、成分构成比例、影响范围等，经分析可得到事件发展趋势、影响力大小等重要评估指数。

事件推衍趋势库，即通过记录过往案例数据库中的舆情事件在应对方案实施后的变化趋势，对相似案例处理方式的应对结果进行推衍、评估。事件推衍趋势库目的在于能够提供对某一具体事件的可操作的处置方法，并能根据不同的处置方法对事件推衍趋势进行预测。因此，事件推衍趋势库中包含大量的舆情处理举措，包括微观层面的应对举措、中观层面的整治方案、宏观层面的预案机制。

第三节 实验设计

一、实验目的

通过本实验，让学生学会根据有关危机现象过去和现在的数据，运用逻辑推理和科学预测的方法、技术，对某些危机现象的约束性条件、未来发展趋势和演变规律作出估计与推断，并发出确切的警示信号或信息，使政府和民众提前了解危机发展的状态，将危机管理的关口前移，及时采取应对策略，防止和消除危机可能带来的不利后果。

由于我国正进入一个充满危机的高风险社会，各种矛盾和利益冲突以及压力在不断积累，危机随时都可能爆发[①]。而此时以互联网、手机为中心的新媒体技术使社会进入"大众

① 薛澜，张强．危机管理[M]．北京：清华大学出版社，2002：57-58．

麦克风时代"，社会公众获取信息和发表言论都变得更加便捷。(中国互联网络信息中心发布的《中国互联网络发展状况统计报告》显示，截至 2015 年 6 月我国网民规模达到 6.68 亿，手机网民规模达到 5.94 亿。)新媒体技术将所有人都变成了出版发行人，信息的获取和传递可以随时随地进行，传统的舆情应对和控制变得越来越不可能。新媒体技术最大的特点是最充分地扩散信息，在这样的情形下新媒体成为了日益积累的矛盾和各种压力的输出终端，不同的利益代表者都通过新媒体这一媒介发表自己不同的看法，以期获得更多民众的关注，并以此对政府施加舆论压力，使其给出合理公平的解释。更有甚者，可能会置法律于不顾，形成网络暴力。越来越多的网络参与已经成为政府公共管理改革的出发点，然而很多地方政府依旧沿用传统管理公共危机的思路和方法，当事件在网络上曝光引起网民热烈讨论并造成一定范围的消极影响后才被迫采取相应的措施。在这种传统模式下，政府往往处于被动地位。因此，要打破这种固定的传统模式，把握网络舆情治理的主动权，使各级政府、组织、机构做到第一时间发现网络舆情、第一时间引导网络舆情、第一时间处置网络舆情"。当然，这些都取决于网络舆情监控的成功与否。需要注意的是，本书所指的舆情监控主要针对的是网络舆情。

二、实验步骤

(1)通读实验技术方法等材料，以掌握舆情监控的有关理论与实际操作的相关知识。

(2)厘清政府危机舆情监控的相关步骤与做法。

三、实验要求

(1)为学生确定角色：在个案情境中，扮演各危机舆情监控机构与监控员。

(2)为学生确定任务：鉴于原有战略的实施过程严重受阻(获取信息环节、事件节点分析环节、舆情态势研判环节、热点事件因子分析等)，需要以小组的形式尽快进行讨论并马上决策。

(3)为学生确定题目：根据实验个案材料，提供三个思考题作为小组讨论的方向。

(4)为学生确定时间：开始讨论后，需在 30 分钟内达成一致意见。

(5)实验时间为 2 小时。

四、实验成绩

序号	实验要求	分值
1	能否进入个案危机舆情监控机构成员的角色	20
2	讨论是否积极认真	20
3	能否决策出解决舆情监控各环节难题的答案	30
4	是否语言流畅、文字简练、条理清晰	30

五、思考题

(1)根据实验方法与技术，就案例所述的危机舆情监控操作情况，思考其处置方法存在哪些问题。

（2）通过案例，思考我国在危机管理中舆情监控方面得到了什么的启示。

第四节　实验材料

2015 年 6 月 20 日 13 时 53 分，王季进驾驶的宝马轿车在南京市秦淮区与多车相撞，造成 2 人死亡、1 人受伤、多车受损。这一事件引发了舆论的强烈关注。9 月 6 日 21 时 24 分，南京市交管局在其政务微博上发布了南京脑科医院司法鉴定所出具的司法鉴定意见书，鉴定意见为：王季进作案时患急性短暂性精神障碍，有限制刑事责任能力。当晚，该通报被南京当地媒体转发，后又被新浪、网易等网站转载，引起了更大范围的关注。"急性短暂性精神障碍"是否会让肇事者"逃脱罪责"成为舆论的最大争议点。对于车祸鉴定，多家媒体于 9 月 7 日和 8 日相继发出质疑。人民网发出了六个疑问：做出鉴定的详细依据是什么；案发于 6 月 20 日，如何准确鉴定出当时的情况；如何证明作案时正好处于发病状态；如果之前有精神病史，是如何获得到驾照的，如果取得驾照后患病，为何还能上路；鉴定结果对量刑有何影响；司机王某家庭背景对鉴定结论有无影响。

"6·20 南京宝马肇事案"发生后，立即引发了舆论的强烈关注。从"毒驾"到"酒驾"再到"顶包"，南京警方对舆论质疑不断"释疑"，旧的公众不满尚未完全散去，"急性短暂性精神障碍"鉴定结果的发布再次将事件推向舆论的浪尖。家属的不认同、网民的不理解、媒体的提问质疑均需获得回应。据统计，截至 9 月 9 日 15 时，此事件相关网页新闻达 4000 余篇、新闻跟帖 40 余万条、微博 4 万余条、微信公众号文章 1300 余篇，其中仅腾讯新闻《南京警方通报宝马撞人案：肇事者患急性精神障碍》就有超过 13 万条网民评论，新浪微博的"急性短暂性精神障碍"话题吸引了超过 800 万网民阅读和参与讨论。

（资料来源：人民网舆情监测室 2015 年 10 月 19 日）

第五节　实验报告

院系		专业	
班级		学号	
姓名			
实验名称			
实验成绩			
一、实验目的			

二、实验原理

三、实验步骤

四、实验数据

五、实验结果

六、讨论分析(完成指定的思考题和作业题)

七、实验总结及实验改进建议

备注：

实验教师：

实验日期：

第十一章　危机沟通与协调

　　危机沟通作为一种特殊状态下的沟通形式，对于处理危机各利害相关者的关系，以及最终顺利解决危机具有重要作用。在危机发生、发展的过程中，由于缺乏有效沟通而使危机事件扩大或升级的事例不胜枚举①。下面我们先来看一起危机事件，了解其危机沟通的情况。

第一节　经典案例

天津港"8·12"特大火灾爆炸事故

一、案例背景

　　2015年8月12日晚11时30分左右，在天津港国际物流中心，瑞海国际物流公司所属危险品仓库发生特大爆炸事故。天津消防总队接到报警后，立即派出9个中队和港务局码头3个专职队赶赴现场扑救。16分钟后5个消防中队抵达现场，并对多个集装箱进行灭火，26分钟后增援力量抵达现场。23时34分6秒，第一次爆炸近震震级ML约2.3级，威力相当于3吨TNT当量；23时34分36秒第二次爆炸，近震震级ML约2.9级，威力相当于21吨TNT当量。据目击者称，现场火光冲天，腾起蘑菇云，天津消防总队全勤指挥部出动，再次调集9个消防中队和35辆消防车赶赴现场增援。

　　2015年8月13日7时30分许，警方下令爆炸地点附近消防官兵撤到安全区，现场仅在核心爆炸点留下几辆消防车。13日上午10时30分，国务院事故调查组决定：

　　（1）由于危化品数量、内容、存储方式不明，暂缓扑灭，确定好具体方案再实施。

　　（2）进行密切环保监测，派防化团进现场。

　　8月13日下午5时，据现场消防指挥部消息，当时发生爆炸的地点存放着700吨的氰化钠，这些固体氧化剂遇热、碰撞都容易爆炸。该仓库中，剧毒氰化钠的存放量远远超出其仓库环评报告中提到的氰化钠最大暂存量10吨。作为一家物流公司，存储被国家列为重点监管的危险化学品，竟然连存储的数量、内容、方式都能说不清楚，且剧毒氰化钠的储量超过环评报告的70倍，足见瑞海国际物流公司的管理有多么混乱，违法经营到何等程度。消防队接警时虽然根本无法获得关键的事故信息（着火地点、着火介质及其储存情况），但因肩负着保护人民生命财产安全的使命，奉行"军人以服从命令为天职"，仍然出动了大批的消防力量（9个消防中队，3个专职消防队）赶赴现场扑救。因为信息的不对称，消防员们实行了一边救火一边探明爆炸源的应急决策，结果事故造成了非常严重的后果，

---

① 张成福，谢一帆.危机管理新思路[M].国家行政学院出版社，2015，241－242.

遇难者人数共计 160 人，其中 107 人为消防应急人员。

二、案例分析

据资料显示，发生爆炸的瑞海国际物流有限公司成立于 2011 年，是天津海事局指定的危险货物监装场站和天津交委港口危险货物作业许可单位。从纸面上看，瑞海公司仓库现场的风险管理措施不可谓不健全。在 2012 年公示的《天津东疆保税港区瑞海国际物流有限公司跃进路堆场改造工程环境影响报告书》中提示的风险包括："拟建项目涉及的物料大多为危险、易燃物料，在物料运输、贮存过程中存在一定的环境风险。"但瑞海公司强调："在采取有效防范措施、制定相应应急预案的前提下，事故风险在可接受范围内。"但事实上，发生爆炸的正是危险品仓库集装箱堆场内装有危险品的集装箱。

爆炸事故发生于 8 月 12 日晚 11 时 30 分许，有网友在微博贴出了新华网 8 月 13 日早上 7 时的首页截屏，当时距离爆炸事故发生已过去 7 个多小时，天津爆炸的消息也仅仅是出现在了要闻区的最后一个大标题。直到第二天下午 4 点 30 分，官方才召开第一次新闻发布会，此时距离灾难发生已过去了整整 17 个小时。事实上，在官方没有发布任何消息的同时，互联网早已将每个人的耳目、喉舌联网成"天涯共此时"的世界，将天津这座"没有新闻的城市"变成了世界的风暴点。

据不完全统计，截至 2015 年 8 月 14 日 15 时，有关天津爆炸案的网页新闻量达到 4.4 万条，微信 6 万条。另据新浪微博数据中心发布的《2015 年 8 月微博热门话题报告》显示，天津爆炸案后，微博话题榜中榜出现的相关话题达 163 个，阅读次数超过 10 亿次的就有 6 个，其中"天津塘沽大爆炸"的话题阅读量最高，超过 75 亿次。"8·12"天津爆炸案发生后，网上盛传"天津大爆炸死亡人数至少 1000 人""方圆一公里无活口""天津已混乱无序，商场被抢"和"天津市主要领导调整"等虚假消息。虽然这些谣言最终都被证明是伪消息，但危机事件中这样广泛流传的伪消息却给社会带来了极大的创伤，这种创伤的弥合耗时更久、代价更大。

从官方信息传递途径来看，新闻发布会是目前外界获取事故权威信息的主要渠道。而天津爆炸发生后，新闻发布会上发言人面无表情地坐在那里念稿子，应该是留给人们最直观、最深刻的印象。其实，念稿子这一形式本身就很让人排斥。有网友指出："所谓的新闻发布会就是领导一个接一个地念稿子、说官话。"另有网友在微博中说："新闻发布会的官员全部都是在念稿子！"虽然天津市人民政府新闻办公室的官方微博"天津发布"在事故发生后及时更新发布了一些信息，但内容多为"第 N 场新闻发布会采访通知""为消防官兵祈福！""津门雄起，卫爱坚强""众志成城，这一刻我们在一起"等预告、祈福、煽情类信息，对舆情的应对并未发挥太大作用。突发性危机事件发生后谣言滋生，引发混淆视听、裹挟民意、扰乱民心、添堵政府、侵蚀政府威信等现象，成为各类突发事件的次生灾害。次生灾害的扩大与否，很大程度上取决于政府危机沟通的成败。紧随"8·12"天津港危化品爆炸事故的是一场舆论大爆炸。"硬风险"引爆了"软风险"，"软风险"进而升级为一场声势浩大的舆论风暴。面对突如其来的大爆炸，天津方面的第一反应是处理"硬风险"，他们像扑灭一场火灾一样将消防队派往现场，但未曾想到这是一场迥异于寻常的危化品爆炸事故，处理这种事故不能按照寻常的危机应对逻辑进行。另一个关键的问题是天津方面大大低估了舆论"软风险"的杀伤力，忙于应对"硬风险"而忽视了"软风险"，致使后者反而成了灭顶之灾。危机化解离不开危机沟通，危机沟通能不能成功往往取决于应对危机的理念、战略、能力以及技术的联合作用，它们环环相扣，缺一不可，任何一环处理不当都会造成危机沟通的最终失败。

众所周知，不管是突发性群体事件引发舆情，还是舆情引发群体性事件，政府都应毫无悬念地成为破解危机的承担者和处理危机的责任人。与此同时，媒体和公众也会参与其中，但他们对待政府的态度和信赖并不总是积极的，这是由政府在危机处理不同阶段的危机沟通策略所决定的。

通常，根据危机生命周期理论将公共危机沟通划分为三个阶段，如表 11-1 所示。

对照天津港大爆炸事件的处理过程我们可以看到，有关公共危机管理部门的危机沟通确实存在着不少问题。

表 11-1　公共危机发展阶段及对应的沟通策略

公共危机发展阶段	危机沟通阶段	政府危机沟通策略	备注
危机发生初期 （舆情酝酿期）	事前沟通	否认、封锁消息×	监测、预防和准备
舆情爆发、扩散和处理期	事中沟通	辩解、逃避责任×	危机反应管理
舆情恢复期和平淡期	事后沟通	被迫告知真相×	恢复和学习阶段

1. 政府反应不及时，统筹失当，危机信息沟通严重缺失

政府有关部门没有在舆情酝酿期做好调研工作，没有收集并准确了解危机信息，也没有建立自己的危机沟通团队。爆炸事故发生后，虽然中央领导也多次亲自批示、部署救援行动，甚至莅临现场视察、指导，但有关新闻发言人并没有时刻保持警惕，没有随时监测舆情的发展，也没有理性分析杂乱无章的舆情会带来怎样的危害，而是采用传统的处理方法，即封锁消息，不准媒体介入。这样做的目的是为了缩小网络舆情的社会影响范围，将危机"内在消化"，大事化小，小事化了。天津大爆炸发生后，在前六次新闻发布会上不仅地方首要领导没有露面，而且连分管安全的副市长也是千呼万唤始出来（见表 11-2）。

在现行体制下，出席领导的规格往往代表着政府的重视程度。爆炸事故发生于 2015 年 8 月 12 日晚 11 时 30 分许，直到第二天下午 4 时 30 分，官方才召开第一次新闻发布会，此时距离灾难发生已过去了整整 17 个小时。这种反应速度在"互联网＋"时代显然太慢了，客观上也为谣言的产生、扩散提供了土壤和时机。有网友在微博贴出了新华网 8 月 13 日早上 7 点的首页截屏，当时距离爆炸事故发生已过去 7 个多小时，天津爆炸的消息也仅仅是出现在了要闻区的最后一个大标题下。相对于此次事故的惨烈程度和重大影响，国家级媒体的反应也稍显滞后。8 月 16 日下午，时任国务院总理的李克强在爆炸事故现场强调指出，权威信息发布一旦跟不上，谣言就会满天飞。在爆炸事件发生后的第七场新闻发布会中，有关领导才现身，央视也才首次直播了发布会的提问环节，而此时距离爆炸案发生已经过了 5 天。不仅如此，前期新闻发布会与事件相关的各职能部门也大都噤若寒蝉、明哲保身。如，新闻发布会没有事先安排主发言人，且回答问题大多含糊不清，甚至相互推脱；所发布的信息缺乏针对性，无的放矢，无法满足公众的信息饥渴；信息发布的延续性差，前后新闻发布会的出席人员构成变化明显，导致发布的内容出现较大转向，如此等等。政

155

表 11-2　"8·12"天津爆炸案新闻发布会及爆炸案次生舆情

	第1次	第2次	第3次	第4次	第5次	第6次	第7次
时间	8月13日下午	8月14日上午（延迟）	8月14日下午	8月15日上午	8月15日下午	8月16日上午（延迟）	8月17日上午
出席人员	天津市公安消防局局长；滨海新区区委副书记；天津市卫计委副主任；市环保局局长	市公安消防局局长、卫计委主任；市公安局防局局长；南开大学教授	政府新闻办主任；市公安局局长；滨海防局局长；区副区长；区卫生局局长	政府新闻办主任；天津市安监局副局长；天津市环保局总工	政府新闻办主任；市公安消防局局长；市卫计委主任；共青团市委书记；志愿者代表	政府新闻办主任；北京军区参谋长；市环保局局长	天津市副市长（首次现身）；政府新闻局局长；市环保局总工、市卫计委主任
每天爆炸新闻发布会次生舆情	1.公众疑问：①分管安全副市长、安监部门官员不现身；②爆炸区与居民区距离如何确定；③起火爆炸的原因是什么；④经济损失有多少；⑤发布会提问环节中断	1.公众疑问：①发布会延迟；②危险品是什么；③消防处置具体方法；④安评报告谁负责；⑤发布会直播中断。2.谣言滋生：①只峰是谁；②方圆一公里无活口	1.公众疑问：①多次出现"不清楚""不知道"的回答；②发布会直播中断。2.谣言扩散：①瑞海公司背景深厚；②天津爆炸后秩序混乱；③三公里内居民撤离	1.公众疑问：①安评情况何时公布；②港口部门何时发声；③发布会直播中断。2.谣言发酵：①爆炸企业的负责人是副市长之子；②天津至少造成1000人死亡；③消防队员"全部壮烈牺牲"；④爆炸原因是乙醇，有毒气体可能飘至北京	1.公众疑问：①爆炸源信息不明；②官员："不是我的职责"；③政府没有掌握伤亡数据；④发布会直播中断。2.谣言继续发酵：①外国记者被殴打；②微博找人的谣言出现；③爆炸与恐怖分子有关；④天津市领导调整，政府出面辟谣	1.公众疑问：①发布会延迟；②救援领导机构不清晰；③与会人员："大家好，很高兴在这里和大家见面"；④发布会直播中断。2.谣言继续产生：①水质污染；②空气中的爆炸物质影响居民健康；③政府在处相关网站、清理网络不实言论	1.公众质疑：①港口领导不露面；②灭火方式是否科学？③发布会直播中断。2.谣言持续：①信息公开不充分、谣言满天飞，引发猜测；②权威信息发布不及时，主管副市长现身解释

府这种迟缓公开信息的做法很容易造成信息不统一，不仅不能成功引导社会舆论，反而会引发民众更多的质疑和情绪波动，并产生大量不良的次生舆情，将事态引向恶化的方向。相关部门这种不敢担当、主体责任意识差、对问题遮遮掩掩、拖延的表现，都直接说明了其没有很好地把握危机沟通的最初时机，准备不充分且统筹失当，最终引发社会舆论的强烈不满，以至谣言四起。可以说，自首场新闻发布会起，"8·12"天津爆炸案的舆情主导权就大权旁落了。在有效的危机管理中，大部分的沟通都发生在危机之前。然而在"8·12"天津爆炸案中，由于危机管理组织之间缺乏有效的事先沟通，组织对危机的反应也没有在日常工作的基础上进行，且平时缺少对危机反应的专项训练，所以应对时显得措手不及。

2.危机沟通阶段，政府消极处理

在危机事中沟通阶段，主要是确认事件发生的诱因，将危机造成的损害控制在最低限度。这一阶段公众期望了解政府处理危机的政策和态度，以及得到权威的信息，这就需要政府及时进行相关信息的公布和传播，与媒体沟通，与大众沟通，让群众了解正确的信息，积极引导和控制舆情走向。

然而，在天津港大爆炸事件中，有关政府部门采取的是鸵鸟战术（见表11-2），即权威信息发布主体失声。这种消极的不及时的沟通和不当的疏导，导致公众的知情权得不到满足，结果使舆情进一步恶化，政府的形象受损，失去了控制舆情内外部支持，非正式渠道传播的消息成为社会的严重隐患。一般而言，新闻发布会所发布的一定是经过充分准备的权威信息，但令人遗憾的是，在天津爆炸案中期新闻发布会的现场，媒体和公众得到的多是"不知道""不清楚"和"相关单位没有出席"等诸多否定性的回答。当记者问及社会广泛关注的"只峰是谁?"时，相关负责人更是选择直接结束发布会。如此的新闻发布如何令人信服？其功效自然也就不言而喻了。而多次新闻发布会中提问环节的直播被人为中断，既显示出政府的不自信和封闭态度，也引发了舆论场上的竞相臆测，进而诱发了大量不实信息，甚至出现诸如"只峰是原天津市副市长只升华之子"的网络谣言。作为社会公共事务管理的主体，政府既是突发危机事件舆情疏导的关键主体，也天然具备了其他任何个人和组织都无法比拟的资源和权威。因此，当突发性危机事件不幸发生时，政府要当仁不让地担当起社会舆情监控、疏导和沟通的重任。然而遗憾的是，在天津爆炸案中，当地政府似乎从一开始就主动放弃了社会舆论的主导权。事实证明，一旦政府的话语权呈现弱势，便会导致网络个体言论的急速扩张，同时也为各种不实信息或者谣言的滋生提供了空间。危机沟通的重要之处在于它能使人们为了一个共同的目标而始终努力，因而危机沟通对组织间的协调提出了更高的要求。上例中我们看到，由于组织之间缺乏有效的协调机制而导致沟通出现障碍，对于一些公众迫切需要了解的信息，有关部门知之不详，或者干脆打太极，甚至对公众的诉求采取回避、抵制的态度，最终反而导致沟通失败，矛盾升级。

3.危机事后沟通阶段，政府修复形象举措无力

在危机事件后期，政府不再把危机事件视为孤立的、偶然的事件，而是将其放进当时的社会背景去分析。为了平复民众对政府不作为等现象的怨气和不满情绪，化解政府的信任危机，缓解干群关系紧张的局面，政府采取了重塑型的传播策略，即形象修复策略。在危机爆发并产生一系列严重影响之后，政府部门才被动地与媒体和公众进行沟通，试图修复自身形象，可以说这是一种有效的沟通，但不是积极的沟通。积极、有效、科学的危机沟通应该贯穿于危机发生前、发生中和发生后的各个时期，而不仅仅是危机已经产生恶劣

影响之后的"灭火"式沟通。

第二节 实验理论与技术准备

组织活动经常是通过人与人之间的合作来完成的，而人与人之间的合作则需要沟通。危机的破坏性和应对危机的时间紧迫性，导致危机状态下的沟通更需要人们之间的团结合作，此时快速而有效的沟通就显得尤为重要。

一、危机与危机沟通的特点

几乎所有危机都有共同的特征。首先，危机是负面事件，它们为组织在公众眼中的信誉投下了阴影。其次，危机中可能掺杂着有待证明的信息，这些信息只包含部分事实，可能会使公众对组织产生不良印象，组织必须做好积极回应不实言论的准备。第三，危机对于组织而言，通常具破坏性，会导致其日常工作处于停滞状态。最后，危机发生后组织需要对局势、谣言、评论和不友好的访谈作出回应。综上所述，危机的这些特点使得危机沟通与一般沟通相比，具有一定的特殊性。危机沟通的特殊性主要体现在以下三个方面。

1. 不稳定的信息环境

危机、高涨的社会情绪、有限的信息获取渠道、谣言和小道消息等，构成了不稳定的信息环境。

（1）消息不灵通。危机的突发性和信息的不对称性，会使危机处理形成一种不易沟通和难以应付的局面。在危机出现的最初阶段，可靠的消息往往不多，这段信息真空期很快就会被谣言和各种猜测所充斥，而这正是最需要采取行动并及时沟通的关键时刻，被称为"沟通的黄金24小时"。在媒体首次报道后的最初12～24小时内，组织的一举一动将是外界评判组织处理危机态度的主要依据。

（2）受到密切关注。政府、媒体、公众及其他利害关系者都将时刻密切注视着组织发出的第一份声明。对于组织在处理危机方面的做法和立场，舆论赞成与否往往会立刻或隔天见诸报端，组织必须做好迅速和全面回应的准备。

（3）事态发展步伐加快。由于媒体运作的全球性和互联网的信息共享性，危机管理组织往往无法在危机发生中制定时间表并主动控制事态发展，而是被迫地作出回应，这在初期会使危机管理处于一种"失控"的状态。

2. 第一时间的反应至关重要

危机发生后，会出现铺天盖地的信息，人们迫切地想了解真实的危机信息——到底发生了什么？为什么发生？但在权威信息发布之前，即便是最理性的人，也可能做出不准确或夸大事实的猜测，这就急需危机管理部门反复核实危机事件的有关信息，及时修正更新相关信息。危机管理部门通过第一时间作出回应，抓住危机事件中的话语权，并建立起唯一的信息源，引导舆论朝良好的方向发展。

3. 建立信任关系尤为重要

信任是危机沟通的关键，它可以为后续良好的危机沟通做好铺垫。任何危机沟通的成功都依赖于利害关系者的相互联系。为使危机沟通更加顺畅有效，危机管理人员必须首先建立起和民众的信任关系。

二、危机信息沟通全系统

（一）危机信息沟通全系统概述

完整的公共危机沟通实际就是以解决危机为目的所进行的一系列化解危机和规避危机的活动和过程。危机沟通管理贯穿于公共危机管理的全过程，它不仅把公共部门危机管理体系内的各个部分联结起来，而且还促进了公共部门危机管理体系与外部社会环境之间的联系，从而有利于危机的解决。可以说，公共危机沟通机制是公共部门危机管理的前提条件和过程保障，也是危机管理最重要的工具。危机沟通管理是一个复杂的系统工程，这一系统工程主要由三部分构成（见表 11-3），分别是危机管理组织间的沟通、危机管理组织与公众的沟通、危机管理组织与媒体的沟通。

表 11-3　危机信息沟通全系统

危机信息沟通全系统	危机管理组织间的沟通
	危机管理组织与媒体的沟通
	危机管理组织与公众的沟通

危机信息沟通全系统除了这三大主体之外，还离不开一个重要的支撑，即危机沟通手段。政府危机管理部门在进行危机沟通时，需要借助一定的手段掌握大量信息，尤其需要搜集、整理相关的危机信息。学者库姆斯认为发生公共危机时普遍存在"信息缺乏"的情况，而危机沟通管理恰恰需要大量的信息，特别是危机发生初期，政府等危机管理部门需要及时准确地获得第一手资料，以保证其能够及时作出反应，并通过快速上报传达使上级领导部门及时准确获悉相关事件的发展动态。危机沟通是一个动态的过程，它会随着危机事态的发展作出适应性的变通，这种动态的危机沟通过程可以用危机沟通模型来表示，如图 11-1 所示。

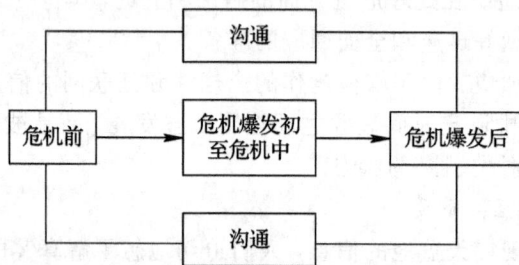

图 11-1　危机沟通模型

（二）危机信息沟通全系统的运行流程

在危机沟通操作中，首先要明确沟通对象，建立有效的沟通渠道，成立危机信息收集和报告小组，建立常设的危机应急动态关注机制，并通过这样一个信息收集发布团队将相关的责任具体落实到个人。互联网高度发达的今天，各类信息鱼龙混杂，这就要求政府危机管理相关部门充分利用互联网对信息实施监控，密切注视网络舆论的发展动态。通常情况下，我国危机信息的调查、收集是由安全部门在一定的技术支持下完成的，这是个充满浓厚行政色彩的过程。然而，社会危机事件属于一种非线性社会生态学，事件的发生涉及较多部门和环节，因而信息的收集、分析过程具有较高的专业性。这就要求危机信息收集和报告小组要与公安机构和安全部门紧密合作，以便最大程度地保证信息来源的真实性。

其次，有关部门要分析、甄别信息。为了找到公共危机发生的具体原因，政府有关部门需要对危机信息进行理性的分析和科学的甄别，因而需成立一个专门的信息分析报告部门以尽可能地筛选出最接近真相的信息，并在此基础上了解危机的原因、现状和发展趋势，最后做出合理的预判，为避免危机进一步恶化蔓延提供最具价值的线索。

第三，危机信息通报。危机爆发后，政府危机管理部门应尽最大努力，通过各种有效途径将危机现场的情况在第一时间通报给上级领导部门，以寻得上级领导部门最大程度的支持和资源的整合。另外，也要及时将有关危机信息通报给媒体和公众，获得危机沟通的主动权，将舆情朝积极的方向引导。危机事件的不同阶段，危机沟通的内容也有较大差异。在危机潜伏时期，危机沟通更多侧重于内部沟通，所需信息主要用于对危机发生的预测。危机爆发期的沟通主要在政府部门与媒体、公众之间开展，因而危机沟通转变为向公众公布信息以及回应公众的质疑，这在群体性危机事件中尤其重要。群体性安全事件发生时，政府危机沟通部门要积极稳妥地回应群众的疑问，通过迅速、有效地协调有关利益部门，告之群众其关切的相关危机信息，以稳定群众的焦躁情绪。当危机逐渐回归到平稳时期，相关信息则集中在危机后的应对政策等方面。

第四，危机信息发布。在危机处理的各个环节，政府有关部门通过召开新闻发布会，由新闻发言人回应公众的敏感问题，这是政府对外危机沟通中最重要的任务。通过召开新闻发布会，不仅能够促进公众思想统一，而且可以借此将危机的发展情况及应对策略告之公众。通常，作为政府代表的新闻发言人能够结合危机实际情况并根据最新消息，回答媒体、公众的质疑，给出翔实的答复。这种做法不仅能够完善现有的危机沟通机制，还能够改善政府的外在形象，提高政府的公信力，从而有助于危机事件的解决。危机信息的对外发布可以是召开记者招待会，也可以利用互联网、电子邮件等。总之，相关危机管理部门应积极主动地发布权威信息，掌握危机议题的主动权，杜绝社会上各种谣言的扩散。危机信息沟通全系统的运行流程如图 11-2 所示。

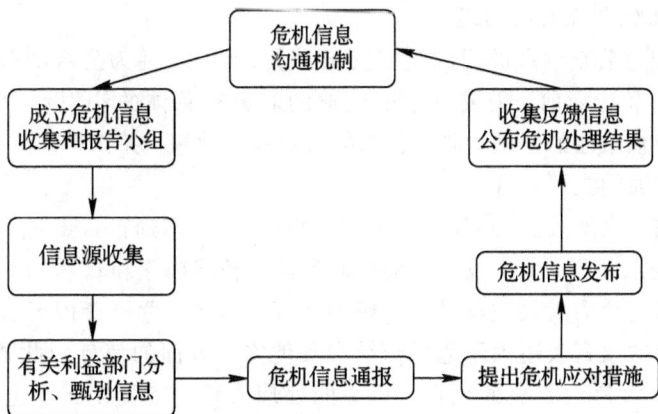

图 11-2 危机信息沟通全系统运行图

危机沟通是促使政府与民众之间相互理解并达成共识的桥梁，也是实现情感交流和行为协调的保证。明智的、及时的危机沟通，即使不能防止危机事件的发生，也可以控制危机及其影响。良好的信息沟通可以加强应对危机的协调工作，也可以防止信息的误传和谣言的滋生。危机发生时，政府与民众的及时沟通还可以起到稳定民心，以及警示、教育和监督等多种作用。良好的沟通还可以帮助相关部门及时处理危机潜伏期的情报信息，为准确分析危机发生的概率以及危机后可能产生的负面影响提供数据支持，并迅速启动危机预警系统，以在最短的时间内控制事态。

（三）危机信息沟通全系统的三个组成部分

危机信息沟通全系统的三大组成部分为：危机管理组织间的沟通、危机管理组织与公众的沟通、危机管理组织与媒体的沟通(本书将重点介绍危机管理组织与公众和媒体的沟通)。

1. 危机管理组织间的沟通

危机管理组织间尤其需要加强危机事件前的有效沟通，如在日常工作中有意识地频繁接触，做好协调工作，建立起相互熟悉、相互信任的关系，共享信息等。这些都有助于危机管理组织间的相互协调和有效合作。

2. 危机管理组织与媒体的沟通

我国媒体是党和政府的喉舌，它作为政策主体的一个组成部分充当了政府和社会之间沟通、情绪表达、信息传递的中介。危机事件发生后，危机管理部门应积极与媒体沟通，发挥媒体的宣传作用。通过媒体及时准确地传播权威信息，将公众对危机的舆论引导至有利于危机解决的正确方向。但在我国现有的制度背景下，上级政府对下级政府基本无法进行实时有效的绩效考核，这就导致某些相关责任人在危机发生后首先为自己开脱以逃避法律责任，同时阻挠媒体公正介入危机事件的报道，不让公众了解危机事件真相，甚至将有些及时、有效的报道视为违反"新闻纪律"的行为。事实上，媒体作为政府和公众的代言人，作用就在于按照新闻传播的自身规律对危机处理过程进行干预和影响，促使危机向好的方向转化。而且作为一种建设性的力量，媒体普遍开展的舆论监督也是一种卓有成效的危机应对措施。政府要善于利用媒体在危机管理中的积极作用，与媒体沟通时要积极引导其发挥社会责任，及时、客观地报道危机相关新闻，并逐步建立起与媒体之间的良性互动机制。这种良性互动机制既能保证媒体的新闻自由，又能保证政府对媒体的必要管制。另外，危机管理部门要建立制度化的信息公开和发布制度。

3. 危机管理组织与公众的沟通

危机管理组织与公众沟通的目的是要安抚公众的情绪，并为公众的行动提供指导。在制定危机沟通战略和计划前，需要对危机沟通的对象有总体的认识和把握。与公众沟通时，应重点关注公众关注的问题，关注公众的价值观和感情，并积极回应公众的疑问。

（1）与公众沟通的主要内容。

首先，要关注公众所关注的问题。在与公众进行危机沟通前，要先了解什么才是他们最为关心的。对公众而言，危机发生后的财政影响、经济损失和真实伤亡数量才是最重要的，人的天性使得公众会更关注自身的受影响程度。因此，危机管理者必须直接回应这些问题，并用最简单的语言表述关于危机疏缓和其他安全方面的信息。此外，曾经发生的类似危机事件也会成为公众关注的焦点，相关的处理过程、经验教训等也是有益的沟通内容。只有关注公众最关注的方面，才能与公众共情，也才能在危机沟通中避免可能出现的人为障碍。

其次，危机沟通部门要关注并认可公众的价值观和感情。在危机管理和沟通中，危机管理者往往必须专注于和应对相关的技术问题，而公众考虑的却是其他因素，这些其他因素通常被归于危机情绪方面。当政府危机管理部门试图分散公众被误导的注意力时，公众可能产生不信任、愤怒，甚至对抗情绪，这并不意味着公众不尊重科学和仅凭情绪做事，而仅仅意味着情绪在危机沟通中也会发挥很大的作用。因此，危机管理者在危机沟通前应制定一个整体战略，要明确所有受危机影响的利害关系者，并与他们进行非正式接触，确保所有受影响群体都被纳入危机管理；同时，给予利害关系者一定的参与机会和渠道，要注重参与者的代表性，制定采纳或拒绝建议的程序；另外，危机沟通的受众可能包含不同的团体，每个团体受危机影响的程度可能各不相同，危机沟通部门要公平对待不同团体，不要让团体之间相互对立。在危机沟通中要关注公众的情绪，对情绪的忽视可能会加深危机管理组织与公众的对立程度，并最终成为沟通障碍。公众的情绪或感情无所谓对错，而危机沟通部门要善于关注公众的感情，具体可以从三个方面着手：第一，提供感情发泄场所。当危机发生后，受影响的公众在情感上必然会受到很大的震荡，危机沟通前有关部门如果能为公众提供表达情感的合适场所，或提供一些感情表达的途径，比如一对一的心理疏导、个人谈话、热线电话、小型座谈等，无疑会大大降低人们应对危机的恐惧；相反，任何压制人们宣泄的尝试和努力都是不利于危机管理的。第二，善于倾听。这个过程包括倾听发送者所要传达的含义和情感，目的是让发送者感到所要传达的内容和情感都已经被理解和接受，如建立双向沟通，表现出正在倾听的姿态，并适当地重复对方的语言。如果人们认为自己的价值观和情感被忽视，愤怒和反感的情绪将会限制他的沟通能力。善于倾听是打开人与人之间关系的密钥，是成功危机沟通的开始；倾听是了解别人如何感知、看待世界的方法，也是获取公众信任的重要手段，它包括意会、分辨、鼓励、再现、总结和包容等诸多环节。第三，积极回应。危机沟通时一定要积极回应民众的质疑，也要认可他们的情感，不能仅仅以科学数据作答，应在适当提供相关信息之余对他们的关注和情感作出带有真情实感的回应。

（2）与公众沟通的技巧。

在危机局面下，信息的精确程度和提供速度之间往往是矛盾的，这两种需求为沟通带来了困难，也带来了挑战。在获取信息和对信息进行检验的同时，可能会形成信息真空期，并随之充斥谣言和猜测，这样的关键时期则需要有关危机管理部门及时将真实的危机信息通告给公众。负责沟通的人通常会以两种身份进行危机沟通，分别是个人身份和发言人身份，无论以哪种身份来沟通都要讲究危机沟通的技巧。

其一，以个人身份进行沟通。危机发生后，危机管理组织要事先预估公众可能提出的问题，并作好回答的准备。以个人身份进行沟通时，要保持冷静，使发言或评论平民化，做到心平气和、开诚布公，避免情绪化和离题万里。个人应表现出对危机情境及对危机涉及的人的关心和关注，如果能对危机带来的影响表达出痛心和关切，公众一般就不会以尖刻的问题为难危机回应人了。

个人在具体解说危机时，应注意以下几个方面的问题：

① 在公众会议上发言时，个人回应者要介绍自己的姓名、背景、发言原因，以使公众了解自己的资格和能力范围。

② 给人们留下通情达理的好印象，要注意恰当地表达价值观、情感、同情和关心。

③ 如果个人主张与组织政策不一致，不要错置自己的位置，或者误导公众，有必要的话可直接承认组织内部缺乏共识。

④ 善于运用易于理解的生动实例来引导公众。由于人们习惯于通过分享经验来吸收信息，所以"故事描述"可能是比较有效的沟通手段。另外，也可以通过个性描述阐述个人的决策主张。故事描述时可涉及个人的教育、工作和生活经历等，以此来拉近与公众的距离，使沟通更加游刃有余。

其二，以发言人身份进行回应和沟通。发言人的综合能力会直接影响公众对整个组织的第一印象。能够成为危机沟通的有效发言人至少应该具备以下几个要素：

① 就技术而言，危机沟通发言人要有足够的技术知识和背景，因为他不仅代表自己，更代表了整个组织的知识和能力。

② 就沟通而言，虽然充足的技术支持很重要，但发言人也应接受最基本的沟通技能训练，应能用公众听得懂的语言进行沟通。

③ 就权力而言，公众通常渴望获知谁有责任和权力对危机负责，因而发言人要对组织的职责和权力结构有清晰的了解，并能简要明晰地向公众说明。

④ 就发言环节而言。危机事件发言区别于一般的发言，发言人必须重视发言的每一个环节。就开场白而言，发言人首先要表达个人对危机事件的关注和同情，以达到拉近与公众距离的效果。开场白为整个发言奠定基调，精彩而富有感情的开场白有助于赢得公众的信任，因而发言人要慎重对待开场白的设计。开场白后就要开始清楚地表达结论，并作简短的陈述，这是发言要传递的最重要的信息，也是公众最关注的。接着就要传达组织的职责以及处理危机的意愿，并清晰说明此次会议的目的和计划安排。然后，传达关键信息。关键信息是通过会议让公众接受的信息要点，它必须紧紧围绕中心问题。最后，会议总结时要重申关键信息，以及组织为解决危机制定的短期和长期计划等。

危机事件发言人除了正常的阐述外，通常还接受公众的提问，回答问题时也有几个需要注意的方面。

① 回答力求简短，切中要害。

② 言行一致，开诚布公，兑现承诺。

③ 如果不同意提问者的观点，当场指正，要有礼貌但也要态度坚定，抓住机会重申立场。

④ 忌用情绪化的语言，也不要重复否定性的字眼。

⑤ 不要对未知妄加猜测，如果迫不得已，必须明确强调只是自己的猜测而已。

⑥ 谣言面前，要说出自己了解的事情真相。

⑦ 面对媒体和公众，不要妄议自己的主张和见解，而应当表现出对组织的信任和对领导的拥护。

三、危机沟通媒介

在危机沟通的实际操作环节，公共危机管理部门通常借助一定的媒介工具及时有效地搜集、公布及反馈公共危机的相关信息。该过程包括思想、观点、态度、价值观等方面的互动。危机沟通需要借助的信息通道又被称为信息传递的媒介物，通道运行畅与不畅会直接影响危机信息的传播，进而影响危机事件的处理。危机信息传递的通道与信号有着密切的联系。一定的信号需要一定的通道来传递，比如声波通过空气来传递，光信号可以通过任何可视的物体来传递，电信号可以通过导电物体来传递，文字可以通过纸张传递。在危机事件沟通中，比较经常用的通道和沟通媒介有以下几种：

第一，口头方式。口头方式是人们进行交流的最常见的方式，也就是口头沟通。口头沟通包括演说、正式和非正式的讨论、通电话、小道消息的传播等。它的优点是快速传递和快速反馈，但缺点在于经多人传递之后信息失真的可能性大。每个人都以自己的思维方式解释信息，最后的信息常常与真实信息发生偏差。危机事件发生时，有关危机沟通部门要善于把握口头沟通的迅捷性和直接性，但也需要采取有效的防范措施，防止信息在传播过程中出现错误解读和偏差。

第二，书面方式。书面沟通方式主要包括备忘录、信件、组织内部发行的期刊、布告栏及其他任何传递文字和信号的手段。书面沟通方式是信息的发送者将信息转化为文字和符号，再以光信号的方式让接收者感知。书面沟通具有持久、有形、可以核实、不易篡改等优点，而且书面内容往往是经过人们认真思考后记录下来的，因而比口头表达的内容更周全，也更准确。但它的缺点是耗费时间，也不具备内在的反馈机制，不能保证信息被接收到，即使接收到也不能保证能被理解。在危机发生的关键时刻，信息量极大，而且往往呈瞬息万变的趋势，因而书面方式不太适合前期的信息沟通环节，对于后期资料整理、经验教训梳理等倒是比较适用。

第三，电子媒介。电子媒介作为当今最重要的沟通通道，在危机信息沟通中以其快速、方便、低成本和同步传输等优点被越来越多地运用。电子媒介也有其自身的缺点，如保密性差，容易受到病毒和黑客的攻击，导致信息丢失、被窃取或者被篡改。

第四，非语言沟通。非语言沟通是指一些极具意义的非语言沟通形式，是一种在后天经历中形成的对特定信号的反应。它可以通过听觉、嗅觉、视觉、触觉、温度等来感知，其中最广为人知的是体态语言和语调。体态语言就是通过身体肌肉的运动传递某种信息，包括手势、面部表情和其他身体动作；语调是指个体通过控制声音的频率和强度，以强调词汇和短语的意义。充分沟通是一个持续不断的过程，当危机事件发生时，若要实现良好的危机沟通就需要在前期做大量的准备工作，并选择合适的沟通渠道，也可以多种沟通渠道综合使用，以求效果最佳。

危机沟通是一个持续、动态的过程，它需要多方面因素的合力作用。良好的沟通是危机管理必不可少的部分，它需要有一定的设备、基础设施和完善的管理做支持。不管何种形式的沟通，一定要保障信息的及时、准确和客观，同时也要保证重要通信设施的安全和信息沟通渠道的畅通。

从本质上来说，危机沟通是政府从事的防御性话语活动。政府进行危机沟通的目的是针对自身的行为作出解释性说明，从而回应公众的批评或者质疑，保持和修复自身的形象。从以上的危机沟通实验程序中我们可以明确知道：当危机发生时，危机沟通通常发生在三个主体之间，这三个主体分别是政府、公众和媒体；三者之间构成了一种特殊的三角互动模式，这一互动模式或称三者互动关系良性运转与否将直接影响危机沟通的成败[①]。政府、公众、媒体，三者之间的危机互动沟通模型如图 11-3 所示。

163

---

① 张小明. 公共部门危机管理[M]. 中国人民大学出版社，2013：177.

164

大众媒体的阶段性
新闻主题
1.描述基本事实
2.猜测事件诱因

政府形象修复战略
1.否认
2.逃避责任
3.减少敌意

公众（危急事件影响的目标群众）
1.可能作出的反应
2.可能承担的后果
3.有利于政府的资源和信息

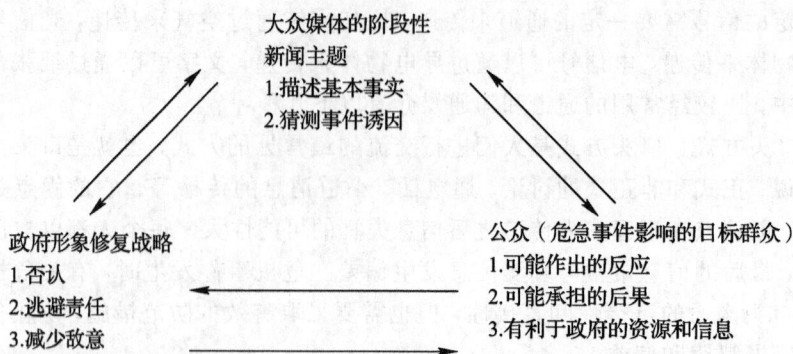

图 11-3　公共部门危机状态下的三角沟通模型

在危机沟通中，政府形象修复战略的决策主导着政府以怎样的方式和步骤向外界传递哪些信息。公众是危机沟通的受众，从他们的角度来看，作为危机事件的目标群体，危机事件严重威胁着他们的利益。在混乱的危机局面中，公众有时需要政府直接出面澄清事情的真相，有时也需要采取一定的行动去维护自身利益。公众的态度和要求深刻影响着危机沟通的效果和效率，因而危机管理的成败取决于政府对他们（危机事件影响的目标群体）的恰当沟通和正确阐释。而大众媒体是政府和公众沟通的主要媒介，其所承载的公共话语是普通公众阐释和理解社会生活（尤其是远离他们日常生活的那部分社会生活）的重要资源。换句话说，大众媒体报道的新闻，有时甚至左右着人们对现实世界的主观认知、态度和行动。另外，新闻媒体的职业特点和新闻采编机制造成了媒体对突发性危机事件的青睐和敏感。当发生危机事件后，媒体第一阶段的报道基本是以对危机事件的客观描述为主，而不会对事件的性质做出任何结论，这时候媒体刊播的内容主要遵循描述性的模式。当报道过渡到第二阶段时，媒体开始对事件的诱因进行分析和推测。特别需要注意的是，这时候政府在寻找危机事件起因的过程中会考察各种因素，但是新闻报道通常只会提及新闻记者主观认为非常可能的原因，其中不乏错误的猜测。此时危机沟通部门急需将能够引导事件朝着积极方向发展的信息向媒体公布，防止产生不良信息，干扰公众视听。媒体报道的第三阶段通常转为关注秩序的重建上，事实上，媒体的这种话语形式起到了将戏剧性悲剧事件理性化的作用，对于公众而言，这代表政府对正常秩序的承诺。因此，有实战能力的危机管理沟通部门必须及时了解新闻记者在报道突发性重大危机事件中的主导思路，才能现实地把握参与公共话语的时机，充分利用媒体，与公众（危机事件影响的目标群体）之间进行有效的沟通。危机管理中的信息沟通如图 11-4 所示。

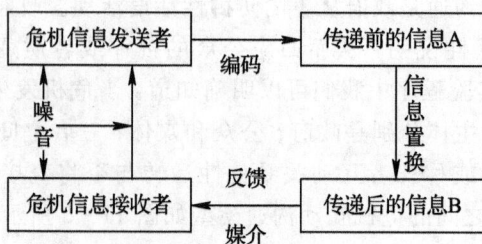

危机信息发送者 —编码→ 传递前的信息A

危机信息接收者 ←媒介—反馈 传递后的信息B

噪音

信息置换

图 11-4　危机管理中的信息沟通过程

如图 11-4 所示，危机沟通过程有两个主体，即信息的发送者和信息的接收者。危机发生时，首先要将信息编码转化为信号。危机信息的发送者将收集到的各种危机信息进行编码，形成可供直接传递的信息 A，然后经过一定的信息传递渠道（媒介），将信息 A 转换成信息 B，最后将传递后的信息通过译码恢复成发送者发出的初始信息，继而传递给危机信息的接收者。简单地说，危机沟通过程的模型包括七个部分：信息的发送者（信息源）、编码、信息、媒介（通道）、接收者、解码和反馈。由于信息在传递过程中必然受到各种噪音的干扰，所以最终的接收者接收到的危机信息实际上已经不完全是发送者初期发出的信息。随着信息传递层级的增加，这种信息失真效应会逐渐放大，甚至传达给决策者时已经发生了严重的偏误。因此，为了提高危机管理的效率，必须保证能够获得准确可靠的危机信息，要求发送者尽可能降低外界噪音对信息传递、交叉和反馈的影响。在公共危机沟通环节，危机信息的发送者会传递、发布怎样的信息，对于危机处理的未来走向起着尤为关键的作用。危机往往是瞬间发生的，危机沟通也是一种应急沟通，是使社会系统的相关主体间达到彼此理解、合作和实现共同目标而进行的价值观传递和信息交流的活动。危机沟通的目的是为了避免或化解危机，通过在组织间或者组织内部进行有效的沟通来解决危机。换句话说，危机沟通贯穿于危机处置过程的每一个细小的环节，不管是危机爆发前、爆发中，还是危机事后的恢复阶段都离不开危机沟通。良好的沟通和交流是整合和协调危机的关键一步。由此可以得出，公共危机沟通是指政府或者社会组织等公共部门，为有效管理公共危机而与相关利益体进行信息沟通的过程。通过信息沟通，可以预防或者缓解危机事件对公众造成的一些额外伤害，避免造成公众的恐慌和不安。

第三节　实验设计

一、实验目的

通过学习危机状态下的信息沟通模型，使学生了解危机沟通的流程，掌握危机发生时与不同群体沟通的技巧，以便在危机发生时能以清晰的思路采取切实有效的危机沟通策略，缓解公众的情绪，并为公众的行动提供指导，最终最大可能地降低危机对组织带来的冲击。

二、实验步骤

（1）在危机沟通实验中，我们的首要任务就是明确沟通对象。

（2）建立起有效的沟通渠道，包括确定沟通媒体和沟通主体，以及保证沟通渠道的连续性和畅通性。

（3）成立危机管理小组。危机管理小组下设专门负责危机沟通的小组，并指定各部门的沟通负责人，建立起稳定的发言人制度。危机管理小组在危机处理过程中要加强与各部门之间的沟通，确保信息能够快速到达相关部门。

（4）拟定专门的危机沟通计划。有效的沟通需要充分的事前准备，因而危机沟通在实际操作前要拟定专门的危机沟通计划，此外还必须建立被害人援助制度，包括经济援助、心理干预以及法律援助等方面。

三、实验要求

（1）为学生确定角色：在个案情境中，扮演各危机处理机构的信息沟通员。

（2）为学生确定任务：鉴于原有危机沟通计划的实施过程严重受阻，有关危机的正面信息无法正常、有序、高效的传递，危机信息沟通机构需要马上决策。

（3）为学生确定题目：根据实验个案材料，提供三个思考题。

（4）为学生确定时间：开始讨论后，需在 30 分钟内达成一致意见。

（5）实验时间为 2 小时。

四、实验成绩

序号	实验要求	分值
1	能否进入个案危机沟通机构成员的角色	20
2	讨论是否积极认真，是否为良好的沟通收集足够有用的信息	20
3	能否决策出解决危机沟通难题的答案	30
4	是否语言流畅、文字简练、条理清晰、沟通有效	30

五、思考题

（1）在公共危机沟通方面有哪些实际策略，针对不同危机群体的沟通策略应怎样随机应变？

（2）政府组织对于公共危机沟通的策略及其重点工作是什么？

（3）鉴于媒体可能对危机管理组织和公众带来正面和负面的影响，我国危机管理部门应如何制订危机管理的沟通计划？

第四节　实验材料

2002 年初，关于有人用装有艾滋病病毒的注射器扎市民的传闻造成天津全城不安，进而波及北京、广州等城市。随后，天津警方抓获了 4 名用针扎人的犯罪嫌疑人。天津电视台播出专家释疑：艾滋病病毒离开人体 1 分钟后会因血液凝固而死亡，只有病毒携带者现场抽血后立即大量注射给他人才能导致传染。因此，用扎针的方式很难传播艾滋病病毒。

实际上，关于"扎针"事件的传闻有相当一部分都是虚假信息，这些信息夸大了事件发生的频率和严重性，给人们造成错觉，加剧了社会的不安心理。但天津政府方面通过电视台传播的真实信息和解释性报道来得太晚，比如犯罪嫌疑人安某某于 1 月 7 日被抓，但直到 1 月 17 日天津市公安局才公布了该案件的初步情况，这也是官方就此事的第一次表态。如果有关部门能够把此次案件的进展及时地向社会公众通报，同时尽早通过专家权威解释艾滋病的传播情况，社会中就不会充斥各种谣言。

第五节　实验报告

院系		专业	
班级		学号	
姓名			
实验名称			
实验成绩			

一、实验目的

二、实验原理

三、实验步骤

四、实验数据

五、实验结果

六、讨论分析(完成指定的思考题和作业题)

七、实验总结及实验改进建议

备注：

实验教师：

实验日期：

参 考 文 献

[1] [英]安东尼·吉登斯.现代性的后果[M].南京:凤凰出版集团译林出版社,2011.

[2] 卡尔·帕顿,戴维·沙维奇.政策分析和规划的初步分析[M].孙兰芝,胡启生,译.北京:华夏出版社,2001.

[3] [美]罗伯特·希斯.危机管理[M].王成,宋炳辉,金英,译.北京:中信出版社,2001.

[4] [德]乌尔里希·贝克.风险社会[M].南京:译林出版社,1992.

[5] 高小平.综合化:政府应急管理体制改革的方向[J].行政论坛,2007(2).

[6] 贺仲雄,王伟.决策科学:从最优到满意[M].重庆:重庆出版社,1988.

[7] 刘权.公共行政现代化过程中的政府危机决策[J].广州大学学报:社会科学版,2004(11).

[8] 蔺雪春.公共危机管理:简明原理与实务[M].成都:西南交通大学出版社,2012.

[9] 丘昌泰.灾难管理学:地震篇[M].台北:元照出版社,2000.

[10] 史波.公共危机事件网络舆情内在演变机理研究[J].情报杂志,2010(4).

[11] 孙梅.危机管理:突发公共卫生事件应急处置问题与策略[M].上海:复旦大学出版社,2013.

[12] 童星,张海波.群体性突发事件及其治理:社会风险与公共危机综合分析框架下的再考量[J].学术界,2008(2).

[13] 汪大海.公共危机管理实务[M].北京:中国人事出版社,2013.

[14] 王宏伟.公共危机管理[M].北京:中国人民大学出版社,2011.

[15] 王宏伟.应急管理理论与实践[M].北京:社会科学文献出版社,2010.

[16] 王宏伟.舆情信息工作策略与方法[M].北京:中国人事出版社,2011.

[17] 王玉华,梁朵朵.风险社会理论视域下公共行政领导者危机:决策能力探析[J].经济师,2014(4).

[18] 汪玉凯.公共危机与管理[M].北京:中国人事出版社,2006.

[19] 王泽东.论公共危机决策的特点及体制[J].牡丹江大学学报,2012(2).

[20] 吴江.公共危机管理[M].北京:人民出版社,2004.

[21] 夏一雪,郭其云.公共危机应急救援力量管理体系研究[M].中国软科学,2012(11).

[22] 熊卫平.危机管理:理论·实务·案例[M].杭州:浙江大学出版社,2012.

[23] 薛澜,张强.危机管理:转型期中国面临的挑战[M].北京:清华大学出版社,2003.

[24] 游志斌.公共安全危机的恢复管理研究[J].风险管理,2008(12).

[25] 袁一凡,陈永.日本阪神大震灾在应急救灾上的几点教训[J].自然灾害学报,1995(04).

[26] 詹中原.危机管理:理论架构[M].台北:台湾联经出版事业股份有限公司,2004.

[27] 张海波.风险社会与公共危机[J].江海学刊,2006(2).

[28] 张立荣,冷向明.协同学语境下的公共危机管理模式创新探讨[J].中国行政管理,2007(10).

[29] 张小明.公共危机预警机制设计与指标体系构建[J].中国行政管理,2006(7).

[30] 张小明.公共部门危机管理[M].北京:中国人民大学出版社,2013.

[31] 张成福,唐钧.公共危机管理理论与实务[M].北京:中国人民大学出版社,2015.

[32] 张成福,唐钧.政府危机管理能力评估:知识框架与指标体系研究[M].中国人民大学出版社,2009.

[33] 张成福,谢一帆.危机管理新思路[M].北京:国家行政学院出版社,2015.

[34] 赵成根.国外大城市危机管理模式研究[M].北京:北京大学出版社,2006.

[35] 朱晓霞,韩晓明.对我国政府公共危机应急管理体系的系统分析[J].学术交流,2009(3).

[36] Irving L. Janis. Crucial Decisions: Leadership in Policymaking and Crisis Management. New York: the Free Press, A Division of Macmillan, Inc, 1989:89-96.

169